웹 엔지니어가
알아야 할

인프라의
기본

웹 엔지니어가 알아야 할 인프라의 기본

초판발행 2015년 7월 1일

지은이 바바 토시아키 / **옮긴이** 김병국 / **펴낸이** 김태헌
펴낸곳 한빛미디어(주) / **주소** 서울시 마포구 양화로 7길 83 한빛미디어(주) IT출판부
전화 02-325-5544 / **팩스** 02-336-7124
등록 1999년 6월 24일 제10-1779호 / **ISBN** 978-89-6848-201-4 93000

총괄 배용석 / **책임편집** 송성근 / **기획 · 편집** 이미향
디자인 여동일 / **조판** 김미경
영업 김형진, 김진불, 조유미 / **마케팅** 박상용, 서은옥 / **제작** 박성우

이 책에 대한 의견이나 오탈자 및 잘못된 내용에 대한 수정 정보는 한빛미디어(주)의 홈페이지나 아래 이메일로
알려주십시오. 잘못된 책은 구입하신 서점에서 교환해 드립니다. 책값은 뒤표지에 표시되어 있습니다.

한빛미디어 홈페이지 www.hanbit.co.kr / 이메일 ask@hanbit.co.kr

지금 하지 않으면 할 수 없는 일이 있습니다.
책으로 펴내고 싶은 아이디어나 원고를 메일(writer@hanbit.co.kr)로 보내주세요.
한빛미디어(주)는 여러분의 소중한 경험과 지식을 기다리고 있습니다.

웹 엔지니어가
알아야 할

인프라의
기본

바바 토시아키 지음   김병국 옮김

HB 한빛미디어
Hanbit Media, Inc.

지은이의 말

지난 수년간 DevOps 운동의 영향으로 시스템의 애플리케이션 개발과 인프라 운용이 불가분의 관계라는 것이 널리 인식되어 왔다. 그렇다고는 하지만, 지금까지 애플리케이션 개발과 인프라 운용을 전문으로 하던 각각의 엔지니어가 서로 다른 분야에 진출하는 것은 무척 어려운 일이다. 우선 지식의 양을 늘려야 하는 데다가 두뇌와 시간을 사용하는 방식마저도 바꾸어야 한다.

IT 인프라 업계는 클라우드 컴퓨팅의 발전과 보급으로 인해 기존 시스템이 크게 변화하고 있다. 클라우드 컴퓨팅은 기존 기술을 조합하고 잘 다듬어 압도적인 변화를 가져왔다. 이 변화에 대응해 나가기 위해서는 IT 인프라에 관한 기초 지식이 반드시 필요하다.

이 책은 웹 애플리케이션 엔지니어였던 분, 웹 서비스의 운용에 관심이 있던 분 그리고 이제부터 웹 시스템에 관련된 일을 하게 될 분들이 앞으로 성장해가기 위해 필요한 기초 지식과 기술을 쉽게 습득할 수 있도록 구성하였다. 머릿속에 들어있는 경험과 지식 등을 정리해 밖으로 꺼내 놓는 것이 무척 힘든 작업이었지만, 이렇게 출간을 할 수 있게 되어 기쁘다. 이 책의 내용을 검토하고 심사해 준 동료 사이토(斎藤)씨와 타키자와(滝澤)씨에게 감사의 말씀을 전한다.

딸의 출산으로 힘든 와중에도 집필을 위해 vim을 붙들고 있는 필자를 지지해준 아내에게 감사하며, 다시 한 번 집필의 기회를 주신 ㈜마이나비의 이사(伊佐)씨에게도 이 자리를 빌려 감사의 말씀을 전한다.

지은이_ **바바 토시아키(馬場 俊彰)**

옮긴이의 말

인터넷의 눈부신 발전과 보급에 따라 헤아릴 수 없을 정도로 다양한 것들이 웹이라는 인프라를 통해 서비스되고 있다.

이 책에서는 이러한 인프라를 구축하기 위하여 최초 설계 시 중점을 두어 고려해야 하는 사항에서부터 웹 서비스의 서버 구성 방법과 성능 튜닝 그리고 모니터링과 장애 대책까지 전반적인 내용을 다루고 있다. 따라서 비단 웹 서비스뿐만이 아니라 최근 뜨겁게 주목을 받고 있는 SNS, 메신저, 모바일 게임 등 엄청난 양의 부하가 집중되는 서비스를 문제없이 구축하고 운용할 때도 큰 도움이 될 것이다.

개인적으로는 전 세계인이 함께 이용할 수 있는 멋진 서비스를 구축해서 운용해 보는 것이 하나의 소망이지만, 아쉽게도 아직 그럴듯한 아이디어를 생각해내지 못하고 있다.

이 책을 읽는 독자분들 중에도 비슷한 꿈을 꾸고 있는 분이 있을 것이다. 반짝이는 아이디어가 있는데 웹 서비스의 인프라를 어떻게 구축해야 하는지, 어떻게 운용해야 하는지 경험이 부족하여 발만 동동 구르고 있었다면 이 책을 통해 웹 서비스의 구축과 운용에 대한 기본적인 흐름을 파악하여 인프라를 구축하고, 본문에 소개된 감시 및 모니터링 툴 등을 활용하여 실제 서비스 운용에 적용해 본다면 분명히 큰 도움이 될 것이다.

이 책의 독자분 중에서 미래에 마윈(알리바바 그룹 회장)과 마크 주커버그(페이스북 CEO)를 넘어서는 분이 탄생하기를 기원한다.

끝으로, 다시 한 번 이렇게 좋은 서적의 번역 기회를 주신 한빛미디어 대표님과 이미향 과장님께 감사의 말씀을 전한다.

옮긴이_ **김병국**

CONTENTS

CONTENTS

CONTENTS

Chapter 6 웹 서비스 운용 2 : 상태 모니터링

Chapter 7 웹 서비스 튜닝 1 : 보틀넥을 찾는 방법

CONTENTS

Chapter
1
웹 서비스에서 인프라의 역할

이번 장에서는 웹 서비스와 웹 애플리케이션을 만드는 데 있어서 알아야 할 인프라 영역의 특징과 인프라 엔지니어가 중요하게 생각하고 있는 것들을 대략적으로 소개한다.

1.1
웹 서비스 구축에 관련된 인프라 영역

우선 이 책에서 설명하는 인프라 영역의 범위에 대하여 설명한다.

이 책에서 다루는 인프라의 범위

웹 서비스를 운용하기 위해서는 애플리케이션뿐만 아니라 인프라 영역의 준비도
필수적이다. 이 책에서는 주로 웹 서비스에 필요한 인프라 영역의 기술과 지식에
대하여 설명한다.

애플리케이션 엔지니어가 인프라 영역까지 준비하고 관리하는 것은 너무 힘든 일
이다. 그 이유를 한 마디로 설명하자면 **취급하는 대상이 너무 많기 때문이다.** 기후나 주요
역까지의 거리와 같은 지리적 제약, 네트워크의 기술적인 문제뿐 아니라 배선과 물
리적인 거리 등의 물리적 제약, 그리고 하드웨어의 크기, 전원 용량, OS, 미들웨어
등 취급하는 대상이 너무도 다양하다.

만들고자 하는 웹 서비스에 따라서 달라지겠지만, 이 책에서는 일반적인 웹 서비스
구축 시에 다루게 되는 코로케이션부터 미들웨어까지의 계층에 대하여 설명한다.
각각의 계층에 대한 내용은 아래 표를 참고하기 바란다.

웹 시스템(웹 서비스)의 계층 구조

계층(레이어)	내용
애플리케이션	독자 개발 및 Movable Type 등의 제품, WordPress 등의 오픈 소스 애플리케이션
애플리케이션 실행 환경	Ruby on Rails(Ruby), Play Framework(Java), Symfony(PHP), django(Python) 등의 프로그래밍 언어/실행 환경/프레임워크
미들웨어	Apache, nginx, Tomcat, unicorn, PostgreSQL, MySQL 등의 소프트웨어
OS	Linux, Windows 등의 OS
하드웨어	PowerEdge, ProLiant, FortiGate, Cisco, BIG-IP 등의 서버 기기/네트워크 기기

네트워크	인터넷 접속회선 등의 네트워크 환경
코로케이션	데이터 센터, 공조, 랙, 전원 등의 물리적인 저장소

또한, 작업 과정으로는 인프라 구축을 위한 요건 정의에서부터 운용까지의 단계를 다룬다.

웹 서비스 구축에 관련된 인프라의 기술 요소

인터넷은 수많은 기술과 규격으로 구성되어 있다. 따라서 코로케이션부터 미들웨어까지의 계층을 모두 다루기 위해서는 방대한 지식이 필요하다. 게다가 각각의 계층과 규격을 관리하는 단체도 있기 때문에 그 단체에 대해 파악하고 규격을 조정하는 과정을 거쳐야 한다는 것 역시 쉽지 않은 일이다.

웹 서비스를 위해 필요한 인프라의 기술 요소와 제품의 예는 아래와 같다. 아마 이름 정도는 들어본 것도 있을 것이다.

인프라의 기술 요소

기술 요소	대표적인 제품과 사업자
OS	CentOS, Red Hat, Ubuntu, Windows
서버 기기	DELL, HP, Fujitsu
스토리지	EqualLogic, Fusion-io, Amazon S3, Amazon EBS
데이터 센터	Sakura Internet, NIFTY
도메인 취득	onamae.com, muumuu-domain.com, whois.co.kr
DNS	BIND, unbound, Amazon Route53
네트워크 기기	Cisco, Juniper, Allied Telesis
네트워크 기술	Router, Firewall, NAT
SSL 인증서	Verisign(Symantec), GeoTrust, CyberTrust

또한, 기기를 조달하는 데에는 물리적인 제약이 있기 때문에 납기가 길어진다는 문제도 있다. 클라우드 서비스(p.19 COLUMN 참조)의 등장으로 기기의 조달에 소요되는 시간이 상당히 단축되었지만, 방대한 지식, 규격 관리 단체와의 조정이 필요하다는 문제는 여전히 존재한다.

따라서 계층은 다르지만 웹 서비스를 성립시키기 위해 필요한 요소이므로 반드시 인프라에 대한 지식을 습득하여 레벨업하기 바란다.

인프라 기술의 계층 구조

인프라 기술은 계층 구조로 되어 있다. 이렇게 계층화하여 규약을 만듦으로써 계층 간의 결합을 느슨하게 하였기 때문에 교환이 가능한 구조가 된다. 예를 들면, 스마트폰으로 웹 사이트를 접속할 때 통신사의 휴대전화망을 경유하든, 가정의 무선 랜을 경유하든 그 방법에 상관없이 브라우저는 똑같이 원하는 사이트에 접근할 수 있다. 이것은 느슨하게 결합된 인프라의 계층 구조 덕분이다.

이러한 계층 구조에서는 각각의 계층 역시 계층 구조로 구성되어 있다. 예를 들면, 네트워크는 아래 표와 같은 계층 구조로 되어 있다. 네트워크는 기본적으로 **OSI 참조모델**이라는 모델을 기반으로 하고 있지만, 인터넷에서 사용되는 TCP/IP에는 그다지 엄격하게 적용되지 않는다(특히 1~2, 3~4 계층).

계층(레이어)	OSI 명칭	구현 예
7	애플리케이션 계층	HTTP, SMTP, SSH, FTP
4	전송 계층	TCP, UDP
3	네트워크 계층	IP, ICMP
2	데이터링크 계층	Ethernet
1	물리 계층	RJ-45

인프라라고 하는 것은 사실 이와 같이 처리 단계가 아니라 계층에 관하여 다루는 것이다. 하지만 어떤 이유에서인지 운용이라는 처리 단계까지 다루는 경우가 많다.

어찌되었든 실제로는 운용까지 포함되는 경우가 많기 때문에 이 책에서도 인프라의 범위에 포함시키도록 하겠다. 필자의 생업 역시 운용이며, 더불어 신규 구축도 하고 있다.

클라우드 서비스에 대하여

클라우드 서비스는 이러한 계층 구조를 이용해서 특정 계층까지 패키징하여 제공하고 있다.

서버나 네트워크와 같은 인프라 부분을 인터넷 경유로 이용할 수 있는 Infrastructure as a Service(이하 IaaS), 인프라 부분은 크게 신경 쓰지 않고 준비된 개발 환경을 인터넷 경유로 이용할 수 있는 Platform as a Service(이하 PaaS) 등이 있다.

앞서 언급한 시스템 스택 중 코로케이션부터 하드웨어까지 제공해주는 것이 IaaS, 코로케이션부터 애플리케이션 실행 환경까지 제공해주는 것이 PaaS이다.

애플리케이션
애플리케이션 실행환경
미들웨어
OS
하드웨어
네트워크
코로케이션

IaaS

애플리케이션
애플리케이션 실행환경
미들웨어
OS
하드웨어
네트워크
코로케이션

PaaS

대표적인 IaaS로는 Amazon Web Services(AWS), Google Cloud Platform, Softlayer 등이 있고, 대표적인 PaaS로는 Heroku, Google App Engine, Engine Yard 등이 있다.

Amazon Web Services http://aws.amazon.com/ko/

Google Cloud Platform https://cloud.google.com/

Softlayer http://www.ibm.com/cloud-computing/jp/ja/softlayer.html

Heroku https://www.heroku.com/

Google App Engine https://appengine.google.com/

Engine Yard http://www.engineyard.co.jp/

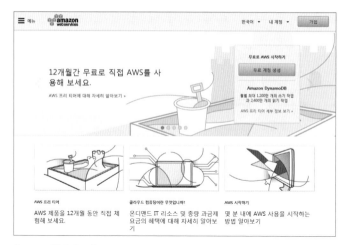

Amazon Web Services

Google Cloud Platform

최근에는 IaaS와 PaaS를 모두 제공하는 사업자가 증가하고 있다. 예를 들어, Amazon은 IaaS로 Amazon Elastic Compute Cloud(이하 Amazon EC2)를 제공하면서 Amazon Relational Database Service(이하 Amazon RDS)와 같은 PaaS도 제공하고 있다.

Google은 PaaS인 Google App Engine(이하 GAE)을 오랫동안 제공해 왔지만 2013년부터 Google Compute Engine(이하 GCE)이라고 하는 IaaS를 제공하고 있다.

클라우드 서비스에 대해서는 4장의 COLUMN을 함께 참고하기 바란다.

1.2
인프라의 요건 정의에서 운용까지의 주의점

이번 절에서는 인프라에 관련된 흐름을 확인한다. 애플리케이션 구축과 거의 동일한 흐름이지만 '조달'이라는 작업 과정이 있다는 것이 특징이다.

인프라에 관련된 흐름은 애플리케이션의 구축과 비슷하지만, 애플리케이션 구축과 같은

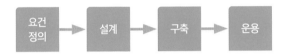

의 과정뿐만 아니라 구축 전에 '조달'이라는 과정이 필요하다. 즉, 다음과 같은 흐름이 된다.

인프라는 문자 그대로 시스템을 기반으로 하며, 시스템의 그릇을 결정하는 중요한 요소이다. 따라서 서비스 개시 시점에 어느 정도는 향후의 확장을 염두에 두고 구성할 필요가 있다.

예를 들어, 건물을 건축할 때 아파트를 지을 생각으로 기초 공사를 했는데 실제로 건축할 것은 야구장이었다고 한다면, 나중에 수정하는 것이 얼마나 어려울지 쉽게 상상할 수 있을 것이다.

그렇기 때문에 인프라를 설계 및 구축할 경우에는 **확장성, 다중화, 규모 등을 미리 예상하고 예산과 작업 과정 및 기간까지도 감안하면서 타당한 구성을 만들어 가는 능력**이 필요하다. 즉, 예측을 바탕으로 하여 온갖 어려움을 헤쳐가면서 프로젝트를 진행시킬 수 있는

지식과 경험, 그리고 필요한 것을 제대로 구분해 내는 능력이 중요하다.

다만, 새로운 웹 서비스의 경우에는 아무래도 확정되지 않은 요소가 많은 상태에서 시작하기 때문에 서비스의 성장에 따라 형태를 조금씩 변경할 필요가 있다. 이때 한정된 시간과 예산 그리고 작업 과정 중에서 어떤 방법들이 적용 가능한지에 따라 서비스의 성장 곡선이 좌우되기도 한다.

이는 프로그래밍에서 적절한 프레임워크 및 라이브러리를 선정하고 적절한 툴로 코딩 스타일이나 유닛테스트 등을 구현하는 것이 프로젝트의 속도와 품질, 성장 곡선을 결정하는 것과 같은 이치이다.

또한, 조달 단계에 소요되는 시간은 필요한 요소에 따라 다르며, 최소 몇 분 정도인 경우도 있지만 몇 개월이 걸리는 경우도 있다.

클라우드 서비스의 보급에 따라 납기가 짧은 인프라 요소가 많이 늘어났지만, 그렇다 하더라도 납기에 소요되는 시간이 '0'이 되지는 않는다. 따라서 납기도 파악하고 감안한 후에 대응할 필요가 있다.

1.3
인프라 설계 시의 주의점

이번에는 인프라를 설계할 경우의 주의점에 대하여 설명한다. 사용자로부터 요구사항을 잘 끌어내어 설계에 적용하는 것이 중요하다.

인프라 설계의 어려움

인프라와 애플리케이션은 불가분의 관계이기 때문에 인프라만으로 서비스의 성능과 가용성을 높이는 것은 무척 어렵다. 구체적으로는 비용이 너무 높아지고, 기한도 길어진다.

설계란 요구사항을 실제로 적용하는 과정으로, 인프라의 설계 시에는 다양한 물리적 제약과 요구를 조율하는 것이 중요하다.

즉, 비용과 납기 등 프로젝트에서 요구하는 제약, 설치 공간이나 이용 가능한 전력, 발생되는 열량 등의 물리적인 제약, 이용 가능한 CPU Clock, 메모리 용량, 디스크 용량, 데이터 전송량, 데이터 전송 속도 등의 사양적인 제약과 같이 다양한 현실적 문제들을 얼마나 유효하게 활용할 수 있는가 하는 것이 중요하다.

실제로는 인프라에 대한 사용자의 기능적 요건이 그렇게 많지는 않다. 이것은 필자의 경험으로 보아 인프라의 요건을 구체화할 수 있는 사람이 많지 않기 때문인 것 같다. 그 때문에 대체적으로 설계 단계 이전에 컨설팅을 하고 요건을 구체화할 필요가 있다. 요건은 크게 **기능적 요건**과 **비 기능적 요건**의 두 종류로 나눌 수 있다.

예를 들면, '1년간 10분 이상 서비스를 정지시키지 않는다'와 같은 것이 비 기능적 요건이며, 엔지니어가 그것을 구현하기 위한 방법을 설계 및 구축하는데, 이때 비 기능적 요건을 구현하기 위해 필요한 기능이 기능적 요건이 된다.

인프라의 '기능적 요건' 정의의 주의점

인프라의 기능적 요건은 초기단계에서는 구체화하지 않는 경우가 많다. 대체적으로 비 기능적 요건을 구현하기 위한 수단이 먼저이며, 그 후에 비 기능적 요건을 구현하기 위해 확정하는 경우가 대부분이다. 실제로 조달 단계에 들어설 때는 비 기능적 요건도 기능적 요건이 되어야만 한다.

그 시기에는 아래와 같은 기능적 요건이 확정되어 있을 것이다.

- 네트워크는 이중화한다.
- 2048bit 인증서로 동시에 4,000 접속이 가능한 SSL 오프로딩 기능이 있고, VRRP(Virtual Router Redundancy Protocol)에 따라 Active-Standby 구성이 가능한 로드밸런서
- 1Gbps가 48포트이고 10Gbps가 2포트이며 스태킹 구성이 가능한 L2 스위치
- 동시 접속 수 80,000 세션에 대응하며 접속 소스당 사용량 제한이 가능한 방화벽
- 로드밸런서 하위에 웹 서버 4대를 배치한다.
- 내부 네트워크는 외부 통신용과 서버 간의 통신용으로 분할한다.

여기에서는 복잡해서 이해가 되지 않더라도 괜찮으니 그대로 읽어나가기 바란다. 이 요건으로 네트워크를 구성하면 다음과 같이 서버 4대를 위해 12대의 네트워크 기기가 필요하게 된다.

비 기능적 요건을 얼마나 빠짐없이 구체화할 수 있는가, 예산과 기간 및 작업 과정의 제약 속에서 얼만큼 구현할 것인가 하는 것이 인프라 엔지니어의 능력을 뽐낼 수 있는 부분이 된다.

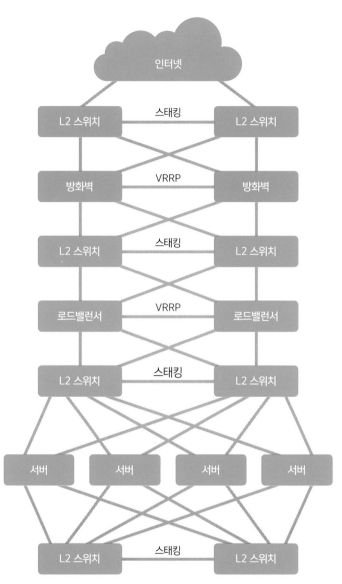

인터넷

L2 스위치　스태킹　L2 스위치

방화벽　VRRP　방화벽

L2 스위치　스태킹　L2 스위치

로드밸런서　VRRP　로드밸런서

L2 스위치　스태킹　L2 스위치

서버　서버　서버　서버

L2 스위치　스태킹　L2 스위치

기능적 요건을 기본으로 한 구성

인프라의 '비 기능적 요건' 정의의 주의점

비 기능적 요건을 어떻게 정의할 것인가는 엔지니어 각자의 노하우에 따른 부분이기도 하여 쉽게 정리하기 어렵지만, 요건의 정의에 누락이 발생하게 되면 나중에 큰 어려움에 빠질 수 있기 때문에 최대한 빠짐없이 포함시키는 것이 중요하다.

요건을 빠짐없이 정의하기 위해 일반적으로 공개되어 있는 정보를 사용해보자. 일본의 독립 행정법인 정보처리 추진기구IPA에서는 **비 기능적 요구 수준**을 공개하고 있는데, 기준으로서 좋은 참고가 된다. 따라서 이것을 기반으로 설명하고자 한다.

IPA가 공개하고 있는 '비 기능적 요구 수준'

http://www.ipa.go.jp/sec/softwareengineering/reports/20100416.html

'비 기능적 요구 수준'을 바탕으로 한 비 기능적 요건의 예

항목	내용 예
가용성	가동률, 목표 복구 시간, 재해 대책
성능 / 확장성	성능 목표, 확장성
운용 / 유지 보수성	운용 시간, 백업, 운용 감시, 정기 보수
이행성	이행 방식의 규정, 이행 스케줄, 설비/데이터
보안	만족해야 하는 가이드라인, 네트워크 레벨 제어, DoS 공격 대책, 정보 유출 대책, 사고 발생 시의 대응
시스템 환경/생태 환경	적합 규격, 기기 설치 규격, 환경 관리

비 기능적 요건의 정의를 완벽하게 하고자 한다면 끝이 없다. 실제로 현실 세계에서는 예산과 시간이 한정되어 있기 때문에 리스크와 현실 사이에서 적절히 타협하면서 진행하도록 하자.

구현할 기능이 동일하다면 품질과 비용 그리고 납기는 삼각형의 세 변과 같이 균형을 맞추는 것이 프로젝트 관리의 기본이다. 이것을 머릿속에 기억해 두고 계속 읽어나가보자.

인프라의 신뢰성 확보하기

시스템의 신뢰성을 종합적으로 고려한 'RAS' 및 'RASIS'라는 지표가 있다. 아래는 RAS의 의미이다. 그리고 RASIS는 이것에 'Integrity : 무결성'과 'Security : 안전성'이 추가된다.

- Reliability : 신뢰성
- Availability : 가용성
- Serviceability : 유지 보수성

또한 비슷한 개념으로, 정보 보안에서는 'CIA'라는 지표가 있다. 이것은 위의 Availability^{가용성}, Integrity^{무결성}에 Confidentiality^{기밀성}를 추가한 3요소를 유지하는 것이라고 ISO/IEC27002에 정의되어 있다.

신뢰성과 기밀성의 지표를 바탕으로 균형을 고려하여 구현 방법을 검토하고, '비 기능적 요구 수준'을 사용해 확인하도록 하자.

WARNING **성장 및 철수도 염두에 두자!**

본문에 기재되어 있는 내용은 실제로는 실현이 어려울 수도 있다. 요건이 과다하여 쓸데없는 투자가 되어버릴 수도 있고, 반대로 부족하여 기회 손실이 되어버릴 수도 있다. 우선은 가급적 일반적으로 공개되어 있는 기준이나 지표를 사용해보자.

1.4
RAS 검토하기

앞에서 등장한 'RAS'에 대하여 검토할 때 어떤 지표를 사용하는가, 또한 그 지표의 수치를 높이기 위해서는 구체적으로 어떤 방법이 사용되는가에 대해 구체적으로 설명한다.

앞에 등장한 RAS를 검토할 때는 아래와 같은 지표를 사용한다.

- 가동률
- 장애 발생 간격(Mean Time Between Failures = MTBF)
- 평균 복구 시간(Mean Time To Repair = MTTR)

일반적으로 시스템에 발생한 문제를 '장애'라고 한다. 보통 계획 단계에서의 가동률은 **MTBF / (MTBF + MTTR)**로 계산하며, MTBF와 MTTR의 계산식은 아래와 같다.

- 가동률 = MTBF / (MTBF + MTTR)
- MTBF = 누적 사용 시간 / 고장 횟수
- MTTR = 누적 수리 시간 / 고장 횟수

실제로 비 엔지니어가 상상할 수 있는 것은 가동률이기 때문에 가동률을 축으로 각종 요소를 결정한다. 이 단계에서는 사용자가 시스템을 이용할 수 없는 시간이 어느 정도인지를 지표로 하여 시스템 전체의 가동률을 결정한다.

예를 들어 브라우저를 통해 이용하는 웹 서비스의 경우, 사용자가 액세스를 해도 화면이 표시되지 않거나 기능을 이용할 수 없는 시간이 어느 정도인지로 판단한다.

구체적으로는 24시간 가동하는 시스템에서 가동률 99.99%를 목표로 한다면 아래와 같은 결과가 나온다.

- 연간 정지 시간이 3153.6초 이내

- 만약 MTTR이 4분이라면 MTBF는 28일
- MTTR이 18분이라면 MTBF는 125일

이에 대한 계산식은 다음과 같다.

> **연간으로 환산한 초 수와 가동률로부터 정지 시간을 산출**
> 86,400초(24시간) x 365일 x 0.01%(가동률 99.99%) = 3153.6초
>
> **MTTR이 4분인 경우**
> 99.99% = 60 x 24 x MTBF(분으로 단위를 맞춤) / (60 x 24 x MTBF + 4)
>
> **MTTR이 18분인 경우**
> 99.99% = 60 x 24 x MTBF / (60 x 24 x MTBF + 18)

예외적으로, 가동률을 계산할 때 계획적인 유지 보수를 위한 시스템 정지 시간은 반영하지 않을 수도 있다. 또한 가동률을 시스템 가용성의 지표로 사용할 경우에는 계획적인 유지 보수를 고려하지 않는다.

단, 24시간 365일 가동을 전제로 하는 시스템에서는 계획적인 유지 보수를 하지 않아도 운용이 가능하도록 하는 것을 목표로 하지만, 비용과 작업 과정 및 납기 등의 트레이드 오프를 감안하여 계획적인 유지 보수를 고려하는 경우도 있다. 또, 지진과 같이 발생 간격이 길고 영향이 큰 재해에 대해서는 평상시와는 다른 별도의 상황으로 취급하는 경우가 많다.

가동률을 높이는 방법

가동률을 높이기 위해서는 어떻게 하면 될까? 가동률을 높이기 위해서는 ① **요소 각각의 가동률을 높이고**, ② **요소를 조합해 전체의 가동률을 높이며**, ③ **적절한 프로비저닝으로 부하 문제를 피하는 것**이 중요하다.

위의 3가지 방법에 대한 구체적인 내용은 뒤에서 다시 설명하기로 하고, 우선 가동률을 높이기 위한 기본적인 개념에 대해 알아보자.

가동률을 높이기 위해서는 MTBF를 길게 하거나, MTTR을 짧게 하는 것이 중요

하다. 그 방법으로는 다중화를 사용하는데, 이것에 의해 MTTR이 짧아지기도 하고 '0'이 되기도 한다. 단일 장애 포인트^{SPOF, Single Point Of Failure}를 없애거나, SPOF가 남아있는 경우에는 MTBF를 길게, MTTR을 짧게 하는 방향으로 조정한다.

> 다중화란 시스템의 어느 구성 요소에서 장애가 발생한 경우에 다른 구성 요소가 그 처리를 넘겨받아 시스템 전체의 가용성을 높이도록 하는 것을 말한다.
> 단일 장애 포인트는 시스템의 구성 요소 중 다중화되어 있지 않은 단일 구성 요소를 말한다. 예를 들어 신체에서 눈, 손, 귀, 폐 등은 2개씩 다중화되어 있지만, 입은 다중화되어 있지 않기 때문에 단일 장애 포인트라고 말할 수 있다.

작업의 흐름에 따라 다중화를 검토할 때는 빠짐없이 검토하는 것이 매우 중요하며, 누락을 방지하는 방법으로서 전문가의 리뷰 등이 필요하다. 만일 스스로 검토할 경우에는 데이터의 흐름에 따라 생각하다 보면 누락을 방지하기 수월해진다.

예를 들어 스마트폰용 웹 시스템의 경우에는 데이터의 흐름을 바탕으로 하여 사용자의 브라우저에서 단말기, 전파, 이동통신사의 네트워크, 데이터 센터의 인터넷 회선 사업자, 라우터, 방화벽, …, 서버의 디스크, 프로그램과 같이 물리적인 데이터가 전달되는 순서로 고려하면 누락을 방지하기 쉬워진다.

가동률을 높이기 위해서는 특별한 경우에 어느 정도로 대처할 것인지를 결정하는 것이 매우 중요하다. 예상되는 장애의 크기에 따라 검토할 범위가 달라지기 때문에 필요 이상으로 걱정하는 것은 아닌지 또는 예상하는 장애의 크기가 너무 작은 것은 아닌지 잘 확인해야 한다. 다중화와 분하 분산은 이렇게 여분의 요소를 준비하여 이상 상태에 대응하는 방법이다.

고장 발생 시 수리 작업의 흐름을 적절하게 정비하는 것에 대해서는 뒤에서 상세히 설명한다. 또, 대규모 재해 발생에 대해서는 이와는 별도로 다룬다.

서비스 제공을 위해 필요한 장비의 최소 대수를 N이라고 하면, 평상시의 최소 대수는 N+1이 된다. 이것을 흔히 N+1 구성이라고 한다. 예를 들어, 웹 서버가 2대는 있어야 일상적인 부하를 견딜 수 있는 경우라면 평상시에 3대 정도는 준비해 둘 필요가 있다.

실제로는 N+1 구성에서 이상 발생 시 곧바로 추가 여분이 필요한 상황이 되기 때문에, MTTR이 길어질 것이 분명할 때는 N+2 구성을 취해야 할 필요가 있는 경우도 있다. 하지만 비용대비 효과를 고려하여 리스크를 감수하고라도 비용을 절약할 목적으로 N+1 구성을 고집하는 경우도 많다.

덧붙여, N+1이 N이 된 다음 다시 N+1이 될 때까지가 '장애 대응'이라는 것을 꼭 기억해 두자.

▌ 요소 각각의 가동률을 높게 한다

● 서버용 부품을 사용하기

계속해서 요소 각각의 가동률을 높게 하는 방법에 대하여 설명한다. 우선은 서버용 부품을 사용해 MTBF를 길게 하는 것이 중요하다. CPU, 메모리, 하드디스크, SSD 등에는 서버용 제품이 따로 있다.

또한, 전용 장소(데이터 센터)에 서버를 설치하는 것도 효과적이다. 이렇게 하면 진동이나 먼지 등에 의한 성능 감소를 줄일 수 있기 때문에 MTBF가 길어진다.

● 부품을 이중화하기

부품을 이중화하면 동시에 고장이 나지 않는 한 서비스가 중지되지 않으므로 이 방법을 활용해보자.

서버의 부품 단위 다중화에는 **디스크의 RAID 구성, 전원 장치의 이중화** 등이 있다. RAID를 구성할 때는 만약을 위하여 RAID를 구성하는 디스크의 로트(제품 번호나 제조 일자)를 여러 종류로 혼합하는 경우도 있다. 'RAID'에 대해서는 2장에서 자세하게 설명한다. 내부 부품이 완전하게 이중화되어 있는 서버도 있지만, 금융기관 정도에서만 사용하는 것이라 엄청나게 비싸다.

간혹 수리를 위해 정지하는 경우도 있기 때문에 주의해야 한다. 이중화를 하면 하나의 부품에 고장이 발생해도 시스템 작동에 지장은 없지만, 고장이 발생한 부품의 교환을 위해서는 필요에 따라 서버를 정지시켜야 하는 경우도 있다. 따라서 고장을 조기에 발견하여 서버가 완전히 정지하기 전에 적절히 대응하는 것이 중요하다.

요소 각각에 대한 대책에는 일정 수준 이상을 요구하는 순간 비용이 발생한다. 따라서 요소 각각의 가동률 향상을 위해서는 가격이 저렴한 상용 제품을 사용하고, 여러 요소를 다중화 기술 등으로 조합하는 것이 효과적이다.

● 요소 각각의 가동률을 확인하기

가동률은 필요한 요소 중에서 가장 가동률이 낮은 요소의 가동률로 결정된다. 사용자가 시스템을 이용하기 위해 사용하는 모든 서버에 대해 빠짐없이 확인하자. 웹 서비스의 경우라면 서버뿐만 아니라 데이터 센터, 인터넷 회선, DNS 등에 대해서도 대략적으로 한 번 확인해 두는 것이 좋다.

데이터 센터나 인터넷 회선 등은 SLA^{Service Level Agreement}로서 명시되어 있는 수치를 근거로 한다.

데이터 센터는 세계적으로 사용되고 있는 규격이 있으며, 등급을 'Tier'로 표시한다. 'Tier 3'라고 하면 설비 전원의 다중화와 99.982%의 가용성 등이 요건이 된다. 이는 여러 계통의 사업자로부터 전원 공급을 받거나, 대형 자가발전 장치 등으로 대응하는 경우가 많은 것 같다. 덧붙여 일본에서는 내진성 등에 대해서도 언급하는 데이터 센터가 많다.

데이터 센터는 일반적으로 전원을 이중화하는 등의 조치를 취하고 있다. 그 예로, 일본에서는 어느 정도 이상의 규모를 가진 빌딩의 경우 연 1회 법으로 정한 검사를 받기 위하여 정전이 필요하다. 하지만 데이터 센터는 전원을 이중화하고 있기 때문에 문제없이 계속 이용할 수 있다. 데이터 센터 측에서 전원 이중화를 하지 않는 경우에는 스스로 무정전 전원 장치^{UPS}를 설치하는 등의 대응이 필요한데, UPS를 사용함에 따라 배터리 정기 교환과 같은 정비가 필요하기 때문에 운용이 더욱 어려워진다.

인터넷 회선은 가용성과 품질(패킷의 전송 지연)을 SLA로서 강조하는 경우가 많으니, 어떤 항목이라도 SLA를 초과하는 경우에 대한 사업자 측 대응을 미리 확인해 둘 필요가 있다. 가용성에 대한 SLA가 있는데도 그 범위 안에 들지 못한 경우, 대부분 이용 요금의 환불로 대응이 이루어진다. SLA를 반드시 보장하도록 구성되어 있는 것이 아니라 '이 정도 요금이면 이 정도 성능입니다'라는 제시를 하고 있을 뿐이므로 사용자 측에서 SLA의 수치를 어떻게 인식할 것인지 판단하도록 하자.

■ 요소를 조합해 서비스의 가동률을 높게 한다

계속해서 요소를 조합하여 전체 가동률을 높게 하는 방법에 대해 설명한다. 앞서 언급한 대로 요소 각각에 대한 가동률을 높이는 것에는 한계가 있기 때문에 **다중화 기술을 이용하여 가동률을 높이는 것**이 실력을 발휘할 수 있는 방법이다.

다중화 구성에는 다중화된 요소를 모두 이용할 수 있는 'Active-Active'와 다중화된 요소 중 한쪽은 이용할 수 없는 'Active-Standby'의 두 종류가 있다. 'Active-Standby'는 Standby의 방식에 따라 다시 세 종류로 나뉜다.

Active-Standby 다중화 구성의 예

Hot Standby	Standby 측은 기동 후 즉시 이용 가능한 구성
Warm Standby	Standby 측은 기동 후 이용 가능하게 하기 위해서 나름대로의 준비가 필요한 구성
Cold Standby	Standby 측을 정지시켜 두는 구성

위의 표에서 '나름대로'처럼 상당히 애매한 표현을 사용했지만, 뚜렷한 정의 없이 대체로 그러한 느낌이다.

Warm Standby의 사례로는 예전의 PostgreSQL과 같이 '데이터 파일은 동기화 하고 있지만, 이를 이용 가능하도록 하기 위해서는 데이터 리스토어에 대한 처리가 필요한 구성'을 들 수 있다.

기술적으로 가능하다면 **Active-Active가 가장 가동률이 높아진다.** 데이터를 저장하지 않는 Stateless 방식의 요소라면 Active-Active를 비교적 쉽게 구현할 수 있다. 대표적인 예로, 웹 서버에서 로컬 스토리지나 임시 파일 등을 이용하지 않는 경우에는 매우 간단하게 구현할 수 있다.

기본적으로는 Active-Active가 가능하도록 최대한 Stateless로 해야 한다. 다만, 데이터베이스 서버나 파일 서버 등 데이터를 저장하는 부분을 Active-Active로 하면 대개는 데이터 정합성 유지를 위해 동기화가 필요하기 때문에 동작이 느려지므로 주의하기 바란다.

다중화에 대한 자세한 내용은 2장에서 설명한다.

■ 적절한 프로비저닝으로 부하 문제를 피한다

지금부터는 적절한 프로비저닝Provisioning으로 부하 문제를 피하는 방법에 대하여 설명한다. 프로비저닝은 사용자 수 등을 예측하여 적절하게 리소스를 준비하는 것을 말한다. 웹을 사용하지 않는 시스템의 대부분은 사용자 수 등을 미리 예측할 수 있지만, 웹을 사용하는 일반적인 BtoC 서비스는 부하를 예측하기 어렵다.

특히 최근에는 트위터 등의 소셜 미디어에 의해 순식간에 확산되고, 잠깐 동안만 주목을 끄는 경우가 많다. 이들은 부하가 극단적으로 변하기 때문에 예측에 어려움이 있지만, 예산 안에서 최대한 대응하도록 하자.

● 스케일 업과 스케일 아웃

부하에 대응하는 방법으로 스케일 업과 스케일 아웃이라는 것이 있다. 스케일 업은 서버 등 각 요소의 성능을 향상시키는 방법이며, 스케일 아웃은 서버 등 각 요소의 수를 늘리는 방법이다.

어느 정도의 규모까지는 스케일 업이 좋지만, 이는 일정 범위를 넘어서는 순간 비용대비 효과가 나빠진다. 따라서 웹 서버 등은 스케일 아웃이 가능하도록 하는 것이 일반적이다. 최근에는 클라우드 기반을 이용함으로써 오토 스케일 등의 자동 스케일링을 설정하는 것이 가능하다. 그러나 오토 스케일을 사용하더라도 부하의 증가 속도를 스케일링 속도가 따라잡지 못할 수도 있다. 스케일링의 시작부터 완료까지는 시간의 지연이 생긴다는 것을 잊지 않기 바란다.

특정 이슈가 'Yahoo!'와 같은 포털 사이트에서 다루어진 경우라면 1.5~2시간 정도 액세스가 계속되기 때문에 스케일링의 효과가 있지만, TV에서 다루어진 경우에는 등장으로부터 30분 정도, 트위터에서 유명인이 언급한 경우에는 15분 정도 만에 가라앉기 때문에 오토 스케일로 대응하는 것은 적절하지 않다. 따라서 부하의 증가를 미리 예상하고 있는 경우에는 사전에 대처해 두지 않으면 아무엇도 하지 않은 것과 마찬가지가 된다.

부하의 관점에서도 최소한으로 준비해 두지 않으면 안 되는 것이 N+1 구성, 조금 더 안심할 수 있는 것은 N+2 구성이다. 이는 스케일링의 속도와 여유 용량으로 판단하도록 하자.

스케일 아웃이 가능한 구성에는 구체적으로 두 가지 요소가 있는데, 하나는 기능적으로 스케일 아웃이 가능한 구성이다. 이때는 서버와 최종 사용자가 직접 연결되어 있어서 처음부터 스케일 아웃을 할 수 없도록 구성해서는 안 된다. 또 하나는 수를 늘리는 것이지만 사용자 수와 액세스 수에 대해 스케일 팩터가 되어 있는 구성이어야 한다.

예를 들어 웹 서버가 보틀넥^{bottleneck}이 아닌데도 웹 서버를 늘리는 것은 의미가 없다. 튜닝과 부하 분산의 구체적인 방법에 대해서는 7장과 8장에서 설명한다.

고장 발생 시의 대응 방법

고장이 발생하면 대응 및 검토해야 하는 것들이 무수히 많기 때문에, 고장 시에 어떤 대응을 할 것인지 미리 결정해 두면 원활하게 대응할 수 있다. 예를 들어 기기가 고장 난 경우, 고장에 대응하고 다시 셋업한 후 재 투입이 필요하다면 고장 대응에 소요되는 시간은 어느 정도인지, 물리적인 기기의 지원 계약에 따라 의뢰한 시간으로부터 4시간 이내 또는 다음 영업일이나 3영업일 이내에 완료 가능 등과 같이 대응하는 데 소요되는 시간이 달라지게 된다.

또한 계약 내용뿐 아니라, 의뢰가 처리될 때까지 조사가 필요한 계약 패턴도 있다. 이 경우에는 운용 체계에서의 대응 소요 시간이 어느 정도 되는지도 계산에 넣을 필요가 있다.

필자의 경험상 기기 제조사에 따라서 '전원이 들어오는 경우는 진단 툴로 고장 위치를 확실하게 알 수 없는 한 수리 대응은 하지 않는다'와 같이 수리 대응을 회피하는 것처럼 유사시에 원활히 대응할 수 없는 경우도 많다. 클라우드 기반이라면 수리에 연연하지 말고 제거하는 것이 좋다. 다시 고장이 발생하면 또다시 만들면 된다.

AWS와 같은 Infrastructure as Code 계열(API 등을 이용해 프로그램이나 코드에 따라 인프라를 자동적으로 조정하는 것)의 클라우드 서비스라면 자동화가 되어 있을 경우 15분 정도에 복구가 완료되도록 만들 수 있겠지만, 예상 외의 상황이 발생하여 자동적으로 복구를 할 수 없는 사태가 발생한 경우에는 어떻게 처리할 것인지 잘 검토해 두도록 하자. 해결 방법으로 필자가 근무하는 Heart Beats와 같이 24시간 365일 체제를 가진 모니터링 서비스 사업자에게 위탁하는 것도 검토할 만하다.

대규모 재해 시의 대응 방법

대규모 재해 시에 관련해서 검토할 때는 사업소의 배치, 시스템 이용자의 배치 및 재해 발생 직후에 시스템이 해야 할 역할과 가치를 고려하여 판단한다.

예를 들어 도심지 중심부의 지진을 가정한 경우, 서비스 사용자가 도심에만 있고 여가를 누리기 위한 유형의 서비스라면 지진 직후에는 별로 이용할 가능성이 없기 때문에 가동률 계산 시 고려하지 않는다.

또한, 사업소가 도심에만 있고 서비스 제공에 직원의 출근이 필요한 서비스 역시 지진 직후에는 직원이 출근을 할 수 없는 상황이 예상되므로 시스템이 가동되고 있어도 의미가 없기 때문에 가동률 계산 시 고려하지 않는다.

예를 들어, 지진 등의 대규모 재해 발생 시에는 업무 재개로부터 3영업일 이내에 시스템을 재개한다는 내용 등으로 규정한다.

재해 대책에 대해서는 아래와 같은 사항에 대해 검토한다.

대응 범위

- 데이터만이라도 지킬 것인가

- 시스템의 일부만이라도 계속 가동하게 할 것인가

- 시스템을 완전하게 계속 가동하도록 할 것인가

전환 방법

- 자동

- 수동

수동 전환의 경우, 전환할 수 있는 담당자가 작업을 수행할 수 있도록 준비될 때까지는 전환이 불가능하기 때문에 현실적인 선을 모색할 필요가 있다. 이런 경우 재해지 밖에 있는 사람이 대응할 수 있도록 준비되어 있지 않으면 결국 준비한 재해 대책을 이용할 수 없게 될 수도 있다.

재해 복구 대책으로서, 재해 발생 시에도 업무를 계속하기 위하여 멀리 떨어진 장소에 시스템을 구축하는 경우가 많은 것 같다. 재해 복구 대책을 위한 업체 선정에도 뜻밖의 함정이 있으니 주의하는 것이 좋다.

단지 지리적으로 떨어진 곳에 설치하는 것뿐 아니라 데이터 센터 사업자, 전력회사, 네트워크 사업자를 제대로 선정하도록 하자. 지리적으로 떨어져 있어도 네트워크 사업자가 동일한 경우는 결국 네트워크 문제가 해결되지 않을 가능성이 있기 때문이다.

COLUMN   RASIS, CIA 검토하기

1.3 인프라 설계 시의 주의점에서 RAS와 함께 등장한 RASIS와 CIA에 대해서도 간단한 설명과 검토 시의 주의점을 정리해보자.

반복되는 내용이지만 RASIS는 'Reliability (신뢰성)', 'Availability (가용성)', 'Serviceability (유지 보수성)', 'Integrity (무결성)', 'Security (안전성)'를 의미하고, CIA는 'Availability (가용성)', 'Integrity (무결성)', 'Confidentiality (기밀성)'를 의미한다. RASIS의 IS와 CIA의 CI는 숫자로 측정하기는 어렵지만 예상했던 내용과 검토 결과는 시스템의 기본으로 남겨두어야 한다.

예를 들어, AWS의 하나로 제공되고 있는 'Amazon S3'를 사용하는 경우 데이터를 세 군데 이상의 각기 다른 장소에 보관하고 있기 때문에 신뢰성이 높은 서비스이지만, 그렇다고 해도 가용성 99.99%, 내구성(Durability) 99.999999999%로 100%가 되지는 못한다(여기에서 'Durability'는 데이터 손실이 발생할 확률이라는 의미로 사용되고 있으니 'Integrity'와 거의 같은 의미이다).

또한, 'Security'에 대해서는 문맥에 따라 기술적인 것뿐만 아니라 회사 내부 통제의 맥락에서 내부 감사의 관점인 경우도 있기 때문에 주의가 필요하다. 'Security'에 대한 확인 항목은 정보가 손실되지 않을 것, 변경되지 않을 것, 접근해도 되는 사람만 접근 가능할 것 등의 요건이며, 각각의 수준과 구체적인 내용 및 방법을 검토해 나가게 된다.

설계가 완료되면 '검토 결과'와 '그렇게 결정한 배경'을 함께 문서로 남겨두자. 이 부분은 애플리케이션의 설계서와 비슷하다. 검토 결과뿐 아니라 그렇게 된 배경도 함께 문서로 남김으로써 시대의 변천에 따라 기술이 변하더라도 유연하게 대응할 수 있게 된다.

도구로는 Word, Excel, Visio 등의 Microsoft Office 제품을 이용한 것이 많지만, 최근에는 Sphinx(http://sphinx-doc.org/), Graphviz(http://www.graphviz.org/), Blockdiag(http://blockdiag.com/), Cacoo(http://cacoo.com/) 등을 이용하여 다음과 같은 방법도 많이 이용되고 있다.

- 종이 매체를 전제로 하지 않는다.
- 버전 관리와 이력 관리가 가능한(git 등) 툴을 함께 사용한다.

인프라 기술의 기초 지식

이번 장에서는 웹 서비스를 지탱하는 인프라 기술의 기초 지식을 소개한다. 애플리케이션 엔지
니어뿐만 아니라 관리자나 책임자들도 알아두었으면 하는 것들을 골라서 소개하고 있다.

2.1
인터넷이라는 거대한 네트워크

기본 중의 기본이지만 우선 인터넷 지식에 대한 복습부터 시작해보자.

IP 주소와 도메인

■ IP 주소

인터넷은 하나의 거대한 네트워크이다. 네트워크의 기본은 IP 주소이며, 여러분들도 잘 알고 있는 것처럼 IP 주소는 '172.16.0.0'과 같이 '.'로 구분되는 4개의 숫자 배열로 표현한다. 네트워크에 연결되어 있는 모든 기기에는 IP 주소가 할당되어 있어서 각자의 IP 주소를 사용해 서로 통신을 한다.

IP 주소에는 **글로벌 IP 주소**와 **로컬 IP 주소**(사설 IP 주소)가 있다. 글로벌 IP 주소는 전 세계적으로 중복되지 않도록 관리되고 있으며, 글로벌 통신에 이용된다. 로컬 IP 주소는 회사나 가정 등에서 자유롭게 사용할 수 있다. 로컬 IP 주소로 구성된 네트워크에서 인터넷을 하는 경우에는 네트워크 안의 어느 기기인가가 글로벌 IP도 함께 가지고 있게 되며, 그 기기가 통신을 중계함으로써 인터넷과 통신을 할 수 있게 되는 것이다.

로컬 IP 주소로 이용할 수 있는 IP 주소는 다음과 같다.

- 10.0.0.0 ~ 10.255.255.255 : 매우 큰 규모의 네트워크용
- 172.16.0.0 ~ 172.31.255.255 : 중간 규모의 네트워크용
- 192.168.0.0 ~ 192.168.255.255 : 작은 규모의 네트워크용

'127.0.0.1 ~ 127.255.255.254'는 로컬 루프백 주소, '169.254.0.0 ~ 169.254.255.255'는 링크 로컬 주소라고 하는 특별한 이름으로도 부른다. 로컬 루프백 주

소 중에서 '127.0.0.1'은 보통 자신의 서버를 가리키는 IP 주소로 이용하며, 링크 로컬 주소는 DHCP에서 IP 주소의 할당에 실패했을 경우 등에 이용한다.

또한, 연속하는 IP 주소를 그룹핑하는 넷마스크^{netmask}라는 구성이 있다. IP 주소와 넷마스크를 활용함으로써 한정된 IP 주소를 잘게 나누어 여럿이 사용할 수 있다.

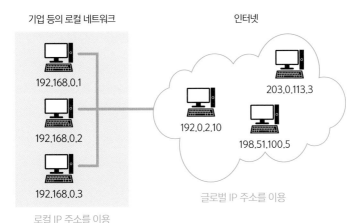

글로벌 IP 주소와 로컬 IP 주소

▌ 도메인

IP 주소를 알기 쉽도록 해주는 것이 **도메인**이며, 'example.com'과 같은 형식으로 표현한다. 이때 도메인과 IP 주소를 연결해주는 것이 DNS$^{Domain\ Name\ Server}$이다.

DNS는 도메인과 IP 주소를 변환하기 위해 사용되고 있는 세계적인 분산형 데이터베이스 시스템으로 각 도메인의 관리자가 설치 및 관리를 한다. 시스템마다 서버 관리자가 DNS 서버를 관리할 수도 있지만 도메인 취득 대행사업자 등이 관리하고 있는 DNS 서버에 위탁하는 경우가 많다.

DNS가 IP 주소와 도메인을 연결하고 있다

도메인은 전문 사업자를 통해 취득하도록 되어 있으며, 전 세계적으로 중복되지 않도록 보장되고 있다. 'whois.co.kr'이나 'Amazon Web Services Route53' 같은 곳에서 도메인을 취득할 수 있다.

도메인 이름에는 다음과 같은 규칙이 있다. 가장 오른쪽의 '.com'이나 '.kr'과 같은 부분을 **최상위 도메인**TLD이라고 한다. TLD에는 '.com'이나 '.net'과 같이 국가와 관계 없는 'gTLD'generic Top Level Domain'와 '.kr'처럼 국가를 나타내는 'ccTLD'country code Top Level Domain'가 있다.

'ccTLD'마다 다시 'co(회사)'나 'go(정부)' 등의 속성을 나타내는 부호가 붙고, 추가로 개별 명칭이 더해져 'example.co.kr(예를 들어 example이라는 회사)'과 같은 도메인이 된다. 참고로, 누구라도 어떤 도메인이든 자유롭게 취득할 수 있는 것은 아니다. 예를 들면 'co.kr'은 회사마다 한 개만 취득할 수 있다는 등의 규칙이 있다.

또한, 'www.example.co.kr'처럼 맨 앞에 추가로 하나의 계층이 더 붙어 있는 것을 자주 볼 수 있다. 이처럼 맨 앞에 추가로 더해진 계층을 포함하여 **FQDN**Fully Qualified Domain Name이라고 하며, 'www'를 서브 도메인이라고 한다.

도메인
example.com, example.kr, example.co.kr 등

서브 도메인
www.example.com, www.example.kr, www.example.co.kr 등의 'www' 부분이나, mail.example.com의 'mail' 부분

도메인을 구성하는 요소

▌ IP 주소와 도메인의 연결

IP 주소와 FQDN을 변환하는 것이 앞에서 설명한 DNS이며, 이 DNS를 이용하여 IP 주소와 FQDN을 연결한다.

DNS에서는 하나의 FQDN에 여러 개의 IP 주소를 연결할 수 있으며, 여러 개의 개별 FQDN을 하나의 IP 주소에 연결할 수도 있다.

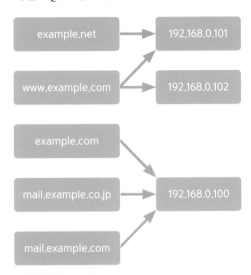

FQDN과 IP 주소의 연결

DNS에서는 IP 주소로부터 FQDN으로의 변환도 가능하다. 이것을 reverse DNS라고 한다. FQDN을 IP 주소로 변환하는 DNS의 경우와는 달리 reverse DNS는 1:1로 연결된다. 또한, DNS와 reverse DNS는 시스템적으로 연동하는 것이 아니라 각각의 관리자가 수동으로 설정한다(정방향을 설정하는 것은 도메인의 관리자, 역방향을 설정하는 것은 IP 주소의 관리자).

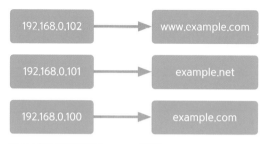

IP 주소에서 FQDN으로의 reverse DNS

DNS의 연결 정보를 '레코드'라고 한다. FQDN과 IP 주소의 변환에 사용하는 것은 'A 레코드'이며, 그 외에도 'NS 레코드'나 'CNAME 레코드' 등 여러 종류가 있다. 레코드의 종류와 사용 용도는 아래와 같다.

DNS의 주요 레코드 종류와 의미

레코드의 종류	의미
A	주소 정보(IP 주소)를 설정한다.
PTR	포인터(도메인 이름에 대응하는 IP 주소)를 설정한다.
NS	네임 서버를 설정한다.
CNAME	Canonical NAME(정식 명칭)을 설정한다(alias와 유사).
TXT	도메인에 연결된 텍스트 정보를 설정한다.
MX	도메인의 메일 서버 정보를 설정한다.

DNS의 레코드에는 유효 시간TTL을 설정할 수 있으며, 설정값은 10초~86,400초 (1일)로 설정 폭이 넓다. 서버를 이전하여 설치하는 경우 등으로 인해 DNS의 설정을 변경해야 할 때는 미리 모든 레코드에 대해서 TTL을 짧게 설정해 두어야 원활하게 변경할 수 있으므로 주의하기 바란다.

실제로는 TTL을 제대로 설정하더라도 TTL을 따르지 않는 클라이언트로 인해 완벽한 전환을 할 수 없는 것이 현실이다.

2.2
인터넷을 통한 데이터 송수신 구조

계속해서 인터넷상의 데이터 흐름과 그에 따른 네트워크 기기의 역할 등에 대하여 살펴본다.

라우팅

인터넷이 데이터를 운반하는 원리는 아래와 같다. 우선 라우터가 상위(Default Gateway) 네트워크와 하위 네트워크를 분리하고 있다. 라우터가 기점이 되어 그 하위의 네트워크로 보낼 데이터는 하위로, 다른 네트워크로 보낼 데이터는 상위로 흘러 보냄으로써 네트워크 전체에서 데이터를 주고받는 것이 가능하도록 되어 있다.

이것을 **라우팅**Routing이라고 하며, 단지 이것만을 위해서라면 1U(높이 44.45mm) 정도의 작은 네트워크 기기로도 대응이 가능하다.

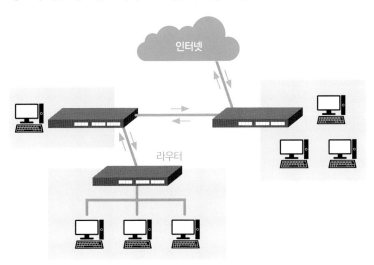

라우터가 네트워크의 상위와 하위의 데이터를 분리하고 있다

YAMAHA의 VPN 라우터 - RTX3500

어느 정도 상위까지 올라가면 물리적, 논리적으로 직통하는 루트를 만들어 데이터를 주고받게 되는데 이 부분이 사업자 간의 통신이 된다.

그리고 BGP^{Border Gateway Protocol}나 AS^{Autonomous System}와 같은 용어가 등장하는 규모에서 이 정도 상위까지 올라가면 랙에 네트워크 장비가 빽빽하게 들어찬 거대한 네트워크 기기가 사용된다.

NAT에 의한 IP 주소 변환

글로벌 IP 주소는 그 수가 부족해지고 있기 때문에 이에 대한 대응으로서 사설 IP 주소를 활용하는 NAT^{Network Address Translation}가 이용되고 있다.

사설 IP 주소와 글로벌 IP 주소를 변환함으로써, 각각의 기기가 글로벌 IP를 가지지 않은 채로 글로벌 네트워크와 통신을 할 수 있게 해주는 기술이 NAT이다. 엄밀하게 말해서 NAT라고 하기보다는 IP 주소와 접속포트를 변환하는 NAPT^{Network Address Port Translation}가 사용되는 경우가 많다.

실제로는 NAT 라우터가 소스 IP와 소스 포트 및 목적지 IP와 목적지 포트를 기억해 둠으로써 IP 주소를 변환하는 구조이다. 이는 가정용 라우터에서도 흔히 사용되고 있으며, 대규모 서비스에서도 많이 사용되고 있다.

다음 그림과 같이 라우터를 통과하는 타이밍에 소스(PC → 서버) IP 주소(SRC), 목적지(서버 → PC) IP 주소(DST)로 IP 주소가 변환된다.

인터넷(IP 네트워크)은 1장에서 언급했던 대로 계층화되어 있다. 그러한 계층(레이어) 구조 덕분에 물리적으로 어떻게 접속되어 있더라도 문제없이 데이터를 주고받을 수 있는 호환성을 가진다. 즉, 눈 앞의 PC에서부터 무선 랜 - ADSL 모뎀 - 전화선 - 유선 랜 - 광 케이블 - 해저 케이블 - … 등을 무수히 경유하더라도 문제가 없는 이유는 이러한 계층 구조 덕분이다.

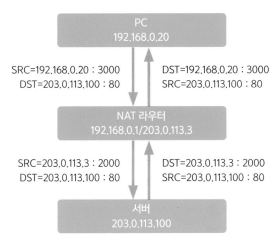

SRC=192.168.0.20 : 3000
DST=203.0.113.100 : 80

DST=192.168.0.20 : 3000
SRC=203.0.113.100 : 80

SRC=203.0.113.3 : 2000
DST=203.0.113.100 : 80

DST=203.0.113.3 : 2000
SRC=203.0.113.100 : 80

NAT 라우터가 IP 주소를 변환

2.3
URL을 분석해보자

인터넷상에서 데이터의 위치를 나타내는 URL/URI에는 사실 제대로 된 기술 방법이 있다. 평소에 흔히 볼 수 있는 형태에는 생략되어 있는 부분이 많지만, 정식 기술 방식도 알아보자.

URL과 URI라는 말을 들어본 적이 있을 것이다. 두 가지 모두 인터넷상에서의 콘텐츠나 데이터의 위치를 나타내기 위한 표기 방법이다.

URL^{Uniform Resource Locator}은 URI^{Uniform Resource Identifier} 체계의 일부이기 때문에 URI가 좀 더 넓은 개념이다. 일반적인 대화에서는 그다지 엄밀하게 구분 지어 사용하지 않지만 알아두면 도움이 될 것이다.

URL/URI는 기술 방식이 규정되어 있으며, 구체적인 방법은 다음과 같다.

```
<PROT>://[<USER>[:<PASS>]@]<FQDN>[:<PORT>]<PATH>
```

각 요소의 의미를 살펴보자.

URL/URI를 구성하는 요소와 의미

PORT	프로토콜, HTTP, HTTPS, FTP 등
USER	인증에 이용하는 사용자명. 인증이 없으면 생략 가능
PASS	인증에 이용하는 패스워드. 인증이 없으면 생략 가능
FQDN	FQDN
PORT	포트 번호. 프로토콜로부터 추측 가능하면 생략 가능
PATH	파일 등의 리소스의 경로. 또한 '/'로 끝나면 디렉토리를 나타냄

예를 들어, 'http://example.com/'은 아래와 같은 요소로 구성된 URL이다.

PORT	http
USER	없음
PASS	없음
FQDN	example.com
PORT	생략(http이기 때문에 80)
PATH	/

다른 예로, 'https://admin:mypass@www.example.com/images/logo.png'는 아래와 같은 요소로 구성된 URL이다.

PORT	https
USER	admin
PASS	mypass
FQDN	www.example.com
PORT	생략(https이기 때문에 443)
PATH	/images/logo.png

포트 번호(PORT)의 생략에 대해서 살펴보면, 0~1023번은 'Well Known Port Number'라고 불리며, IANA[Internet Assigned Numbers Authority]가 관리 및 공개하고 있다. 따라서 이 범위 안의 포트 번호는 생략할 수 있다.

Linux 서버라면 /etc/services에도 기재되어 있으니 확인해 보기 바란다.

Well Known Port Number(IANA)

http://www.iana.org/assignments/service-names-port-numbers/service-names-port-numbers.xhtml

대표적인 Well Known Port Number

프로토콜	포트 번호	프로토콜	포트 번호
SMTP	25	IMAP	143
POP3	110	SSH	22
HTTP	80	SNMP	161
HTTPS	443	DNS	53

2.4
프로토콜의 내부 들여다보기

브라우저와 서버 사이에서 어떠한 상호 작용이 일어나는지 HTTP의 내부를 살펴봄으로써 이해할 수 있다.

Request Headers와 Response Headers 읽기

그럼 지금부터 **인터넷 프로토콜**HTTP의 내부를 들여다보자. HTTP는 텍스트 프로토콜이기 때문에 이를 들여다보면 쉽게 상호 작용을 이해할 수 있다.

구글 크롬의 우측 상단 메뉴에서 [도구 더 보기]–[개발자 도구]를 선택하여 개발자 도구를 실행시킨다. [Network] 탭을 선택한 다음 'http://www.hanbit.co.kr/'에 액세스해보자.

[Path]의 가장 위쪽에 'Path: www.hanbit.co.kr, Method: GET, Status: 200, Text: OK, Type: document, Initiator: Other…'라고 표시될 것이다. 이것을 선택해보자.

상단 메뉴에서 [Headers] 탭을 클릭하고 [Request Headers]와 [Response Headers]의 [view source]를 열면 실제로 주고받는 내용이 보인다.

[Request Headers]는 브라우저에서 서버로 요구하는 내용으로, 이번 예시에서 확인할 수 있는 내용은 아래와 같다. 'User-Agent'와 같이 자기의 정보를 전달하는 것뿐만 아니라 'Connection'과 'Pragma', 'Cache-Control', 'Accept-*' 등 통신을 위한 조건 및 데이터를 얻기 위한 다양한 조건들을 동시에 전달하고 있다.

```
GET / HTTP/1.1
Accept:text/html,application/xhtml+xml,application/xml;q=0.9,image/
webp,*/*;q=0.8
Accept-Encoding:gzip, deflate, sdch
Accept-Language:ko-KR,ko;q=0.8,en-US;q=0.6,en;q=0.4
Connection:keep-alive
Cookie: PHPSESSID=a53572b52185b61cfdd42c0cd2e737f2; _ga=GA1.3.1214960
360.1419559824
Host:www.hanbit.co.kr
User-Agent:Mozilla/5.0 (Windows NT 6.3; WOW64) AppleWebKit/537.36
(KHTML, like Gecko) Chrome/43.0.2357.124 Safari/537.36
```

[Response Headers]는 서버에서 브라우저로 응답하는 내용이며 이번 예에서 확인할 수 있는 내용은 아래와 같다. 여기서는 'Data'나 'Server'와 같은 서버의 정보나 'Content-*'와 같은 응답 내용 자체에 대한 정보를 전달하고 있다.

```
HTTP/1.1 200 OK
Cache-Control:no-store, no-cache, must-revalidate, post-check=0, pre-
check=0
Connection:Keep-Alive
Content-Encoding:gzip
Content-Length: 9431
Content-Type:text/html; charset=EUC-KR
Date:Wed, 27 May 2015 04:49:46 GMT
Expires:Thu, 19 Nov 1981 08:52:00 GMT
Keep-Alive:timeout=20, max=100
Pragma:no-cache
Server:Apache/2.2.16 (Debian) PHP/5.3.3-7+squeeze18 with Suhosin-Patch
mod_ssl/2.2.16 OpenSSL/0.9.8o
Set-Cookie:PHPSESSID=9c7a7fdf6c4606cca6e723dddabff225; path=/;
domain=.hanbit.co.kr
Vary:Accept-Encoding
X-Powered-By:PHP/5.3.3-7+squeeze18
```

디버그 시에는 Request Headers나 Response Headers가 어떻게 설정되어 있는지를 확인하는 경우가 많다. 웹 시스템을 다루기 위해서는 꼭 필요한 지식이기 때문에 내용을 이해할 수 있도록 해보기 바란다.

예제로 등장한 HTTP 헤더의 항목과 의미

헤더	의미
Host	목적지의 도메인을 나타낸다.
Connection	접속을 유지할 것인가, 곧바로 끊을 것인가 등의 접속에 관한 정보를 나타낸다.
Pragma	메시지에 관한 추가 정보를 나타낸다.
Cache-Control	메시지가 경유하는 중간 캐시의 동작을 지시한다.
Accept	클라이언트의 수용 가능한 콘텐츠 종류를 나타낸다.
User-Agent	클라이언트의 웹 브라우저 등의 정보를 나타낸다.

Accept-Encoding	클라이언트의 수용 가능한 문자 인코딩을 나타낸다.
Accept-Language	클라이언트의 수용 가능한 언어를 나타낸다.
Cookie	클라이언트의 상태 관리 정보를 서버에 반환한다.
Date	응답의 작성 날짜와 시간을 나타낸다.
Server	서버 업체 이름, 버전 번호를 나타낸다.
Accept-Ranges	객체의 일부에 대한 요청을 서버가 수용할 수 있는지를 나타낸다.
Vary	서버가 응답 내용을 결정할 때, 응답 URI 이외에 이용한 헤더 목록을 나타낸다.
Content-Encoding	콘텐츠의 인코딩을 나타낸다.
Content-Length	콘텐츠의 크기를 바이트 단위로 나타낸다.
Content-Type	콘텐츠의 종류를 나타낸다.

※ http://en.wikipedia.org/wiki/List_of_HTTP_header_fields를 참고하기 바란다.

2.5
네트워크 보안 이야기

여기서는 통신의 보안을 유지하기 위해 사용하는 기술에 대하여 설명한다.

방화벽

네트워크 내에서의 보안에는 **방화벽**을 사용한다. 방화벽은 안쪽(조직 내부의 네트워크)에서 바깥쪽(인터넷) 또는 바깥쪽에서 안쪽으로의 통신 내용을 제어하고, 의도하지 않은 통신이 발생하지 않도록 접속 요구를 차단함으로써 네트워크의 보안을 향상시킨다.

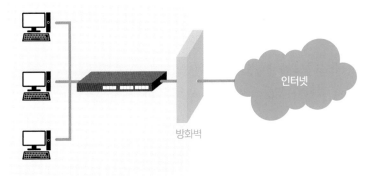

기업 등의 로컬 네트워크

인터넷

방화벽

방화벽을 이용해 외부로부터의 통신을 제어

방화벽에서는 소스 IP 주소, 목적지 IP 주소, 포트 그리고 접속량 및 통신량을 제한한다. 경우에 따라서는 통신 내용까지 검사하는 것도 있으며, 이러한 것들을 일괄적으로 대응할 수 있는 기기를 **UTM**Unified Threat Management이라고 한다.

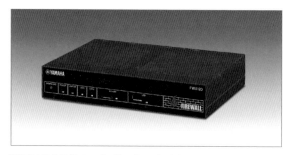

YAMAHA의 중/소규모 네트워크 및 소호용 방화벽 장비 - FWX120

그리고 HTTP나 HTTPS 통신의 내부까지 검사하는 기기를 WAF^{Web Application} ^{Firewall}라고 한다. 애플리케이션이 예상치 못한 SQL문을 실행시켜 공격하는 **SQL 인 젝션** 방지책으로는 이 방법이 사용된다.

예를 들어,

```
GET /?condition=%27+OR+1%3D1%3BSELECT+%2A+FROM+USER%3B+~ HTTP/1.1
Host: www.example.com
```

과 같은 액세스(Condition에 'OR 1=1;SELECT * FROM USER;'를 설정한 SQL 인젝션)도 검사 대상에 포함된다.

웹 애플리케이션의 세계에서 WAF는 'Web Application Framework'를 의미하 지만, 인프라의 세계에서 WAF는 'Web Application Firewall'이다.

SSL

통신의 암호화를 위해서는 SSL^{Secure Sockets Layer}을 사용한다. 이렇게 통신을 암호화 함으로써 사용자가 브라우저에 입력한 개인 정보나 패스워드 등이 안전하게 서버 에 도달할 수 있게 된다.

SSL은 계층이기 때문에 HTTP뿐만 아니라 다른 프로토콜과 조합하여 통신을 암호 화할 수 있다. 또한, 메일 송신에서 사용하는 프로토콜인 SMTP나 POP와도 조합 하여 사용할 수 있다.

SSL도 하나의 계층이다

애플리케이션 계층 ~ 세션 계층	HTTP
	SSL
전송 계층	TCP
네트워크 계층	IP

COLUMN   **SSL 인증서가 갖고 있는 두 가지 기능**

SSL 인증서에는 암호화를 위한 키의 역할과 통신 상대가 진짜 FQDN 관리자임을 증명하는 역할의 두 가지 역할이 있다.

그렇기 때문에 SSL 인증서를 발행할 경우 인증서 발행 사업자는 다양한 방법을 사용하여 신청자가 FQDN 관리자임을 보장받으려고 한다. 예를 들면, 사이트에 특정 문자열을 포함시키거나 메일을 보내거나 전화를 걸거나 한다. 사이트도 메일도 결국에는 DNS가 관리되고 있는지 여부에 달려있다.

또한, 브라우저는 신뢰할 수 있는 SSL 인증서 발행 사업자 목록을 가지고 있기 때문에 신규로 진입하고자 한다면, 이미 목록에 있는 사업자의 하위로 포함되거나 브라우저 업체에 힘을 쏟아 상위 목록에 포함시킬 필요가 있다. 이렇듯, SSL 인증서 발행 사업은 진입장벽이 매우 높은 사업이다.

2.6
인프라 요소의 스펙을 읽는 방법과 선택 방법

여기서부터는 실제로 인프라 요소를 준비할 때, 어떤 점에 주의하여 선택하면 좋을지에 대하여 설명한다.

서버 선택의 개요

서버의 스펙에서 중요한 요소는 CPU, 메모리, 디스크, 네트워크이다. 각각에 대하여 스펙을 읽는 방법과 선택 방법을 소개한다.

서버의 스펙을 결정할 때 주의해야 하는 것은 성능과 가격의 관계이다. 일정 수준 이상의 성능이 되는 순간 가격이 올라가는 것은 당연한 이치이다. 따라서 예산의 범위 내에서 최대한 저렴한 가격으로 최고의 스펙을 꾸미는 것이 중요하다.

물리적인 서버는 조달에 시간이 걸리기 때문에 스펙 변경이 어렵지만, 클라우드 서비스는 스펙 변경이 간단하므로 스펙을 적절하게 변경하여 낭비 없이 운용할 수 있다. 그리고 클라우드 서비스의 경우에도 스케일 아웃뿐 아니라 스케일 업이나 스케일 다운도 활용해보자.

스펙을 결정하는 것에 자신이 없거나 잘 모르는 경우에는 추후에도 쉽게 수정을 할 수 있는 **클라우드 서비스를 이용하는 것이 좋다.** 무어의 법칙대로 서버 역시 성능당 가격이 매년 하락하고 있으며, 클라우드 서비스는 그 하락의 혜택을 적절하게 받을 수 있으니 꼭 활용해보기 바란다.

> **무어의 법칙**
> 세계 최대 반도체 메이커인 Intel사의 설립자 중 한명인 Gordon Moore박사가 1965년에 경험적인 법칙으로서 제시한 '반도체의 집적도는 18~24개월마다 두 배씩 증가할 것이다.'라고 예측하는 법칙이다.
>
> 출처_IT용어 사전

CPU, 메모리의 스펙과 선택 방법

CPU의 주요 선정 기준은 다음과 같다.

CPU의 주요 선정 기준

소켓 수	CPU 장착 가능 수량
코어 수	CPU당 코어 개수
스레드 수	CPU당 스레드 수(Hyper Threading 대응의 CPU에서 카탈로그에 표시된 스레드 수는 코어 개수의 2배가 된다)
동작 주파수	CPU의 동작 주파수(2.4GHz 등)
버전(세대)	Intel사의 CPU라면 Nehalem, IvyBridge 등
캐시 메모리 크기	CPU 내장 메모리의 용량
최대 메모리 크기	장착 가능한 메모리의 최대 크기
최대 메모리 대역폭	장착 가능한 메모리의 최대 대역폭
ECC 메모리 대응 여부	ECC(오류 정정) 기능이 있는 메모리 대응 여부

CPU 내부에는 **캐시 메모리**라고 하는 메모리가 내장되어 있다. 이 캐시 메모리는 CPU의 성능에 큰 영향을 미치기 때문에 서버용 CPU는 캐시 메모리의 용량이 큰 것이 특징이다.

아래의 표에서 집필 시점의 최신 데스크톱 PC용 CPU와 서버용 CPU를 비교해 보았다.

데스크톱용, 서버용 CPU의 비교

	i7-4790K(데스크톱용)	E5-2697V3(서버용)
코어 수	4	14
스레드 수	8	28
동작 주파수	4GHz(4.4GHz)	2.6GHz(3.6GHz)
버전(세대)	Devil's Canyon	Haswell
캐시 메모리 크기	8MB	35MB
최대 메모리 크기	32GB	768GB

최대 메모리 대역폭	25.6GB/s	68GB/s
ECC 메모리 대응 여부	No	Yes

서버용 CPU가 코어 개수나 캐시 메모리 및 최대 메모리의 크기에서 압도적인 것을 알 수 있다. 동작 주파수는 서버용이 조금 뒤떨어지지만 캐시 메모리가 크기 때문에 일률적으로 어느 쪽이 더 좋다고 말하기는 어렵다. 따라서 사용 용도에 따라 성능을 검증하여 판단하도록 하자. 일반적으로 동작 주파수가 높은 CPU는 일괄 처리와 같이 병렬도가 낮은 처리를 단시간에 완료하기 위한 용도로 사용하며, 스레드 수가 많은 CPU는 웹 서버와 같이 병렬도가 높은 용도에 사용한다.

멀티테넌트형(하나의 서버를 여러 사용자가 함께 사용하는 형식)의 클라우드 서비스는 함께 사용하는 다른 사용자의 이용률에 영향을 받는 경우도 많다. 따라서 멀티테넌트형을 이용하는 경우에는 너무 엄격하게 따지지 말고 있는 그대로를 받아들이거나, 마음에 들지 않으면 사용자 측에서 다른 호스트(다른 가상 서버)로 옮기는 등의 대책을 강구하도록 하자.

앞에 언급했던 대로 메모리에서는 용량, 대역폭, ECC 메모리(오류를 자동으로 정정해주는 메모리) 대응 여부가 서버용과 데스크톱용의 큰 차이점이다. 만약, 용량당 오류 발생률이 동일하다면 용량이 커질수록 전체적인 오류 발생률도 높아지기 때문에 메모리를 대량으로 사용하는 서버는 ECC 메모리를 사용한다. 클라우드 서비스를 이용하는 경우에는 이러한 문제를 서비스 제공자 측에서 고려하고 있기 때문에 사용자는 단순히 메모리의 용량만을 생각하면 된다.

디스크의 스펙과 선택 방법

디스크는 크게 하드디스크[HDD], SSD, PCI express 인터페이스 플래시 스토리지의 세 종류가 있으며, 각각의 특징에 대하여 알아보자. 우선 하드디스크의 주요 선정 기준은 다음과 같다.

하드디스크의 주요 선정 기준

용량	250GB, 500GB, 1TB, 3TB 등
인터페이스 규격	SAS 6Gbps/3Gbps, SATA 6Gbps/3Gbps 등
회전 수	15000rpm, 10000rpm, 7200rpm 등
크기	2.5inch, 3.5inch

인터페이스 규격에 따라 최대 통신 속도가 결정되기 때문에 가능한 한 통신 속도가 빠른 규격을 사용하도록 하자. SATA 인터페이스 디스크의 특징은 대용량, 저가격이며, SAS 인터페이스 디스크의 특징은 고성능, 높은 신뢰성(잘 부서지지 않음)이다.

예전에는 3.5inch 디스크가 주류였으나 기술이 발전함에 따라 현재는 2.5inch 제품이 주류가 되고 있다. 이렇게 디스크가 3.5inch에서 2.5inch로 변경됨에 따라, 성능을 유지하면서 단위 용적당 용량을 높일 수 있게 되었다.

서버 디스크를 결정할 때는 디스크 자체보다 적절한 RAID 카드(RAID 컨트롤러)를 선택하는 것이 더 중요하다. 실제로는 RAID 카드가 OS에서 여러 개의 디스크를 하나의 디스크로 인식하게 하여 데이터의 분산 및 다중화 등을 수행할 수 있게 해준다. 이것을 하드웨어 RAID라고 한다. 물론 OS에서 소프트웨어적으로 RAID를 구성하는 방법인 소프트웨어 RAID도 있지만 성능을 고려한다면 하드웨어 RAID를 1순위로 하자.

RAID의 종류는 0, 1, 5, 6, 10, 50, 60 등 다양하며, 각각의 특징이 있기 때문에 특별히 어느 것이 좋다고 말하기 어렵고, 단순히 수치가 클수록 좋은 것도 아니다. 따라서 적절하게 선택하도록 한다.

RAID의 종류와 특징

RAID 0	디스크를 여러 대 사용하여 전체를 저장 영역으로 한다. 따라서 액세스 속도의 향상과 OS 측면에서의 디스크 용량 증가를 구현할 수 있다. 하지만 디스크 한 대라도 고장이 발생하면 전체에 문제가 생기므로, 데이터는 잃어도 무관하지만 용량과 액세스 속도가 필요할 때 이용한다.
RAID 1	디스크 한 대에 데이터를 저장하고 백업을 준비한다. 액세스 속도와 용량은 한 대일 때와 같지만, 한 대가 고장 나도 문제가 없는 다중성이 향상된다.

RAID 5	데이터로부터 패리티를 생성하여 데이터와 패리티를 함께 여러 대의 디스크에 분산 저장한다. 액세스 속도의 향상과 디스크 용량이 모두 필요할 때 이용한다. 디스크 한 대까지는 고장이 발생해도 괜찮지만, 한 대가 고장 나면 곧바로 수리해야 한다.
RAID 6	데이터로부터 패리티를 2중으로 생성하여 데이터와 패리티를 함께 여러 대의 디스크에 분산 저장한다. 액세스 속도의 향상과 디스크 용량이 모두 필요할 때 이용한다. 디스크 두 대까지는 고장이 발생해도 괜찮기 때문에 수리 완료까지는 시간적인 여유가 있다.
RAID 10	RAID 0과 RAID 1을 조합한 것
RAID 50	RAID 0과 RAID 5를 조합한 것
RAID 60	RAID 0과 RAID 6을 조합한 것

최근에 등장한 PCI express 인터페이스의 플래시 스토리지는 하드디스크나 SSD 보다 압도적으로 성능이 뛰어나기 때문에 성능을 높이고 싶은 경우에는 검토해 보기 바란다. 유명한 제품으로는 ioDrive가 있다.

디스크 계열의 성능 지표 단위로는 전송 속도throughput를 표시하는 'MB/s'와 I/O속도RTT, Round Trip Time를 표시하는 'IOPS(IO/s)'가 있다.

성능 지표는 대개 Sequential Access의 Read와 Write, Random Access의 Read와 Write 이렇게 4가지 패턴이 공개된다. 이 중에서 한 개의 큰 파일에 대한 액세스를 하는 경우에는 Sequential Access의 'MB/s'를, 웹 서버나 DB 서버처럼 비정기적으로 짧게 액세스를 하는 경우에는 Random Access의 'IOPS'를 참고로 한다.

RAID의 종류와 특징

종류	용량 단가	전송 속도	I/O 속도
HDD	저렴	수백 MB/s 초반	100~400 IOPS
SSD	고가	수백 MB/s 중반	수천~수만 IOPS
PCI express 플래시 스토리지	매우 고가	수백 MB/s 후반	수만~수십만 IOPS

클라우드 서비스는 디스크나 서버 각각에 대한 디스크 I/O 성능이 미리 서비스 플랜별로 결정되어 있는 경우가 대부분이기 때문에 필요한 용량이나 IOPS를 예측하여 적절한 플랜을 선택하도록 하자.

CPU 부분에서도 언급했지만, 멀티테넌트형 클라우드 서비스의 경우는 SSD라고 해도 그다지 좋은 성능을 기대하기 어렵다. SSD형 디스크를 여러 명이 어떻게 공유하고 있는지 알지 못하는 이상, 단순히 SSD이기 때문에 빠르다고 할 수는 없다. 성능을 측정한다고 해도 자주 변하기 때문에 지표로서는 그다지 의미가 없다. 그 점을 감안하여 신뢰할 수 있는 사업자를 선택하도록 하자.

또한, 물리적인 서버의 경우 디스크가 아닌 스토리지 제품을 도입할 수도 있다. 이러한 스토리지 제품은 저렴한 것도 한 대에 수천만 원이나 하기 때문에 용량과 성능 면에서는 서버 자체보다도 좋은 경우가 대부분이다. 매우 큰 시스템이 아니라면 스토리지 제품을 도입하는 이점이 없겠지만, 선택 방안으로서 기억해 두어도 좋을 것이다.

네트워크의 스펙과 선택 방법

서버에 접속하는 네트워크의 대역은 **1Gbps가 일반적이며,** 대개는 메인보드에 내장되어 있다. 최근에는 10Gbps 제품도 나와 있지만 아직까지는 1Gbps가 주류를 이루고 있으며, 서버 기기에 따라서는 케이블의 연결 포트가 2~6개까지 있는 것도 있다.

네트워크 구성으로서 외부 서비스 통신용, 내부 서비스 통신용, 관리 통신용 등으로 구분하는 경우도 있으며, 이를 위해 많은 케이블을 필요로 할 수도 있다. 예를 들면, 네트워크는 여러 개를 묶어 다중화나 부하 분산을 할 수 있기 때문에 외부 서비스 통신용으로 2선, 내부 서비스 용으로 2선, 관리 통신용으로 1선 등으로 사용할 수도 있다. 이렇게 다중화나 부하 분산도 고려하여 필요한 수량을 준비하도록 하자.

네트워크 기기의 스펙을 읽는 방법과 선택 방법

물리적인 환경을 구축할 때는 네트워크 기기도 필요하게 된다. 자신이 스스로 준비할 것은 방화벽과 스위치^{HUB} 정도일 것이므로 이것에 대하여 알아보자.

■ 방화벽의 선택 방법

방화벽^{FW}의 주요 선정 기준은 다음과 같다.

방화벽의 종류와 특징

제조사	제품의 제조사. Cisco, FortiNet, Juniper 등
대응 프로토콜	필터링 가능한 프로토콜
NAT 세션의 수	NAT 이용 시 동시에 이용 가능한 세션의 수
FW 스루풋	필터링 이용 시의 스루풋
FW 규칙의 수	이용 가능한 필터링 규칙의 수
다중화 대응	대응 가능한 다중화 방식

제조사에 따라 OS가 다르며 설정 방법 또한 달라지기 때문에 제조사의 선택이 중요하다. 정확한 지식 없이 직접 설정하는 경우에는 정보가 많은 Cisco를, 주변에 지식이 풍부한 사람이 있는 경우에는 그 사람에게 익숙한 제조사를 이용하는 것이 좋다.

예전에는 제조사 독자 규격의 기기가 많아서 상호 접속에 문제가 발생하는 경우가 많았다. 따라서 네트워크 기기의 제조사를 한 군데로 통일하는 것이 정석이었지만, 최근에는 그렇지 않다. 또한, 클라우드 서비스를 이용할 때는 방화벽도 클라우드에서 제공한다.

NAT 세션의 수는 NAT를 이용할 때 특히 문제가 되기 쉬운 부분이다. 나중에 변경하는 것은 어려우니 사전에 충분히 검토하기 바란다.

방화벽에는 케이블의 접속 규격과는 별도로 방화벽 기능을 활성화했을 경우의 스루풋^{통신 속도}이 제시되어 있다. 1Gbps 접속이라도 실효 속도는 150Mbps인 것처럼 상이한 경우가 많기 때문에 주의하기 바란다.

덧붙여, 네트워크 기기 등의 스펙을 보는 방법은 경험적으로 카탈로그 스펙의 70~80% 정도가 기준인 것 같다. 예를 들어, 카탈로그에 200Mbps라고 쓰여 있는 경우에는 약 150Mbps 정도라고 보면 될 것이다.

■ 스위치의 선택 방법

스위치의 주요 선정 기준은 다음과 같다.

스위치의 종류와 특징

접속 규격	이용 가능한 접속 규격. 1000Base-T, 1000Base-TX 등
VLAN 대응	VLAN 이용 가능 여부
인텔리전트 기능	인텔리전트 기능 유무

접속 규격은 나중에 바꿀 수 없기 때문에 확실히 확인하기 바란다. 무심코 100Base -TX(통신 속도 : 100Mbps)까지만 지원하는 기기를 구입해 버리면, 서버가 1Gbps의 통신 속도를 지원한다 하더라도 100Mbps의 속도까지만 사용할 수 있는 것이다.

스위치에서 특징적인 것은 VLAN 대응이다. VLAN이란 하나의 물리적인 네트워크상에 여러 개의 논리적인 네트워크를 구축하는 기능이다. 이 기능에 의해 하나의 물리적인 네트워크를 가상적으로 분할하여 멀티테넌트를 구현할 수 있다. VLAN을 잘 사용하면 물리적인 배선을 깔끔하고 심플하게 유지한 채로 복잡한 논리 구성의 네트워크를 구현할 수 있게 된다.

인텔리전트 기능이라는 것은 스위치가 IP 주소를 가지고 있어서 SSH나 SNMP 등으로 감시 및 관리할 수 있는 기능이다. 온라인에서 원격으로 상태 관리나 설정 변경이 가능하기 때문에 매우 편리한 기능이므로 인텔리전트 기능이 있는 스위치를 선택하도록 하자.

2.7
성능과 데이터에 관한 기초 지식

여기서는 성능과 데이터에 관하여 전반적으로 알아두어야 할 내용과 자주 사용되는 용어에 대하여 정리하였다.

ACID를 고려하자

성능과 데이터에 관련된 **ACID**를 알아보자. 메모리 및 파일 조작, 데이터베이스, KVS$^{\text{Key-Value Store}}$ (데이터 보존 방식의 한 종류) 등 모든 부분의 성능 향상에 있어 반드시 고려해야 하는 것이 'ACID'이다.

- Atomicity : 원자성
- Consistency : 일관성
- Isolation : 독립성
- Durability : 지속성

우선, 데이터를 처리하는 단위를 트랜잭션이라고 한다.

Atomicity원자성가 없으면 일련의 처리로서 실행하고자 하는 처리 A와 처리 B에 대해 A 또는 B 중 어느 하나만 실행되는 사태가 발생하여 처리가 어중간하게 되어버린다.

Consistency일관성가 없으면 처리 도중의 상태가 보이게 된다. 예를 들면, 4KB로 고정된 크기의 데이터 파일에 데이터를 기록할 경우, 처리 도중에 2KB만 기록된 상태를 다른 트랜잭션에서 볼 수 있게 된다.

Isolation독립성이 없으면 일련의 처리로서 순서대로 실행하고자 하는 처리 1과 처리 2에 대하여 1 → 2의 순서가 지켜지지 않으며, 다른 트랜잭션에서 처리 중인 내용까지도 볼 수 있게 된다.

반대로, Isolation이 있는 경우에는 1 → 2의 순서가 지켜지며, 다른 트랜잭션에서는 '1과 2가 모두 처리되고 있지 않다' 또는 '1과 2가 차례대로 모두 처리되고 있다'라는 상태만 알 수 있다.

Durability^{지속성}가 없으면 처리가 완료되어도 데이터가 보존되지 않는 사태가 발생한다.

이 모든 것을 완전하게 만족시키려고 하면 성능이 감소하기 때문에 아래와 같은 두 가지 기술이 발전해왔다.

> 1. 전부를 만족한 채로 성능을 높이는 기술
> 2. 일부는 만족하지 못하더라도 위험을 감수하며 성능을 높이는 기술

튜닝과 같이 성능 향상을 위한 방법에 대해서는 7장과 8장을 참조하기 바란다.

락과 배타처리

락과 배타처리는 ACID를 지키기 위한 기술로, 어떤 처리가 리소스를 사용하고 있는 경우에는 다른 처리가 그 리소스를 사용할 수 없도록 하는 것이다.

이는 파일 I/O^{입출력}나 DB 조작 등 여러 곳에서 사용되고 있다. 이로 인해 성능이 향상되기 어렵고, 특히 병렬도가 높아지지 않는 주요 원인이 되지만, 이를 소홀히 한다면 데이터의 정합성을 확보할 수 없게 되므로 시스템으로서는 꼭 필요한 기술이다.

버퍼

버퍼는 처리를 효율화하고 보틀넥을 완화하기 위한 기술이며, 일반적인 용어로 여러 곳에서 사용한다. 간단히 말해, 다음 단계의 처리를 효율화하기 위해 데이터를 일시적으로 모아두는 구조이다.

디스크나 네트워크의 I/O^{입출력}는 조금씩 대량의 처리를 하는 것보다 어느 정도의 데이터가 모이면 한 번에 처리하는 것이 효율적이기 때문에 대부분 버퍼에 어느 정도 모아둔 후 한 번에 처리하는 방식을 사용한다.

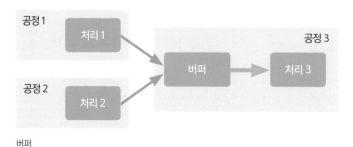

버퍼

캐시

보틀넥을 완화하기 위한 기술이며, 역시 일반적인 용어로 여러 곳에서 사용한다. 이는 처리 결과를 일시적으로 모아두는 방식으로, 요점을 간단히 말하자면 '결과의 재사용'이다. 애플리케이션의 처리 결과나 디스크에서 읽은 데이터 취득 결과 또는 DB에서 읽은 데이터 취득 결과 등을 재사용한다.

예를 들어 산술계산의 경우, 아무리 복잡한 계산식이라고 해도 계산식이 같으면 이미 계산된 결과를 재사용할 수 있으며, DB에서도 데이터가 변경되지 않는 한 요구 내용이 같다면 이미 취득한 데이터를 재사용할 수 있다. 캐시의 삭제에 대해서는 엄격하게 처리해야 하는 경우도 있고, 그렇지 않은 경우도 있다.

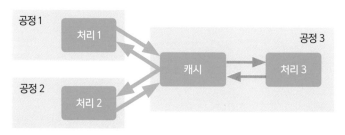

캐시

큐잉

보틀넥을 완화하기 위한 기술로, 처리를 등록해 두는 방식이다. 마찬가지로 여러 곳에서 사용하는 일반적인 용어이다.

보틀넥에 의해 전체 성능이 떨어지는 것을 방지하기 위해 사용하며, 처리를 의뢰하는 쪽은 처리 큐에 처리 의뢰를 등록한 후 다음 처리로 넘어간다. 이때 처리 결과가 결과 큐에 등록되는 것을 정기적으로 확인한다. 이렇게 처리 큐에 등록한 후 결과를 기다리지 않고 다음 처리로 넘어가는 비동기성이 핵심이다.

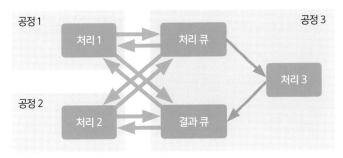

큐잉

2.8
다중화의 구조

1장에서 언급했던 다중화에는 실제로 몇 가지 종류와 주의점이 있다. 여기에서는 다중화에 대하여 자세히 알아보자.

데이터의 정합성을 얻기 위한 방법

서버나 스위치와 같은 요소를 이중화하는 등 가동률을 높일 수 있는 다중화에는 여러 가지 종류가 있다. 1장에서 설명한 것처럼 다중화한 양쪽을 모두 이용할 수 있는 'Active-Active'와 다중화한 어느 한쪽은 이용할 수 없는 'Active-Standby'의 두 종류가 있다. 또한 'Active-Standby'는 Standby의 방식에 따라 또다시 3가지 종류로 나뉜다(1장 참조).

다중화한 경우의 주의점은 같은 데이터가 여러 개 존재하는 것이므로 어떤 데이터가 올바른 것인지 또는 가장 최신의 것인지를 제대로 관리해야 한다는 것이다. 또한 여러 개의 데이터가 정확하게 일치하고 있는 상태를 유지해야만 한다.

일반적으로 스토리지를 공유하는 Shared Disk 방식과 스토리지를 공유하지 않는 Shared Nothing 방식이 있다. **Shared Disk 방식**은 하나의 스토리지를 공유하며, 대개는 전용 스토리지 기기를 이용한다. Shared Disk 방식은 스토리지를 공유하기 때문에 정합성에 대해 특별히 문제될 것이 없다. 다만, Shared Disk 자체를 다중화해야 한다는 과제가 남는다. Shared Disk 기능이 있는 스토리지 기기는 대체로 값비싼 전문기기들이다.

서버를 다중화하여 **Shared Disk** 방식으로 데이터 공유하기

Shared Nothing 방식의 경우는 스토리지 간에 통신을 하여 데이터 정합성을 확보한다. 이것을 리플리케이션Replication이라고 하며, 리플리케이션의 데이터 송신 측을 Master, 데이터 수신 측을 Slave라고 한다. Multi-Master라고 하여 각각이 Master와 Slave의 역할을 모두 갖는 방식도 있지만, 문제가 많이 발생하기 때문에 잘 사용하지 않는다.

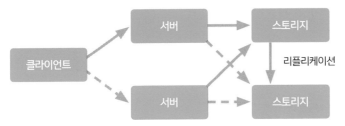

서버를 다중화하여 Shared Nothing 방식으로 데이터의 정합성 확보하기

동기식 리플리케이션은 오버헤드가 큰(동기 처리에 따른 성능 저하의 정도가 큰) 대신 데이터의 정합성을 확보하기 좋은 반면, 비동기식은 데이터 손실이 발생할 수도 있지만 성능 저하의 정도는 작다.

스토리지에 RDBMS(관계 데이터베이스 관리 시스템)를 사용할 경우, MySQL이나 PostgreSQL은 표준으로서 비동기 리플리케이션에 대응하고 있기 때문에 자주 사용된다. 또한, 파일의 경우는 Isyncd 등을 이용한 순차 동기가 주로 사용된다. 비동기 방식이라고는 하지만 대부분 수 초에서 수십 초 사이에는 반영이 완료된다.

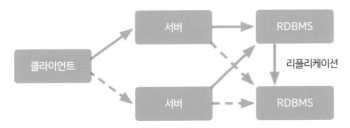

Shared Nothing 방식의 스토리지에 RDBMS 사용하기

위의 그림처럼 RDBMS에 데이터 손실을 피하는 리플리케이션 방법이 구현되었다. MySQL에서는 5.5버전부터 준동기식 리플리케이션이라는 명칭으로, PostgreSQL

에서는 9.1버전부터 동기식 리플리케이션이라는 명칭으로 구현되고 있다. 명칭은 다르지만 구현하고 있는 기능은 거의 동일하다.

이것은 데이터 손실은 없지만 Standby 측의 데이터 반영까지는 동기적이지 않은 방식이다. 데이터 보호의 관점에서는 동기식 또는 준동기식이 필수지만, 부분적으로 비동기식을 조합하여 전체 성능을 높이는 방법이 많다.

페일오버에 관한 주의점

Standby였던 것이 Active로 바뀌는 것을 '승격'이라고 하며, 이 과정에서 일어나는 일련의 동작을 **페일오버**^{failover}라고 한다.

페일오버를 자동화할 때는 Linux-HA가 제공하는 'Heartbeat'이나 'Pacemaker' 등의 소프트웨어를 사용하는 경우가 많다. Linux-HA의 HA는 High Availability의 약자로, 이와 같은 소프트웨어를 '고가용 클러스터링 소프트웨어'라고 한다. 또한, 리플리케이션의 경우는 'Master', 'Slave'라고 하지만, HA와 관련해서는 Active 측을 'Primary', Standby 측을 'Secondary'라고 한다.

그 밖에 페일오버를 자동화하는 방법으로 Virtual Router Redundancy Protocol^{VRRP}이라는 것도 있다. VRRP는 네트워크 기기인 라우터를 다중화하기 위한 프로토콜이지만, 이를 이용해 서버를 다중화할 수도 있다.

이 모두는 정기적인 모니터링을 통하여 다중화한 상대 쪽의 다운^{Down}을 감지해 승격하는 방식이기 때문에 다운 시간이 '0'이 될 수는 없지만, 다운된 후 전환 처리가 개시될 때까지를 수 초 이내로 할 수 있다.

'Heartbeat'나 'Pacemaker'와 자주 조합하여 사용되는 것으로 'Distributed Replicated Block Device^{DRBD}'라는 스토리지 시스템이 있다. DRBD를 사용하면 Shared Nothing 방식이라도 Shared Disk처럼 사용할 수 있다. Active-Active에서도 사용할 수 없는 것은 아니지만 부정합이 발생했을 때 대응에 큰 어려움을 겪을 수 있으니 Active-Standby에서 이용하는 것을 추천한다.

또한, 잘못 감지되어 Primary가 다운되지 않았음에도 Secondary가 승격해 버리는 경우가 발생하는데, 이와 같은 상태를 **Split Brain**이라고 한다. Split Brain 이 발생하면 데이터의 정합성을 잃게 되어 큰 문제가 되기 때문에 이와 같은 최악의 사태를 피하기 위하여 Secondary가 승격할 때 Primary를 강제로 정지시키는 **STONITH**^{Shoot The Other Node In The Head}를 이용한다. STONITH는 Secondary가 승격할 때 Primary의 BIOS에 강제 정지 명령을 내리는 등의 조치를 하여 Split Brain 이 발생하는 것을 방지한다.

Pacemaker와 같은 것에 익숙해지면 이것저것 해보고 싶어지지만, 요소가 늘어날수록 전체적인 고장률은 증가하며 복잡해질수록 복구하는 데 어려움이 커진다. 결국 고장이 발생했을 때의 다운 시간이 길어지기 십상이다. 따라서 가능한 한 단순하게 하는 것이 좋다.

2.9
암호화와 해시화

여기서는 통신의 안전성을 높이기 위해 사용되는 암호화와 해시화에 대한 차이점 및 각각의 특징을 정리한다.

외부로 유출되면 안 되는 정보에 대해서는 다음과 같이 해독 가능성을 낮춘다.

- 패스워드는 암호화가 아니라 해시로 보호한다.
- 해시화의 방식에 관계없이, 해시화를 할 경우에는 길이가 긴 Salt(뒤에 설명)를 사용한다.
- 해시화의 방식에 관계없이, 해시화의 원래 문자열(패스워드)에서 사용하는 문자의 종류를 늘린다.

암호화는 **복호화할 수 있다 = 압축처럼 원래대로 되돌릴 수 있다**는 것이 특징이며, 원래대로 되돌리는 것을 **가역**이라고 한다.

크게 구분하면 공통키 암호방식, 공개키 암호방식의 두 종류가 있다. 공통키 암호방식은 패스워드를 거는 방법이고, 공개키 암호방식은 암호화와 복호화에 각각 다른 암호화 키를 준비하여 암호화하는 쪽의 키를 공개하는 방법이다. 그 외에도 시저 암호, DES, 3DES, AES 등의 암호방식이 있다.

한편, 해시는 **복호화할 수 없다 = 원래대로 되돌릴 수 없다**는 것이 특징이며 원래대로 되돌릴 수 없다는 것을 **불가역**이라고 한다.

해시에서는 해시화하기 전의 원래 상태를 유추할 수 없다. 다만 원래 데이터가 같다면 반드시 해시도 동일한 값이 된다. 해시화 방식에 따라서는 충돌(원래 데이터가 다른데 동일한 해시가 되어버리는 것)의 가능성이 '0'이 아닐 수도 있다. 해시화의 방식에는 MD5, SHA1, SHA256, SH512 등이 있다.

암호화를 푸는 방법에는 유추 가능한 모든 패스워드를 대입해보는 방법과 알고리즘을 해독하는 방법 등이 있다. 이미 알고리즘이 해독되어 있다면 사용하지 않는 것이 좋다. 여기서 말하는 '해독되어 있다'는 것은 패스워드를 알아내는 방법이 알려져 있는 상태를 말한다.

필자는 알고리즘이 해독되어 있지 않고, 또한 다음에 설명할 'RandomSeed'가 불규칙하다는 전제하에서 하나하나 가능한 모든 것을 대입해 보는 방식으로는 현실적으로 해독할 수 없어야 한다는 것을 채택의 기준으로 삼고 있다. 하지만 이런 무차별적인 공격력은 시대의 흐름에 따라 높아져 가기 때문에 암호는 만들어지는 순간부터 그 강도가 계속 저하된다. 따라서 암호화한 정보가 암호화된 채로 유출되어도 결국엔 정보의 유출로 이어진다고 판단되는 것이 현실이다.

해시화는 암호화에 비해 복호화될 걱정은 거의 없지만, 원래 문자열의 변화뿐이기 때문에 패스워드와 같은 짧은 문자열의 경우에는 해시화 방식이 알려지면 해시화된 목록을 이용하여 해독될 가능성이 있다. 이를 피하기 위해서 특정 변환(길게 하기 = Salt 넣기)을 진행한 후에 해시화하는 방법이 있다. Salt는 변환 시에 추가하는 임의의 데이터이다. 그럼, Salt를 이용한 예를 살펴보자.

패스워드가 'p@ssw0rd'인 경우,

p@ssw0rd ➡ md5화 ➡ **f004031 e832 ec5 e57 f65206 fd8 cb80 c2**

만일 공격자가 8자리의 A~Z, a~z, 0~9로 구성된 문자열을 md5화한 목록을 이미 작성해 놓은 경우라면 한 순간에 해독된다.

여기에 Salt 문자열로서 패스워드의 앞뒤에 '1234567890'을 덧붙이면, **1234567890p@ ssw0rd1234567890** ➡ md5화 ➡ **706 ce2901 cd701 c5 c7 a78 a795 f6 f075 c**가 된다.

원래 데이터가 길면 길수록 목록 작성에 많은 시간이 필요하게 되고, 목록 자체도 길어지기 때문에 효과적이다. 다만 쉽게 추측할 수 있는 문자열이라면 의미가 없으니 피해야 한다.

해독으로 얻을 수 있는 것이 클수록 공격자는 더 집요해지기 때문에 가치가 큰 정보는 되도록 가지고 있지 않는 것이 최선이다. 특히, 금전적 가치가 높은 신용카드 번호와 CVV2(CVC2) 등은 쉽게 노출될 수 있으니 피하도록 하자. 참고로, CVV2는 결제 처리에 사용되는 코드로, 일반적으로는 신용카드의 표면에 기재되어 있다.

웹 서비스 서버 구성의
모범 사례

이번 장에서는 웹 서비스 서버 구성의 모범 사례를 소개한다. 이번 장 역시 애플리케이션 엔지니어뿐 아니라 관리자나 책임자들도 알아두었으면 하는 것들을 골라 소개하고 있다. 좀 더 자세하게 알고 싶다면 5장과 6장을 참조하기 바란다.

3.1
기본적인 구성

서버의 구성에는 전형적인 패턴이 있다. 우선은 '선인들의 지혜'인 모범 사례를 통해 기초를 배워 보자.

풀스택을 1대의 시스템으로 구성하기

지금까지는 수직적인 스택을 살펴보았으니 이번에는 수평적인 스택을 생각해보자. 일반적인 웹 서비스를 1대의 서버로 구축한다고 가정하면 **역할의 전형적인 구분 방법** 은 다음과 같다.

[Web]
- 클라이언트의 접속
- 데이터 전송
- 정적 데이터 전달
- 동적 데이터 중계
- 동적 데이터 생성
- 애플리케이션 로직

[DB]
- 데이터베이스의 가동 및 데이터베이스의 데이터 보관

[File]
- 파일 형식의 데이터 보관
- 화상 및 프로그램 파일 등을 보관

이번 장의 본문에서는 다음과 같이 역할의 의미로 설명하는 경우, [Web], [DB], [File]처럼 대괄호를 붙여 표기하겠다.

각각의 역할마다 대표적인 제품은 아래와 같다.

역할과 대표적인 제품

Web	Web 서버나 애플리케이션 서버 nginx, Apache(cgi/mod_php/mod_perl), php-fpm, plack, Unicorn, gunicorn, Tomcat, Glassfish, WebLogic, JBoss 등
DB	RDBMS나 NoSQLDB PostgreSQL, MySQL, Oracle, DB2, memcached, Redis, MongoDB 등
File	디스크 스토리지, 오브젝트 스토리지 하드디스크, Amazon EBS, Amazon S3 등

역할을 명확히 구분함으로써 역할마다 새로운 버전으로 적용하거나 다른 소프트웨어로 바꾸거나 교환이 가능하게 하려는 의도가 숨어 있다. 다만 수직적인 스택에 비하여 결합도가 강하기 때문에 역할을 독립적으로 운용하는 것이 수직적인 스택의 경우보다 어려울 수도 있다. 그렇지만 이렇게 세분화함으로써 성능과 다중성 및 가용성 등의 대책이 조금 더 용이해질 수 있다.

아래는 1대의 시스템에서 역할을 나누는 경우의 구성도이다.

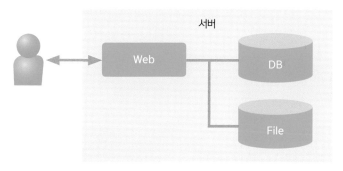

1대의 서버로 [Web], [DB], [File]을 구성

시스템 구성 변경의 기초

1대의 시스템에서 구성을 변경하는 경우, 구성 변경에는 전형적인 패턴이 몇 가지 있으니 잘 알아두도록 하자.

방법	목적	내용
다중화	다중성 향상, 가용성 향상	같은 기능과 역할의 기기를 여러 대 준비하여 단일 기기의 고장에 따른 영향이 시스템 전체에 미치지 않도록 함으로써 시스템 전체의 가용성을 높인다.
기능 분할	처리 능력 향상	1대로 여러 기능을 제공하고 있는 경우, 서버를 기능별로 준비하여 1대당 처리 부하를 감소시켜 시스템 전체의 성능을 향상시킨다.
스케일 업	처리 능력 향상	구성은 변경하지 않고 서버 자체의 성능을 향상시킴으로써 시스템 전체의 성능을 향상시킨다.
스케일 아웃	처리 능력 향상	같은 기능과 역할의 기기를 여러 대 준비하여 처리를 분담시킴으로써 시스템 전체의 성능을 향상시킨다.

스케일 아웃은 서버를 추가로 준비하는 등 특정 조건에서는 다중화를 겸할 수 있지만, 근본적으로는 다른 개념이므로 혼동하지 않도록 주의하자.

패턴 1. 웹 서버 x 1, 데이터베이스 서버 x 1 구성 – 기능 분할

1대로는 서버의 스펙이 부족할 때, 이를 해결하기 위해 적용하는 경우가 많다. 이때는 [DB]만 분할하는 경우와 [DB] 및 [File]을 함께 분할하는 경우가 있다.

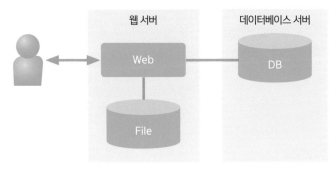

[DB]만 별도의 서버로 분할하는 경우

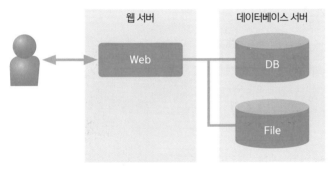

[DB]와 [File]을 별도의 서버로 분할하는 경우

패턴 2. 웹 서버 x 2 구성 - 다중화

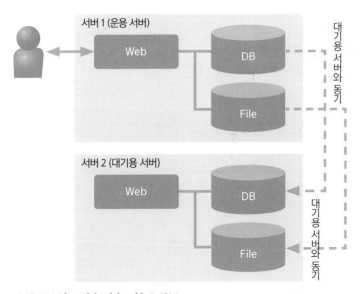

대기용 서버에 [Web], [DB], [File]을 준비한다

이 구성은 다중성을 높이기 위해 적용하는 경우가 많다. 서버 1(운용 서버)에 어떤 문제가 생긴 경우, 서버 1 대신 서버 2(대기용 서버)를 이용하는 방법이다.

이때 현재 운용 중인 서버와 대기용 서버 간의 전환 방법은 다음과 같이 다양하다.

전제 조건으로 [DB]와 [File]은 어떤 방법으로든 데이터를 동기화해야 하며, 그 방법은 다양하다.

예를 들면, DBMS의 기능을 이용하거나 공유 스토리지(하드웨어 및 소프트웨어)를 이용하는 방법이 있다.

또한, 동기 방식으로는 완전 동기, 비동기 등이 있기 때문에 설계할 때 특히 주의해야 한다. 완전 동기는 성능을 높이기 어렵고, 비동기는 성능을 높이기 용이하지만 비동기 특유의 동기 방법에 주의할 필요가 있다. 자세한 내용은 8장을 참조하기 바란다.

참고로, 데이터 동기의 방법으로서 하드디스크 자체를 공유하는 방법도 있지만 전용 디스크 장치 및 케이블 등이 필요하게 되므로 가격이 매우 비싸진다. 따라서 웹계열의 시스템에서는 잘 사용하지 않는다.

패턴 3. 웹 서버 x 2, 데이터베이스 서버 x 1 구성
– 다중화, 기능 분할, 스케일 아웃

이 구성은 패턴 1에서 [Web] 측의 성능 문제가 해결되지 않을 때 적용하는 경우가 많다.

[Web]은 시스템의 동작을 일일이 계산해서 처리하게 되며, 사용자 수에 따라 처리량이 증가되기 쉽다. 따라서, [Web]과 [DB]를 별도의 서버로 나누어 분업시킴으로써 서버의 리소스 편중에 따른 성능 저하를 피하고, [Web] 서버도 2대로 나누어 사용함으로써 시스템 전체의 성능을 향상시킨다.

이를 위하여 앞에서 소개한 대로 [DB]와 [File]을 분할하고 [Web]을 병렬화한다.

또한, 1대의 서버로는 감당할 수 없을 만큼 액세스 수가 많은 경우, 2대의 구성에서는 1대가 고장 나면 또다시 처리 능력이 부족하게 되므로 가용성 관점에서는 여전히 문제가 된다.

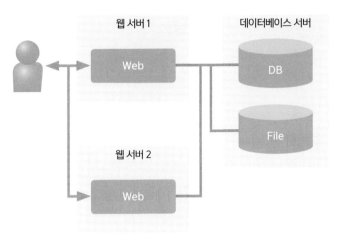

[Web]만 2대의 서버로 구성

기능 분할에 대해서는 8장에서 구체적인 사례를 소개하고 있다.

패턴 4 . 웹 서버 x 2, 데이터베이스 서버 x 2 구성
- 다중화, 기능 분할, 스케일 아웃

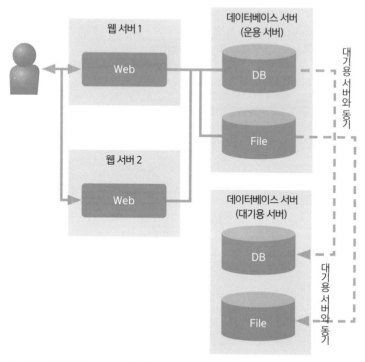

[Web]을 2대의 서버로 구성하고 [DB] 및 [File] 서버에 연결, [DB]와 [File]의 대기용 서버도 준비

이 구성으로는 [Web]의 다중화와 부하 분산 그리고 [DB]의 다중화를 할 수 있다.

참고로, 대기용 서버의 [DB]에 대해 참조 SQL을 발행하여 데이터를 취득하는 것은 가능하지만, 부하의 관점에서는 의미가 없으며 가용성이 떨어지기 때문에 사용하지 않는 것이 좋다.

현재 운용 중인 서버만으로 처리하기 어렵다면, [File]을 별도의 서버로 분할하여 대기용 [DB(slave)]를 3대 이상 준비하는 등의 대책을 수립하는 것이 좋다.

3.2
부하 분산(로드밸런싱)의 기초 지식

계속해서 부하 분산에 사용하는 로드밸런싱에 대하여 설명한다. 로드밸런싱에는 크게 두 종류의 방법이 있으니 각각의 특징을 파악해 두도록 하자.

로드밸런싱의 두 가지 종류

로드밸런싱의 목적은 **부하의 분산**이며, 다중화의 역할을 하기도 한다. 사용자가 웹 서버에 액세스할 때 로드밸런싱을 사용하는 경우가 많지만, 웹 서버에서 애플리케이션^AP 서버 또는 AP 서버에서 DB 서버로의 액세스 등 시스템 안에서도 같은 이치로 로드밸런싱을 할 수 있다.

로드밸런싱의 구현 방법에는 크게 두 가지가 있다.

- 로드밸런서를 사용
- DNS 라운드로빈을 사용

▐ 로드밸런서의 구조

로드밸런서는 서버 측(수신 측)에 부하를 분산할 수 있는 구조를 제공한다. 예전에는 하드웨어가 주류였지만 현재는 대부분 소프트웨어로 구현된 것을 사용하고 있다.

소프트웨어에 대해서는 이후에 설명할 **로드밸런서와 분산 목적지 연결 방식**에서 설명한다.

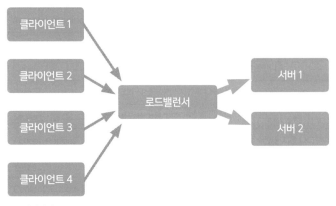

로드밸런서의 구조

로드밸런서는 클라이언트가 서버 측으로 액세스할 때마다 연결할 서버를 변경함으로써, 아래와 같이 한 명으로부터의 대량 액세스도 분산이 가능하다(DNS 라운드로빈에서는 한 명으로부터의 대량 액세스는 분산할 수 없다).

한 명으로부터의 대량 액세스라도 분산 가능

■ DNS 라운드로빈의 구조

DNS 라운드로빈은 클라이언트 측의 동작에 의존적인 방법이다.

DNS(2장 참조)로의 질의 결과가 여러 개인 경우, DNS의 A레코드에 복수의 IP 주소를 등록하고 순서를 불규칙하게 응답함으로써 결과적으로 부하가 분산되는 것을 기대하는 방법이다. 이는 클라이언트가 충분히 많고 다양하다는 것을 전제로 한 방법이다.

우선 DNS에는 다음과 같이 설정해 둔다.

```
www IN A 192.168.0.11
www IN A 192.168.0.12
```

DNS 라운드로빈에서의 액세스 흐름은 아래와 같다.

① 클라이언트로부터 DNS 서버로 질의

```
dig -t A www.example.com
```

② DNS 서버로부터 클라이언트로 응답. 아래 중 어느 하나를 불규칙한 순서로 응답한다.

```
ANSWER SECTION:
    www.example.com. 300 IN A 192.168.0.11
    www.example.com. 300 IN A 192.168.0.12
```

```
ANSWER SECTION:
    www.example.com. 300 IN A 192.168.0.12
    www.example.com. 300 IN A 192.168.0.11
```

③ 대개의 클라이언트(OS, 브라우저)는 첫 번째 IP 주소를 이용. 보통의 브라우저는 첫 번째 IP 주소에 접속할 수 없는 경우, 두 번째 IP 주소로 다시 시도하게 되어 있다.

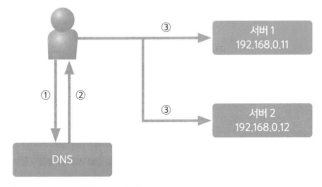

DNS 라운드로빈에서의 액세스 흐름

그림에 보이는 것처럼 클라이언트 측의 OS나 브라우저에 의존적인 방식이다. 그렇기 때문에 시스템을 이용하는 사용자의 OS나 브라우저의 버전에 따라 기대했던 분산의 효과나 가용성의 향상 효과를 얻지 못할 수도 있다. 예를 들어, 클라이언트 측의 대부분이 '취득한 IP 주소 중 가장 새로운 것을 이용한다'고 한다면 시스템으로의 액세스는 분산되지 못한다.

또한, 클라이언트 측이 브라우저가 아닌 시스템인 경우에는 재시도 기능을 활용하지 못하여 가용성의 향상 효과를 얻지 못할 수도 있다. 예를 들어, 공개된 API 서버 또는 시스템 내부에서 DB로의 액세스 분산을 DNS 라운드로빈 방식으로 하는 경우에는 주의하기 바란다.

참고로, 현재는 DNS 라운드로빈을 인터넷에 공개된 사이트에서 별문제 없이 이용할 수 있게 되어 있다.

로드밸런서로 할 것인가 DNS 라운드로빈으로 할 것인가

로드밸런서의 이점은 의도한 대로 확실하게 분산할 수 있다는 것이다. 로드밸런서와 복수의 웹 서버를 활용하면 서비스를 중지하지 않고도 업데이트 등을 할 수 있으며, 일반 사용자로부터의 액세스 이외에도 다양한 곳에 사용할 수 있다. 다만, 로드밸런서가 단일 장해 포인트가 되지 않도록 로드밸런서의 다중화도 고려해야 한다. 또한 로드밸런서가 보틀넥이 된 경우에는 로드밸런서의 성능을 높일 필요가 있다.

DNS 라운드로빈의 이점은 추가 설비가 필요하지 않다는 것이다. 이렇게 설비를 최소화함으로써 고장률이나 단일 장해 포인트와 같은 걱정을 크게 줄일 수 있지만, 문제 발생 시 장비의 신속한 전환은 기대하기 어렵다. 이론적으로는 DNS의 TTL에 따라 좌우되는데, 안타깝게도 TTL 대로 동작하지 않는 장치도 있기 때문에 기대하지 않는 것이 좋다.

따라서 기본적으로는 로드밸런서를 이용하면서 DNS 라운드로빈을 적당히 함께 사용하는 것이 좋을 것이다.

로드밸런서와 분산 목적지 연결 방식

로드밸런서는 크게 L4-NAT, L4-DSR, L7의 세 종류가 있다.

L4 로드밸런서와 L7 로드밸런서에서 다루는 범위의 차이

제7계층	애플리케이션 계층
제6계층	프리젠테이션 계층
제5계층	세션 계층
제4계층	전송 계층
제3계층	네트워크 계층
제2계층	데이터 링크 계층
제1계층	물리 계층

L4 로드밸런서

제7계층	애플리케이션 계층
제6계층	프리젠테이션 계층
제5계층	세션 계층
제4계층	전송 계층
제3계층	네트워크 계층
제2계층	데이터 링크 계층
제1계층	물리 계층

L7 로드밸런서

L4 로드밸런서는 OSI 참조 모델에서 말하는 제4계층(TCP, UDP)까지를 처리하고, L7 로드밸런서는 제7계층(HTTP, SMTP 등)까지를 모두 처리한다. L4와 L7을 비교하자면, L4가 처리하는 계층이 조금 더 좁기 때문에 처리량이 줄어들어 로드밸런서가 부하의 보틀넥이 되기는 어렵다. 이에 반해 L7은 고기능인 만큼 L4와 비교하면 부하의 보틀넥이 되기 쉽다.

L4-NAT의 'NAT'는 2장에서도 언급했지만 Network Address Translation의 약자로 IP 주소를 변환하는 것을 말한다. 엄밀하게는 IP 주소와 함께 통신에 사용하는 포트 번호까지 변환하는 NAPT[Network Address and Port Translation]를 사용하는 경우가 많으며 매우 일반적인 방식이다. 오픈 소스 소프트웨어[OSS]의 경우는 Linux Virtual Server[LVS]와 조합하여 사용하는 keepalived로 구현할 수 있다.

L4-NAT를 사용한 경우

L4-DSR[Direct Server Return]은 수 Gbps가 넘는 대량의 트래픽이 발생하는 시스템에서 사용한다. 네트워크적으로 조금 까다로운 구현을 통해 응답 패킷이 로드밸런서를 통하지 않게 하여 로드밸런서가 보틀넥이 되지 않도록 한다. 이 방식도 OSS의 경

우 keepalived로 구현할 수 있다.

L4-DSR를 사용한 경우

L7 로드밸런서는 '리버스 프록시'라고 하기도 한다. 아래 그림에서는 L4-NAT와 같은 구조이지만 OSI 7계층까지 처리하기 때문에 고기능의 처리를 할 수 있다. 예를 들면, 응답을 캐시하거나, SSL의 종단이 되거나, 응답이 500(Internal Server Error)인 경우에는 서버 대신에 에러 화면을 표시하는 것도 가능하다. OSS의 경우는 Apache나 nginx, HAProxy 등 수많은 소프트웨어로 구현할 수 있다.

L7 로드밸런서를 사용한 경우

L4-NAT 또는 L4-DSR과 L7을 함께 사용하는 경우도 있고, DNS 라운드로빈을 함께 이용하는 경우도 있다. 우선은 L4-NAT나 L7을 검토한 다음, 만족되지 않을 경우에 L4-DSR이나 DNS 라운드로빈을 검토하는 것이 좋다.

참고로, DNS 라운드로빈, L4-DSR, L7을 함께 사용한 경우의 구성은 다음과 같다.

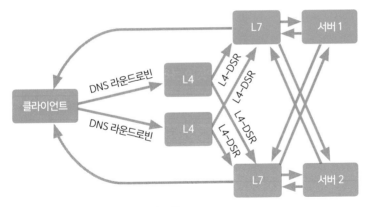

DNS 라운드로빈, L4-DSR, L7을 사용한 경우

로드밸런서에서의 분산 목적지 결정 방법

■ 4종류의 분산 방법

로드밸런서는 어느 정도의 기준을 바탕으로 분산되어 있는 분산 목적지를 결정한다. 액세스를 분산하는 대표적인 방식은 아래와 같다.

- 라운드로빈(Round Robin)
- 가중 라운드로빈(Weighted Round Robin)
- 최소 커넥션(Least Connection)
- 가중 최소 커넥션(Weighted Least Connection)

다음의 그림을 바탕으로 각각의 방식이 분산 목적지를 결정하는 방법을 설명한다.

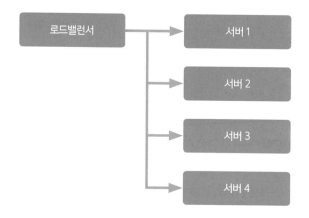

라운드로빈을 사용한 경우, 기본적으로는 특별히 아무것도 신경 쓰지 않고 분산 목적지 목록에 있는 순서대로 액세스를 분산한다. 라운드로빈은 무척 간단하여 알기 쉬운 반면, 분산 목적지 서버의 상태를 고려하지 않기 때문에 어떠한 이유인지와 상관없이 일시적으로 부하가 높아진 서버로도 액세스를 분산해 버린다.

분산의 예

서버 1, 서버 2, 서버 3, 서버 4, 서버 1, 서버 2, 서버 3, 서버 4, …

가중 라운드로빈은 기본적으로 라운드로빈과 같은 방식이지만, 지정한 가중치에 따라 특정 분산 목적지에 많게 또는 적게 액세스를 분산한다. 예를 들어, '서버 1 : 서버 2 : 서버 3 : 서버 4 = 1 : 2 : 2 : 2'의 가중치인 경우 서버 2~4에는 서버 1의 2배만큼 액세스를 분산시킨다.

가중치의 기준은 서버의 스펙이 동일하지 않은 경우 서버의 스펙에 따라 적절한 양의 처리를 부담시키기 위해 이용한다.

분산의 예

서버 1, 서버 2, 서버 3, 서버 4, 서버 2, 서버 3, 서버 4, 서버 1, 서버 2, 서버 3, 서버 4, 서버 2, 서버 3, 서버 4, …

최소 커넥션은 접속 수가 적은 서버에 액세스를 분산한다. 예를 들면, 각 서버에 아래와 같이 접속되어 있는 상황이라고 가정해보자.

Chapter
4

인프라 준비의 기초 지식

이번 장에서는 웹 서비스를 시작하기 위한 인프라 준비의 기초 지식을 소개한다. 이번 장을 통하여 스펙을 결정하고 발주하는 일련의 과정에서 필요한 지식을 익히기 바란다.

4.1
인프라를 준비할 때 무엇부터 결정할 것인가?

인프라를 준비할 때는 기능적 요건 그리고 비 기능적 요건을 바탕으로 진행한다. 다양한 검토 항목이 있겠지만, 특별한 이유가 없다면 클라우드 서비스를 이용할 것을 추천한다.

꼭 필요한 요구사항 정리하기

인프라를 준비하기 위해서는 1장에서 설명한 기능적 요건과 비 기능적 요건을 파악한 후 무엇을 어떻게 할 것인지 결정한다.

이때, 개발자로부터의 기능적 요건, 액세스 수나 사용자 수 등의 목표 수치, 관련 행정기관이나 법률 등의 대응과 같은 것들을 고려하여 선정한다. 다만 예산이 매우 적은 경우에는 선택의 여지가 없기 때문에 VPS Virtual Private Server와 같은 저렴한 서비스를 이용하도록 하자.

> **VPS**
> 가상화 기술을 이용한 전용 서버를 제공하는 서비스로 'Whois VPS(http://hosting.whois.co.kr/)' 등이 있다. 이들은 가상화 기술을 이용해 물리적으로 집약도를 높임으로써 저렴한 서비스를 제공하고 있다.

성능과 관련된 수치는 선정 시기에 직접 사용해보지 않으면 알 수 없기 때문에 시작한 후에라도 유연하게 대응할 수 있는 클라우드를 이용하는 것이 더 좋다. 최근에는 비용 및 성능의 관점에서도 물리적인 서버를 고집할 이유는 거의 없다. 그렇기 때문에 클라우드 서비스(다음 COLUMN 참조)를 이용하도록 하자.

선정 시에는 인터넷 회선의 대역, 서버 대수, 서버의 스펙과 같은 다양한 선정 기준을 이용할 수 있다. 이 중에서 어떤 부분을 어느 정도의 기간과 비용으로 변경할 수 있으며, 또한 어떤 부분을 변경할 수 없는지 확인하자.

다음 절에서는 각각의 항목에 대하여 필요한 용량을 산출하는 방법을 소개한다.

COLUMN   IaaS형 클라우드 서비스에 대하여

대표적인 IaaS형 클라우드 서비스의 특징은 아래와 같다.

서비스 이름	특징
Amazon Web Services(AWS)	**IaaS형 클라우드 서비스의 선두 주자** EC 사이트인 Amazon이 모체가 되어 제공하고 있다. 가상 서버 기능을 제공하는 EC2 이외에도 로드밸런서나 데이터베이스 등의 기능을 조합한 서비스를 다수 제공하고 있다. 세계 각지에 데이터 센터가 있다.
Google Cloud Platform(GCP)	**검색엔진으로 유명한 Google이 제공하는 클라우드 서비스** 가상 서버 기능을 제공하는 GCE 이외에도 AWS와 경쟁하기 위해 다양한 기능을 조합한 서비스를 다수 제공하고 있다. AWS와 비교하여 후발주자이기 때문에 앞으로의 보급에 기대하고 있으며, 세계 각지에 데이터 센터가 있다.
Nifty Cloud	**ISP(Internet Service Provider)인 Nifty가 제공하는 클라우드 서비스** 일본의 사업자들은 비교적 초기 단계부터 본격적으로 클라우드 서비스를 제공해 왔다. 일본에 데이터 센터가 있다.
IDCF Cloud	**Yahoo 그룹의 IDC frontier가 제공하는 클라우드 서비스** AWS와의 경쟁을 의식해 서비스를 확충하고 있다.

'어떤 서비스를 사용해야 할 것인가? 어떤 OS를 사용해야 할 것인가?'라는 의문은 '어떤 컴퓨터를 사야할 것인가?'라는 의문과 비슷하다. 용도에 따라 조금 더 최적화된 솔루션은 있겠지만, 첫 단계에서는 무엇이 최적인지 파악하기 어렵고 또한 단계에 따라 바뀌기도 한다. 따라서 우선은 주변에 정보가 많은 것, 자신이 좋아하게 될 만한 것을 선택하는 것을 추천한다.

4.2
인터넷 회선의 용량 계산

서비스에 필요한 인터넷 회선의 용량을 계산하는 방법에 대하여 소개한다. 서비스의 예상 사용자 수나 액세스 수를 이용하여 계산한다.

인프라 선정의 단계에 와 있다면, 서비스의 개요나 예상되는 전체 사용자 수, DAU (Daily Active User : 하루 동안 서비스를 이용한 순수 이용자 수), 사용자별 액세스 수, 화면 바뀜과 화면당 액세스 수를 예상해 두었을 것이고, 또한 어느 정도의 화면 디자인 이미지도 만들어져 있을 것이다.

이 정보들로부터 각 페이지의 대략적인 데이터량을 추정하고, 이를 바탕으로 **인터넷 회선에 필요한 용량**을 계산한다.

- 1 페이지당 처음 표시되는 데이터 용량 1.6MB, 2회 이후 800KB
- 피크시간(22:00 ~ 24:00)의 총 방문자 수 20,000명
- 1회 방문 시 평균 4페이지 열람

예를 들어, 위와 같은 경우라고 가정하면 다음과 같이 된다.

> 피크시간의 방문자 수 x (처음 표시되는 데이터 용량 + 2회째 표시 데이터 용량 + 3회째 + 4회째) / 피크시간의 시간 = 1초당 필요한 회선의 용량
>
> 20,000 [명] x (1.6+0.8+0.8+0.8) [MB/명] / 7200 [초] = 11.11 … [MB/초] = 89 [Mbps]

이 경우, 89Mbps가 필요하다는 계산이 나오므로 카탈로그 스펙의 70~80%가 실측값으로 나온다는 가정하에, 이 사례에서는 상위의 회선 대역이나 방화벽을 선정할 경우 카탈로그 스펙이 최소한 150Mbps는 되는 제품을 선정하는 것이 좋을 것이다.

4.3
서버 대수의 용량 계산

서버 대수의 용량을 계산하는 경우에는 예상하는 액세스 수와 그 처리에 소요되는 시간을 바탕으로 어느 정도의 병렬 처리가 필요한지를 고려한다.

PV 수와 처리에 소요되는 시간으로 계산하기

계속해서 서버 대수의 용량을 계산해보자.

대략적으로 어림잡아보면 앞의 예에서는 2시간 동안 20,000명이 4PV$^{Page View}$씩 한 것으로 계산된다. 즉, 2시간에 80,000PV가 된다. 여기서 1PV의 처리에 5초가 소요된다고 가정해보자.

80,000PV를 단순히 2시간(7,200초)으로 평균을 내면 매초당 11.11PV만큼의 액세스가 발생하고, 각 PV당 5초 동안 서버의 리소스를 이용한다. 매초마다 12번의 새로운 액세스가 발생한다고 하면, 최대 60병렬의 처리가 필요한 것을 알 수 있다. 그 이후로는 애플리케이션의 특성이나 처리 효율에 따라 크게 달라지지만, 일반적인 웹 사이트라면 CPU가 4개인 서버로 50병렬 정도는 처리가 가능하기 때문에 최소 2대 또는 다중성을 고려하여 3대 이상이 기준이 된다.

앞의 예에서는 1PV의 처리에 5초가 소요되는 것으로 하였지만, 이것을 1PV에 3초가 걸리는 것으로 줄여보면 최대 36병렬로 처리가 가능해진다.

또한, 병렬 수가 증가하면 서버뿐만이 아니라 네트워크 기기에 대한 고려도 필요해진다. 클라우드 서비스의 경우는 특별히 고려할 필요가 없을(고려할 수 없는) 수도 있지만, 물리적인 환경인 경우 상위의 네트워크 기기는 최대 병렬 수가 정해져 있기 때문에 미리 용량을 확인해 두도록 하자.

병렬 수의 어림 계산에서 정밀도를 높이는 방법으로 '대기행렬 이론'을 사용할 수도 있지만, 액세스마다의 처리 내용이나 속도가 어느 정도 균일하다는 전제가 되어버리기 때문에 정밀도는 그다지 높아지지 않는다. 따라서 이번 예와 같이 대략적으로 계산해 두자.

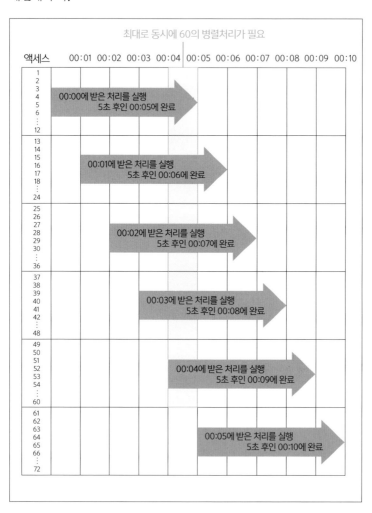

4.4
이용할 클라우드 기반 선정하기

클라우드 서비스에도 다양한 종류가 있다. 따라서 어떤 서비스를 선택할 것인지를 검토해야 한다.
서비스 측의 제약과 특성, 기기의 수명이 다한 경우의 대응 등을 잘 확인해 두자.

4.1 인프라를 준비할 때 무엇부터 결정할 것인가?에서 설명한 내용과 반복이 되겠지만, 특
별한 이유가 없다면 절대적으로 물리적인 서버를 선택할 기술적 이유는 없다. 그러
나 **어떤 클라우드 기반으로 할 것인가**는 무척 고민스러운 문제이다.

Heroku나 Google App Engine^{GAE}과 같은 PaaS에서는 IaaS에서처럼 서비스
측의 제약과 특성에 맞게 프로그램을 만들 필요가 있고, 특히 가용성과 데이터의
지속성에 주의해야 한다.

우선 **가상 서버 단위의 가용성**에 주의하자. 어느 가상 서버 1대가 지속적으로 가동할
수 있는지의 여부는 서비스 측의 제약과 특성에 크게 의존한다. 즉, 서비스 기반 측
의 기기는 언젠가 반드시 고장이 나거나 수명이 다하게 되므로, 기기의 수명이 다
하기 전에 서비스의 정지 없이 가상 서버를 다른 기기로 이동시켜 기기 측을 관리
해주고 있는가, 아니면 기기 측에 고장이 생겼을 때 사용자가 직접 다른 기기로 이
동시킬 필요가 있는가에 따라 구성이나 운용이 크게 달라진다.

또한, **데이터의 지속성**에 대해서도 주의하기 바란다. OS의 실행 영역에 데이터의 지
속성이 없는 경우도 있다. 그 때문에 가상 서버에 예기치 않은 고장이 발생하면 데
이터를 읽어내지 못하게 되거나, 서버를 정지 또는 재시동하면 데이터가 사라질 수
도 있다.

그러나 어떠한 경우라도 해당 서비스만의 특별한 대책 및 회피 방법이 준비되어 있
으니 스펙을 잘 파악한 후 사용하기 바란다. 물리적인 서버를 이용하는 것과는 다
른 부분이 있기 때문에 클라우드 서비스 담당자나 인프라 전문 사업자 또는 개발자
에게 상담해 보는 것이 좋을 것이다.

4.5
인프라 구축 후 확인해야 하는 것

여기에서는 인프라 준비가 모두 완료된 후의 주의점을 정리한다. 의도대로 구성되어 있는지에 대해 확실하게 확인해 두자.

툴을 사용해 빠짐없이 확인하기

구축이 끝났다면 그 다음은 검수 단계이다. 의도대로 되어 있는지 테스트해보자.

- 서버 구성이 의도대로 되어 있는가
- 소프트웨어가 빠짐없이 설치되어 있으며, 설치하고자 했던 버전이 맞는가
- 로그인하여 애플리케이션을 디플로이할 수 있는가, 업데이트를 반영할 수 있는가

서버의 구성을 테스트하는 툴은 아직 없기 때문에 각 서버와 네트워크 기기에 로그인하여 구성도와 비교하면서 의도대로 접속되어 있는지를 확인하자.

소프트웨어의 누락이나 버전은 테스트 툴을 활용하여 테스트할 수 있다. 그중에서 'Serverspec'이라는 툴이 결정판이다. 이는 Ruby의 테스트 툴인 rspec을 사용하여 서버 구축 상황을 테스트할 수 있는 툴이다.

Serverspec http://serverspec.org/

아래의 예시는 다음과 같은 내용으로 테스트 코드를 작성하여 테스트하고 있다. 구축한 사양대로 테스트 코드를 작성함으로써 누락을 알아낼 수 있기 때문에 무척 효과적이다.

```
require 'spec_helper'
describe selinux do
      it { should be_disabled }
end
describe file('/etc/resolv.conf') do
    its(:content) { should match /^options timeout:1 attempts:1/ }
end
describe 'Linux kernel parameters' do
    context linux_kernel_parameter('kernel.panic') do
        its(:value) { should <= 30 }
    end
    context linux_kernel_parameter('net.ipv4.ip_local_port_range') do
        its(:value) { should match /16384\t65535/ }
    end
end
describe package('httpd') do
    it { should be_installed.with_version('2.2') }
end
describe service('httpd') do
    it { should be_enabled }
    it { should be_running }
end
describe port(80) do
    it { should be_listening }
end
describe port(443) do
    it { should be_listening }
end
```

▌ 성능 테스트와 장애 테스트

애플리케이션을 디플로이한 후 성능 테스트와 장애 테스트를 하자.

성능 테스트에서는 시스템에 부하를 걸어 아래의 두 가지 관점에서 동작을 확인한다.

- 예상했던 성능이 나오는가
- 최대 성능은 어느 정도인가

아래와 같은 두 종류의 툴을 사용한다.

> - 부하를 생성하는 툴
> - 시스템의 부하를 확인하고 보틀넥을 찾아내는 툴(vmstat, dstat, top, Cacti, mackerel, Newrelic)

부하를 생성하는 툴은 Apache Bench[ab]나 JMeter(http://jmeter.apache.org/)가 많이 사용된다. 부하를 거는 쪽의 성능이 부족하면 적당한 부하를 걸지 못하기 때문에 **부하를 거는 쪽에도 충분한 성능 및 충분한 서버**를 준비하자(예상하는 부하를 생성할 수 있을 만큼의 처리 성능이 필요하기 때문에 최근에는 클라우드 서비스에서 서버와 동등 이상의 고성능 서버를 일시적으로 준비하는 경우가 많다).

예상하는 성능이 나오는지에 대한 테스트는 부하를 거는 쪽에서 부하량을 조절하여 예상 성능이 나오고 있는지, 예상 성능에서의 처리에 이상은 없는지, 예상 성능으로 장시간 가동시켜도 문제가 발생하지 않는지 등을 확인한다. 특히 장시간 가동에 대해서는 피크타임의 시간대를 미리 예상하고 있을 테니, 예를 들면 18:00 ~ 25:00를 피크타임으로 예상하여 적어도 7시간 동안은 예상되는 성능을 지속적으로 낼 수 있는지를 확인한다.

최대 성능이 어느 정도인가에 대한 테스트에서는 부하를 걸어 **오류의 발생이 일정 확률 이하가 되는 최대 성능**을 확인한다. 또한 최대 성능에 근접하거나 조금 넘는 정도에서 시스템이 어떻게 손상되어 가는지, 어디가 보틀넥이 되는지를 확인함으로써 감시 및 설비투자를 위한 포인트를 판단할 수 있다.

성능 테스트뿐만 아니라 장애 테스트도 하도록 하자. 구체적인 내용은 아래와 같다.

- 각 요소를 의도적으로 손상시켜 시스템 동작에 어떤 영향이 있는지, 복구 순서는 예상대로인지 확인한다.
- 백업으로부터의 복구가 예상한 순서로 수행 가능한지 확인한다.

아래와 같이 구성도나 표를 준비하여 빠짐없이 테스트하기 바란다.

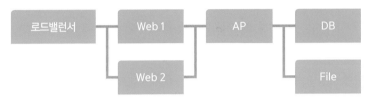

구성도의 예

이러한 구성이 있는 경우, 아래와 같이 구성요소마다 번호를 붙이고 각각이 다운된 경우의 동작을 테스트한다.

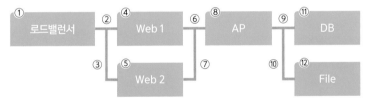

확인해야 할 부분에 번호를 붙인다

다음과 같은 표를 만들어 빠짐없이 확인하자.

테스트용 확인 표

번호	예상되는 사용자 영향	예상 동작	예상 복구 방법
①	있음(사이트 확인 불가)	감시 시스템에서 감지하여 복구 대응	제조사에 연락
②	없음	로드밸런서에서 분리	재시동 불가 시 템플릿에서 재생성
③	…	…	…
④	…	…	…
…	…	…	…

실제로 다운시켜 장애를 일으키는 방법은 LAN 케이블이나 전원 케이블을 제거하여 확인하는 것이다. 조금 과한 느낌도 있지만, 실제로 해보지 않으면 검증할 수 없기 때문에 필요한 방법이다. 만약 클라우드 서비스를 이용하고 있다면 클라우드의 기능에서 네트워크를 차단 또는 강제 종료할 수 있는 경우 실제로 차단 및 강제 종료하여 확인해보자.

장애를 발생시켜 동작을 확인하는 테스트는 프로젝트의 상황에 따라 시간적인 사정으로 생략되기 쉬운 부분이다. 따라서 이미 테스트를 했다고 생각하고 잊어버리는 일이 생기지 않도록 주의하자.

다음에 설명할 백업에 대해서도 꼼꼼하게 확인하기 바란다.

4.6
백업

인프라가 의도대로 구축되어 있는지를 확인한 다음에는 마지막으로 백업에 대해서도 확인해 두자. 적절한 데이터를 적당한 타이밍에 정상적으로 저장하고 있는지 반드시 확인해 둘 필요가 있다.

백업 시 확인해야 하는 것

특히 중요한 내용이기 때문에 따로 다루고 있으니, 백업이 제대로 되고 있는지에 대해서 확실하게 확인하자. 백업에 대해 반드시 확인해야 하는 내용은 다음과 같다.

백업에 관련해 확인할 내용

대상 데이터	어느 서버의 어떤 데이터를 저장할 것인가
백업 타이밍	어느 타이밍에 백업을 할 것인가
백업 방법	어떻게 백업을 할 것인가
저장 장소	백업 데이터를 어디에 저장할 것인가
저장 세대의 수	백업 데이터를 몇 세대 동안 저장하고 관리할 것인가

백업 대상인 데이터의 분류에 문제가 있어 백업에 누락이 발생하면 큰 문제가 되므로 필요한 데이터가 빠짐없이 백업 대상으로 분류된 상태에서 제대로 백업이 되고 있는지를 확인하자.

백업 타이밍이 의도한 것과 다르면 매일 백업할 의도였으나 월 1회만 백업이 된다든지 정작 복원하려고 하는 중요한 데이터를 복원하지 못하는 사태가 발생할 수도 있다.

백업의 방법에도 주의를 기울이자. 백업 방법이 잘못되면 연동하고 있는 다수의 파일 내용이 백업 처리 중에 변경되는 등의 사태가 발생하여 정합성이 결여된 데이터가 백업되어 버릴 수도 있다. 이럴 경우, 복원할 수 없는 사태가 생길 수도 있으며, 그렇게 되면 실질적으로 백업이 되지 않은 것과 마찬가지가 된다.

저장 장소에도 주의하자. 백업한 데이터가 원본과 같은 서버 안에, 같은 네트워크 안에, 같은 데이터 센터 안에 있는 경우에는 발생된 장애의 유형에 따라서 백업 데이터를 잃게 될 가능성이 있다. 또한 백업의 의미는 원본과 분리되어 있기 때문에 원본에 어떤 문제가 생긴 경우 이를 복원할 수 있다는 것이므로, 원본과 밀접하게 연동하고 있는 리플리케이션이나 RAID 등은 백업이라고 할 수 없다(3장에 나오는 '대기용' 등도 백업은 아니다).

마지막으로 저장 세대의 수는 백업을 몇 세대까지 관리할 것인가 하는 것이다. 관리하는 백업의 세대 수가 많아질수록 더 과거까지 거슬러 올라갈 수는 있지만, 그만큼 데이터의 용량이 커지게 된다.

웹 서비스 운용 1
: 시스템 감시의 기본

웹 서비스의 운용에는 기능 추가, UI 개선, 사용자 동향 데이터의 분석처럼 공격적인 요소가 강한 업무와 성능 관리, 용량 관리, 감시 및 모니터링에 따른 가용성 향상, 장애 대책과 같은 방어적인 요소가 강한 업무가 있다.

공격적인 요소가 강한 업무 쪽이 더욱 화려해 보이지만, 방어적인 요소가 강한 업무 역시 매우 중요하다. 공격적인 요소가 강한 업무에 대한 노하우는 많이 알려져 있는 반면 방어적인 요소가 강한 업무에 대한 노하우는 많이 알려져 있지 않은 것 같다. 따라서 이번 장에서는 방어적인 요소가 강한 업무를 중점적으로 설명한다.

5.1
시스템 감시의 개론

시스템을 감시한다고 해서 단순히 보고만 있는 것이 아니라 정상 상태는 어떤 상태인지 파악하고 그 상태가 무너질 경우의 대응 방법을 사전에 확실히 결정해 두어야 한다.

시스템 감시란?

웹 서비스는 사회에서 중요한 역할을 담당하기 시작했다. 예를 들어, 사용 중인 웹 서비스가 갑자기 정지되어 버리면 사용자는 여러모로 곤란을 겪게 될 것이다. 마찬가지로 서비스를 제공하는 쪽에서는 갑자기 문제가 생겨 의도하지 않은 서비스의 정지나 성능 저하가 일어나지 않도록 문제 발생 시 신속하게 복구하여 정상 상태를 유지하고 싶을 것이다. 이렇게 **정상 상태를 유지하는 것이 시스템 감시의 목적**이다. 가동 중인 시스템에 대한 지속적인 테스트라고 생각해도 좋을 것 같다.

시스템 감시는 아래의 4가지 항목에 대한 것을 말한다.

1. '정상 상태'를 감시 항목 + 정상적인 결과의 형태로 정의한다.
2. '정상 상태'가 아닐 때의 대응 방법을 감시 항목마다 정의한다.
3. '정상 상태'인 것을 지속적으로 확인한다.
4. '정상 상태'가 아닌 경우 '정상 상태'로 복구시킨다. 필요에 따라 재발 방지 대책을 강구한다.

특히 주의해야 할 것은 위의 1~4가 세트라는 것이다. 감시 항목은 정상 상태와 대응 방법을 반드시 세트로 정의한다. '복구' 방법이 아니라 '대응' 방법이라고 표현하는 이유는 '대응 방법 = 복구 방법'인 경우도 있지만, 현상에 따라서는 복구가 아닌 다른 것을 목표로 하는 경우도 있기 때문에 대응 방법이라고 하는 것이 적절하다.

대응 방법이 없는 상태에서 대충 감시하는 것은 장애 발생 시에 혼란과 운용 부담의 근본적인 원인이 될 수 있다. 이 점에 주의하도록 하자.

'정상 상태'를 감시 항목 + 정상적인 결과의 형태로 정의하기

우선은 시스템의 **정상 상태**를 정의한다.

얼마나 세밀하게 구분하여 정의할 것인지는 고민해 보아야 하겠지만, 처음에는 요건의 정의나 현황부터 아는대로 간단하게 정의하고, 운용해 가면서 차츰 확장하도록 하자. 특히 인프라 관련 기기나 소프트웨어에서는, 예를 들어 'OS의 시계'처럼 기능으로서는 특별하게 언급되지 않지만 역할로서 생각해보면 정상적인 가동이 요구되고 있는 사양이 많기 때문에 경험자의 조언이나 감시용 툴에 포함되어 있는 템플릿 등을 적극적으로 활용하기 바란다.

감시 항목을 어느 정도까지 준비해야 하는지에 대한 답을 하기는 어렵다. 프로그램 개발의 경우는(좋고 나쁨의 논리는 있겠지만) 코드 커버리지나 테스트 수준과 같은 정량적인 지표가 있지만, 시스템 감시의 경우는 이와 같은 지표가 없다. 그렇지만 가능한 한 빠짐없이 감시하는 방법론은 있으니 나중에 소개하도록 하겠다.

감시 항목과 세트로 한계값도 결정한다. 한계값을 정하는 방법으로는 요구되는 기능적 요건과 비 기능적 요건을 만족하는지 확인하는 것은 물론, 경보[Alert]가 최대한 감소하도록 조정해야 한다. 특히 잘못된 경보나 불필요한 경보는 발생하지 않도록 하자. 만약을 위한 경보는 절대 금지이다. 그 이유는 양치기 소년의 우화를 생각해 보면 쉽게 알 수 있을 것이다.

또한, 시스템 감시에 관해서 확인하고자 하는 항목은 직접 확인하도록 하자. 예를 들어, 평균 부하가 높아지면 응답 시간이 길어진다고 해서 평균 부하를 응답 시간의 기준으로 해서는 안 된다. 응답 시간을 직접 감시하도록 하기 바란다. 설령 상관이 있다고 해도 인과 관계가 성립할 때와 그렇지 않을 때가 있기 때문에 운용이 복잡해진다.

'정상 상태'가 아닐 때의 대응 방법을 감시 항목마다 정의하기

복구뿐 아니라 신속한 분리, 사용자에 대한 알림 등도 포함하여 시스템 전체가 정상인 상태를 유지하도록 하기 위한 대응 방법을 정의해보자.

우선은 전체적인 방침으로서 **복구 우선**인지 **재발 방지 우선**인지를 검토하여 협의하는 것이 중요하다. 웹 시스템이나 미디어 사이트는 복구 우선인 경우가 대부분이지만, 일부 업종에서는 재발 방지를 우선으로 하여 근본적인 대응이 될 때까지는 복구를 하지 않는 경우도 있다. 특히 보안에 관련된 사고인 경우에는 미리 방침을 결정해 둠으로써 신속하게 대응할 수 있게 된다.

기술적인 부분 이외에 연락 방법과 같은 운용의 흐름도 고려하여 정하도록 하자. 즉, 에스컬레이션 방법(전화, 메일, SMS, 채팅 등)이나 연락 순서 등을 정해두자. 특히 전화의 경우 심야 전화는 실례가 될 수도 있으니 연락을 받을 담당자뿐 아니라 그 가족의 이해까지도 구해두는 것이 좋을 것이다. 또한, 연락을 받아 배턴을 쥐게 될 사람이나 그 배턴을 넘겨 줄 사람까지도 생각해 두도록 하자. 이때 대응이 중복되는 것은 좋지 않으므로, 예를 들어 배턴을 넘겨받으면 채팅 그룹에는 대응에 관한 내용을 간단히 언급하고 나서 대응을 시작하는 등 구체적인 대응 방법을 제대로 정해두도록 하자.

대응 방침을 복구 우선으로 결정한 경우에는 분석에 시간을 허비하지 않도록 하여 복구를 서두르도록 절차를 짜는 것이 중요하다. 대응 시, 문제에 대한 확증이 없더라도 우선은 대응해가는 것이 좋다. 설사 절차대로 실시하였으나 복구되지 않았다 하더라도 그 이력이 남게 된다. 복구를 우선으로 하면 재발의 위험성은 남지만, 재발하더라도 다시 신속하게 복구한다면 크게 문제되지 않는 경우가 많다.

대응 방법을 결정할 때는 상황의 정도에 따라 잘 분류하도록 하자. 완전히 다운된 경우에는 알기 쉽지만 간간히 응답이 느려지는 경우 등 미묘한 경우도 많다. 이렇게 정확하게 말하기 어려운 경우에 대해서도 어떤 방침으로 대응할 것인지 정해두는 것이 좋다. 예를 들어, 아래와 같은 규칙을 정해 놓으면 좋을 것이다.

- 정상 상태 : HTTP 응답의 상태 코드가 200이다.
  - → 대응 방침 : 상태 코드가 500이 된 경우는 Apache를 재부팅한다.

- 정상 상태 : 디스크 사용량이 80% 이하이다.
  → 대응 방침 : 80%를 넘은 경우는 로그 저장 기간을 짧게 한다.

> **정해두어야 할 것**
> - '복구'와 '재발 방지' 중 어느 것을 우선으로 할 것인가
> - 에스컬레이션 방법과 연락할 순서
> - 연락을 받은 후의 대응 방법

'정상 상태'인 것을 지속적으로 확인하기

일상적으로 '정상 상태'인 것을 계속 확인하기 위해서는 **우선 툴을 사용하여** 확인한 후 필요에 따라 인력을 함께 이용하도록 하자.

감시에는 지속적인 테스트라고 하는 측면이 있다. 예전에는 5분 간격, 10분 간격의 감시가 주류였지만, 지금은 인터넷의 보급과 서버 성능의 향상에 따라 시스템의 실시간성이 증가하여 1~3분 간격의 감시가 주를 이룬다.

게다가 실시간성을 요구하는 초 단위 감시에 대한 요청도 있다. 초 단위로 감시하고자 하는 항목은 초 단위로 장애 대응까지를 요구하는 것이므로, 감시뿐만 아니라 장애 대응까지 실시하도록 하자.

초 단위의 감시는 매우 높은 빈도로 대응을 해야 한다는 기술적인 이유로 Nagios, Zabbix와 같은 이른바 시스템 감시 툴과는 다른 툴로 진행하는 경우가 많으며, 주로 사용되는 툴은 Monit이다.

Nagios http://www.nagios.org/
Zabbix http://www.zabbix.com/
Monit http://mmonit.com/monit/

'정상 상태'가 아닌 경우 '정상 상태'로 복구시키기

이상을 감지했다면 대응을 해보자. 대응은 **1차 대응(잠정 대응)**과 **2차 대응(근본 대응)**으

로 나누고, 정의 단계에서 결정한 '방침'에 따라 실시한다.

아무리 정성을 들여 예상하고 대응 방안을 마련하더라도 예상하지 못한 사고가 발생하기 마련이다. 그럴 때는 어떻게 할 것인지 연락 절차만이라도 별도로 준비해 두도록 하자. 누구에게 어떻게 연락해야 하며 그 사람이 어떤 권한을 가질 것인가 등을 명확히 해 두는 것이 중요하다. 그리고 연락을 받은 쪽은 설령 만약을 위한 또는 불필요한 연락이더라도 감사하는 모습을 보여주어 다음 번에도 위축되지 않고 연락할 수 있도록 해야 한다.

감시 운용이 시작된 후에는 또다시 필요한 항목이나 감시 요구가 생긴다. 감시 항목의 추가나 삭제, 한계값의 변경, 대응 방법의 변경 등 운용 중의 경험을 수시로 절차에 적용하여 절차와 팀을 확장해 나가도록 하자.

IMPORTANT

중요한 것은 방침의 정의, 확인, 복구를 반복하면서 확장해가는 것이다.

5.2
시스템 감시의 구현

이번 절에서는 실제 감시에 대한 설명과 함께 사용하는 툴과 시스템의 상황을 확인하는 명령 등을 소개한다.

감시 툴과 모니터링 툴

시스템 감시의 요령은 가급적 상위 계층에서 실제 사용자의 조작에 가까운 형식으로 성과를 감시하는 것이다. 예를 들어, 웹 서비스에서는 로그인부터 대시보드 화면 표시와 로그아웃까지의 조작, 메일 서비스에서는 메일의 송신부터 수신까지와 같은 일련의 조작을 감시한다.

CPU 사용률이나 디스크 용량 등의 시스템 리소스도 감시하지만, **시스템 리소스에 대한 감시는 리소스 모니터링과는 별도로 생각하는 것이 좋다.** 리소스 모니터링은 정기적으로 1개월 단위, 6개월 단위 등 장시간 동안의 경향을 검토하는 것을 추천한다.

감시 툴은 앞에서 설명한 대로 **Nagios나 Zabbix가 주로 사용된다.** Nagois는 감시 기능에 특화되어 있고, Zabbix는 감시 기능과 더불어 그래프화하는 기능도 있다. Nagios도 확장 기능으로 그래프화하는 기능을 추가할 수 있지만, 필자는 예전부터 Nagios를 사용하면서 그래프화를 위한 별도의 소프트웨어를 함께 사용하고 있다. 사업의 규모가 큰 기업 혹은 현장에서는 주로 Zabbix가 선택되는 경향이 있는 것 같다.

모니터링 툴은 Cacti, Munin, GrowthForecast가 주로 사용된다. 각각의 특징이 있으니 본인에게 적합한 것을 선택하기 바란다. 최근에는 mackerel과 같은 SaaS형 서비스도 있으니 함께 이용하는 것이 좋다. 특히 감시 서버의 감시는 누가 할 것인가라는 문제가 있기 때문에 이 부분만이라도 SaaS형 서비스를 함께 이용한다면 간단하게 해결할 수 있을 것이다. 이 책에서는 필자가 오랫동안 이용하고 있는 Cacti를 중심으로 설명하겠다.

감시 툴과 모니터링 툴의 특징

감시 툴	Nagios	감시 기능에 특화
	Zabbix	감시 기능 외에 그래프화 기능도 있음
모니터링 툴	Cacti	사용자 관리 기능이 있음. 풀형 데이터 수집
	Mackerel	SaaS형 서비스. 감시도 가능
	Monit	간단함. 사용자 관리 기능은 없음. 풀형 데이터 수집
	GrowthForecast	간단함. 사용자 관리 기능은 없음. 푸시형 데이터 수집

Cacti http://www.cacti.net/

Mackerel https://mackerel.io/

Munin http://munin-monitoring.org/

GrowthForecast http://kazeburo.github.io/GrowthForecast/

감시 항목 파악하기

감시에는 시스템의 외부 접속 상황을 감시하는 **외형 감시**와 시스템의 내부를 감시하는 **내부 감시**가 있다. 그리고 내부 감시에는 서비스 가동 상황 감시와 시스템 리소스 감시가 있다(이러한 분류는 필자가 사용하고 있는 '효과적으로 빠짐없이 감시하기 위한 방법'이다).

감시 항목을 빠짐없이 파악하는 방법론으로서 다음의 두 가지를 실시하면 좋을 것이다.

① 시스템 요건이나 구축 요건으로부터 기능적 요건과 비 기능적 요건을 파악한다.

② 구축한 서버 자체에서 테스트를 작성한다.

현실적으로 감시는 우선순위가 낮게 설정될 때가 많아 서비스의 공개 직전이나 공개 후 막바지에 힘을 쏟는 경우도 간혹 있다.

①은 미리 준비할 수 있는 것이므로 우선은 ①만이라도 준비하여 감시하고, 그 후에 ②를 추가로 실시하는 것도 좋은 방법이다.

시스템 요건에서의 테스트는 예를 들어, 기능적 요건으로서 HTTP/HTTPS 액세스 가능 여부, 메일의 이용 가능 여부 등 명확한 요건이 달성되고 있는지를 감시한다. 비 기능적 요건은 HTTP/HTTPS 액세스의 응답 속도가 3초 이내인가와 같은 성능적 요건을 만족시키고 있는지를 확인한다.

구축된 서버 자체에서 테스트를 작성하는 방법은 **감시의 구현 방법**에서 구체적으로 설명한다.

감시의 구현 방법

감시의 구현에는 **액티브 체크**와 **패시브 체크**의 2종류가 있다. 액티브 체크는 감시 서버 쪽에서 능동적으로 체크하는 방법, 패시브 체크는 감시의 대상 쪽에서 이상을 감지하여 감시 서버로 보고하는 방식이다. 패시브 체크는 네트워크 기기에 많이 구현되어 있는 'SNMP Trap'이 유명하다.

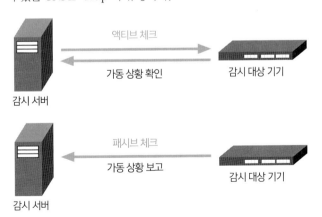

액티브 체크의 장점은 이상을 빠짐없이 감지할 수 있다는 점이다. 패시브 체크는 감시 대상이 이상을 보고하지 못하고 다운된 경우 이상을 감지할 수 없다. 반면, 액티브 체크는 체크 간격이 돌아올 때까지는 이상을 감지할 수 없기 때문에 감시 대상이 보고를 할 수 있는 상황에서는 패시브 체크 쪽이 오히려 실시간성이 높다.

최근에는 감시 대상에 감시 에이전트라고 불리는 전용 프로그램을 설치하여 가동시키는 방식이 주를 이룬다. 불과 10년 정도 전까지는 서버의 사양이 그다지 좋지 않았기 때문에 감시 에이전트를 가동시키기 위해 사용되는 리소스마저 아깝다고 생각했던 적도 있었다.

감시 에이전트를 이용하여 효율적인 감시를 구현해보자. 감시 에이전트는 각각의 감시 소프트웨어에 함께 제공되는 것이 있으니 그것을 이용한다. 예를 들어, Nagios는 NRPE, Zabbix는 Zabbix 에이전트이다.

감시 항목을 결정하기 위한 현재 상태 확인 방법

감시 항목의 구체적인 결정 방법을 소개한다. 우선 외형 감시는 설계 단계에서 명확하게 정의해 둔 기능적 요건을 바탕으로 감시 항목을 작성한다. HTTP만 이용할 것인지, HTTPS도 이용할 것인지, 메일 서버로서 이용할 것인지 등을 확인해보자.

만약 현재 시스템이 가동 중이고 문서를 찾을 수 없다면 방화벽의 설정과 서버의 대기 포트를 확인한다. 방화벽 설정에서 포트가 의도적으로 열려있는 것은 감시해야 할 항목인 경우가 많다(만약 실수로 열려있었다면 차단하도록 하자).

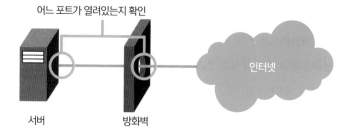

어느 포트가 열려있는지 확인

인터넷

서버   방화벽

■ 방화벽의 설정 확인하기

Linux 서버가 방화벽인 경우, 그 설정 상황은 터미널에서 **iptables -nv -L** 명령으로 확인할 수 있다.

```
[root@www ~]# iptables -nv -L
```

입력 결과

```
Chain INPUT (policy ACCEPT 0 packets, 0 bytes)
 pkts bytes target     prot opt in     out    source        destination
  22M   14G ACCEPT     all  --  *      *      0.0.0.0/0     0.0.0.0/0     state RELATED,ESTABLISHED
  869 90145 ACCEPT     icmp --  *      *      0.0.0.0/0     0.0.0.0/0
 736K   44M ACCEPT     all  --  lo     *      0.0.0.0/0     0.0.0.0/0
3768K  523M MYSERVICE  all  --  eth0   *      0.0.0.0/0     0.0.0.0/0
3975K  589M MYSERVICE  all  --  eth0   *      0.0.0.0/0     0.0.0.0/0
21834 1296K ACCEPT     tcp  --  *      *      0.0.0.0/0     0.0.0.0/0     state NEW tcp dpt:22
3939K  587M REJECT     all  --  *      *      0.0.0.0/0     0.0.0.0/0     reject-with icmp-host-prohibited

Chain FORWARD (policy ACCEPT 0 packets, 0 bytes)
 pkts bytes target     prot opt in     out    source        destination
    0     0 REJECT     all  --  *      *      0.0.0.0/0     0.0.0.0/0     reject-with icmp-host-prohibited

Chain OUTPUT (policy ACCEPT 23M packets, 19G bytes)
 pkts bytes target     prot opt in     out    source        destination

Chain MYSERVICE (2 references)
 pkts bytes target     prot opt in     out    source        destination
 403K   23M ACCEPT     tcp  --  *      *      0.0.0.0/0     0.0.0.0/0     tcp dpt:80
17539  975K ACCEPT     tcp  --  *      *      0.0.0.0/0     0.0.0.0/0     tcp dpt:443
```

예를 들어 위와 같은 경우 ICMP, TCP(포트 80), TCP(포트 443), TCP(포트 22)가 방화벽에서 개방되어 있다. 참고로 ICMP는 TCP/IP의 동작을 지원하는 보조적인 프로토콜이다.

이 경우, 인터넷(이 서버는 eth0가 인터넷 측)에서 온 데이터는 INPUT으로 들어와 MYSERVICE를 경유하고 있다. 그 과정에서 'target : ACCEPT'에 부합하지 않는 경우에는 REJECT되어 통신을 할 수 없게 된다.

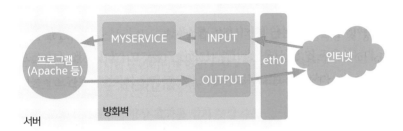

다음으로 **ss -lnp** 등의 명령을 실행하여 외부로부터의 접속 대기 포트를 확인하자. 대기 IP 주소와 포트는 'Local Address:Port' 부분에서 확인할 수 있다.

```
[root@www ~]# ss -lnp
```

입력 결과

```
State     Recv-Q Send-Q  Local Address:Port   Peer Address:Port
LISTEN    0      128            *:80              *:*        users:(("nginx",1541,8),("nginx",15245,8))
LISTEN    0      128           :::22             :::*        users:(("sshd",1129,4))
LISTEN    0      128            *:22              *:*        users:(("sshd",1129,3))
LISTEN    0      100           ::1:25            :::*        users:(("master",1380,13))
LISTEN    0      100      127.0.0.1:25            *:*        users:(("master",1380,12))
LISTEN    0      128            *:443             *:*        users:(("nginx",1541,9),("nginx",15245,9))
LISTEN    0      128      127.0.0.1:9000          *:*        users:(("php-fpm",1391,7),("php-fpm",1392,0))
LISTEN    0      128            *:3306            *:*        users:(("mysqld",1277,18))
```

예를 들어 위와 같은 경우 포트 80, 포트 22, 포트 443, 포트 3306 이렇게 4개는 IP 주소의 지정 없이 대기하며, 포트 25와 포트 9000은 127.0.0.1(로컬 호스트)의 IP 주소를 지정하여 대기하고 있다.

참고로, Local Address:Port의 앞에 '::'가 붙어있는 것은 IPv4 주소뿐 아니라 IPv6 주소에도 대응하고 있다는 것이다. 위의 그림에서는 포트 22와 포트 25가 IPv6까지 대응하고 있다.

또한, 대기 프로세스는 가장 오른쪽 열에서 확인할 수 있다. " "로 둘러싸인 부분이 프로세스 이름이며, 그 다음에 나오는 번호가 프로세스 ID이다. 위의 그림에서는 포트 80과 포트 443은 nginx, 포트 22는 sshd, 포트 25는 master, 포트 9000은 php-fpm, 포트 3306은 mysqld라는 프로세스가 LISTEN하고 있는 것을 알 수 있다.

조금 전의 **iptables** 명령에서 IPv6 주소에 대한 방화벽 설정 상황은 확인하지 않았으니 만약을 위해 확인해 두도록 하자. IPv6의 **iptables**는 **ip6tables** 명령으로 확인한다.

```
[root@www ~]# ip6tables -nv -L
```

입력 결과

```
Chain INPUT (policy ACCEPT 0 packets, 0 bytes)
 pkts bytes target     prot opt in     out    source               destination
   83  4980 ACCEPT     all  *   *      ::/0                 ::/0                 state RELATED,ESTABLISHED
64924 4875K ACCEPT     icmpv6 *  *     ::/0                 ::/0
   83  6640 ACCEPT     all  lo  *      ::/0                 ::/0
    0     0 ACCEPT     tcp  *   *      ::/0                 ::/0                 state NEW tcp dpt:22
    0     0 REJECT     all  *   *      ::/0                 ::/0                 reject-with icmp6-adm-prohibited

Chain FORWARD (policy ACCEPT 0 packets, 0 bytes)
 pkts bytes target     prot opt in     out    source               destination
    0     0 REJECT     all  *   *      ::/0                 ::/0                 reject-with icmp6-adm-prohibited

Chain OUTPUT (policy ACCEPT 173 packets, 12076 bytes)
 pkts bytes target     prot opt in     out    source               destination
```

위의 그림에서 IPv6는 ICMP와 TCP(포트 22)만 개방하고 있는 것을 알 수 있다.

■ 프로세스 확인하기

프로세스 이름만으로 패키지를 알 수 없는 경우에는 **ss -lnp** 명령에 의해 확인한 프로세스 ID를 바탕으로 프로세스를 확인하고, OS가 RHEL^Red Hat Enterprise Linux 또는 CentOS인 경우에는 **yum whatprovides** 명령으로, Debian 또는 Ubuntu인 경우에는 **apt-file search** 명령을 사용해서 어느 패키지에 포함되어 있는지 확인한다.

이번에는 CentOS6를 예로 설명하겠다. master라는 프로세스는 이름으로 패키지를 알 수 없었기 때문에 이것을 조사해보자. 프로세스 ID가 '1380'이었으니 **ps** 명령으로 프로세스 ID의 실행 명령을 확인한다.

```
[root@www ~]# ps aufx | grep -w 1380 | grep -v grep
```

입력 결과

```
root      1380  0.0  0.1  81708  3384 ?        Ss   May02   0:54 /usr/libexec/postfix/master
```

위의 그림에서는 실행시키고 있는 프로그램이 '/user/libexec/postfix/master'라는 것을 알았다. 여기에서 '/user/libexec/postfix/master'를 제공하는 패키지는 다음과 같이 확인한다.

```
[root@www ~]# yum whatprovides /usr/libexec/postfix/master
```

```
Loaded plugins: etckeeper, fastestmirror
Loading mirror speeds from cached hostfile
 * base: www.ftp.ne.jp
 * extras: www.ftp.ne.jp
 * updates: www.ftp.ne.jp
2:postfix-2.6.6-2.2.el6_1.x86_64 : Postfix Mail Transport Agent
Repo        : base
Matched from:
Filename    : /usr/libexec/postfix/master

2:postfix-2.6.6-6.el6_5.x86_64 : Postfix Mail Transport Agent
Repo        : updates
Matched from:
Filename    : /usr/libexec/postfix/master

2:postfix-2.6.6-6.el6_5.x86_64 : Postfix Mail Transport Agent
Repo        : installed
Matched from:
Other       : Provides-match: /usr/libexec/postfix/master
```

패키지는 'Postfix'라는 것을 확인할 수 있다. 정리하면, 현재의 서버 상황은 아래와 같이 되어 있는 것을 알 수 있다.

현재 서버에서 동작하고 있는 프로세스

포트 / 포트	프로세스 이름	패키지(제품)
80 / TCP	nginx	Nginx
443 / TCP	nginx	Nginx
22 / TCP	sshd	OpenSSH
25 / TCP	master	Postfix
9000 / TCP	php-fpm	Php-fpm
3306 / TCP	mysqld	MySQL

현재 상태의 확인 결과로부터 감시 항목 만들기

앞에서 확인해 본 결과, 서버에서 동작하고 있는 프로세스를 알게 되었다. 다음은 이 정보들을 바탕으로 감시 항목까지 생각을 넓혀보자.

앞에서 확인한 '현재 서버에서 동작하고 있는 프로세스'를 바탕으로 **외형 감시**와 **내부 감시, 서비스 감시**와 **리소스 감시**라는 4개의 축을 고려하여 전개해 보겠다.

우선은 이 프로세스를 바탕으로 기능적 요건을 파악해보자.

실행 프로세스 수를 확인하자

I/O가 있다면 그것을 확인하자

- 서비스 계통의 네트워크 입출력이 있는가
- 관리 계통의 네트워크 입출력이 있는가
- 서비스 계통의 파일 입출력이 있는가
- 관리 계통의 파일 입출력이 있는가

등등, 다양하게 나올 것이다.

각각의 항목에 대해 기능적 요건의 확인뿐 아니라, 응답 속도나 크기 등의 비 기능적 요건의 관점까지 감시 항목을 파악한다. 감시는 가능한 한 성과를 기준으로 확인해야 한다.

예를 들어, HTTP에서의 액세스 가능 여부를 확인하는 경우에는 로그인에서 로그아웃까지 확인하고, 동기화 처리의 지연을 확인하는 경우에는 실제로 동기화를 하는 장치에서 데이터를 갱신한 후 동기화 대상인 장치에서 지연 상황을 확인하도록 한다.

그 외에 OS별로 주요 항목(즉, 암묵적인 기능 요건과 비 기능 요건)은 별도의 서적 등을 통해 공부하도록 하자.

대표적인 주요 감시 항목은 아래와 같다.

외형 감시의 주요 항목

- HTTP 응답 코드, 내용, 응답 시간, 크기
- HTTPS 응답 코드, 내용, 응답 시간, 크기
- POP, SMTP, FTP… 동작 여부, 메일 송수신이나 파일 PUT/GET 등
- HTTP 시나리오

내부 감시의 주요 항목

- CPU 사용률

- 평균 부하

- 디스크별 사용률

- 디스크별 I/O 요구량

- 디스크별 대기 시간

- 네트워크 인터페이스별 트래픽 IN/OUT

- 로컬에서의 HTTP 접속

- 서비스에 사용할 프로세스의 감시(apache, nginx, mysqld 등)

- 시스템적으로 사용할 프로세스의 감시(ntpd, snmpd 등)

처음에는 각각의 항목에 대한 한계값의 결정 방법에 특별한 근거가 없더라도 괜찮다. 절대적인 지표는 '사용자의 눈높이'이기 때문에 운용해 가는 도중에 사용자에 대한 영향이 없으면 완화하면 되고, 사용자에 대한 영향이 있는데도 감지할 수 없으면 더욱 엄격하게 해나가면 된다.

디스크 사용률과 같이 차츰차츰 여유 리소스가 줄어드는 항목은 문제를 감지한 후 대응할 때까지 얼마만큼의 시간이 필요한지를 고려하여 한계값을 결정하면 좋을 것이다.

그 외에도 감시하는 것 자체가 부하가 되지 않도록 주의하기 바란다. 특히 큰 로그 파일의 전체를 검사하는 감시의 경우는 더욱 주의해야 한다. 그러나 정상적인 액세스라면 신경 쓰지 않아도 된다.

고작 1~3분에 한 번(재시도를 포함해도 1~3분에 3~4회 정도)의 액세스로도 부하의 문제가 발생하는 경우라면 사용자의 통상적인 이용조차도 견디지 못할 것이기 때문에 감시 부하와는 관계없이 부하 대책을 세우는 편이 좋다.

5.3
장애가 발생했을 때의 대응 방법

별로 생각하고 싶지 않은 일이지만, 실제로 장애가 발생했을 때를 대비하여 대응 방법을 머리 속에 넣어두도록 하자.

실제로 장애가 발생하면 기본적으로 아래와 같은 흐름으로 대응을 하자.

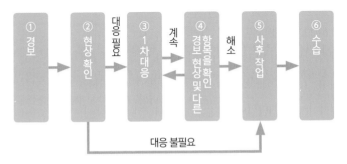

경보

기본적으로는 감시 시스템으로부터의 경보를 계기로 대응을 시작하지만, 시스템을 운용하다 보면 감시 시스템뿐만 아니라 사용자나 관계자로부터의 문의가 계기가 되는 경우도 있다.

감시 시스템에서 검사하지 않는 부분에 오류가 발생하는 일도 있으니 감시 시스템을 너무 과신하지 않도록 한다. 또한 감시 시스템 이외의 것이 계기가 된 경우는 오류 내용이 애매할 수도 있으니 대상과 내용 그리고 재현 방법을 정확하게 파악하도록 하자.

현상 확인

경보를 접수하고 실제 상황을 확인한다. 필자가 근무하는 HeartBeat사의 경우는 일차적으로 직접 눈으로 사이트의 표시 등을 확인하고, 실제로 현상이 발생하고 있는지를 추가로 확인한다.

실제로 현상이 확인되면 대응 단계로 넘어간다. 하지만 현상이 확인되지 않는 경우에는 무엇을 복구해야 하는지 알 수 없는 상황이 되므로 대응할 도리가 없다. 따라서 기본적으로는 잘못 감지되었기 때문에 대응이 불필요하다고 판단한다.

이와 같이 '눈 앞에서는 발생하지 않지만 시스템이나 사용자 측에서는 계속 발생하고 있는' 경우에는 계속해서 재현 방법(발생 조건)을 확인하거나 아니면 딱 잘라 결론을 짓고 1차 대응(잠정 대응)을 시도하게 된다. 이 경우, 재현 방법이 확인되어도 현상이 해소되는 것은 아니기 때문에 재현 방법의 분석에 시간을 허비하는 것은 그리 좋은 대책이 아니다. 재현 방법은 모르더라도 현상을 해소하는 것이 최선이므로, 재현 방법이나 원인이 확인되지 않더라도 현상을 해소하는 것을 우선으로 1차 대응을 진행하는 것도 염두에 두자.

마지막으로 각각의 요소를 분리하여 확인할 때는 예상대로 구성되어 있는지 데이터 흐름을 따라가며 사실을 확인해 나간다.

1차 대응

문제가 발생했지만, 원래는 정상이었던 것들이기 때문에 대부분 고쳐지기 마련이다. 대응할 때에 중요한 것은 **당연한 것을 냉정하게 그리고 제대로 처리하는 것이다.** 간단한 듯 어렵지만 방법은 이것뿐이다. 1차 대응에서는 해결까지 생각하지 말고 일단 문제를 회피하는 것만으로도 충분하니 신속하게 대응하도록 한다.

주의할 점은 작업 로그를 남겨야 한다는 것이다. 가능하다면 자동으로 남기도록 하는 것이 좋다. SSH를 사용할 경우, **script** 명령을 사용하면 작업을 기록할 수 있다. 예를 들면, 다음과 같이 하여 'ssh www.example.com'의 입출력을 'www.example.com.20140817_14:57:30.log'에 저장할 수 있다.

```
script -q -c "ssh www.example.com" www.example.com.20140817_14:57:30.log
```

이때 간단한 wrapper를 만들어 사용하면 좋다. 아래는 wrapper의 스크립트 예 (lssh)이다. 첫 번째 인수로 지정한 호스트에 ssh 접속을 하는 입출력을 '호스트명.일시.log'에 저장할 수 있다.

'lssh'라는 파일명으로 저장

```
#!/bin/bash
NOW=$(date +%Y%m%d_%H%M%S)
exec script -q -c "ssh $1" $1.$NOW.log
```

작성한 wrapper를 아래와 같이 실행한다.

```
[root@web ~]# chmod a+x lssh
[root@web ~]# ./lssh localhost
```

추후에 다시 살펴보기 위해서는 날짜 및 시간이 중요하다. **export PS1 ="₩D{% Y/% m/% d % H:% M:% S} $PS1"**로 설정하면 프롬프트가 일시로 대치된다. 이는 SSH 작업 로그를 살펴볼 때 매우 중요하다.

```
[root@web ~]# export PS1="\D{%Y/%m/%d %H:%M:%S} $PS1"
2014/08/17 14:49:17 [root@web ~]#
```

또한, **export HISTTIMEFORMAT=' % Y- % m- % d % T'**로 설정하면 history 명령으로 표시하는 작업 이력에 일시가 출력된다. 작업 로그가 없더라도 다른 사람의 작업을 확인할 수 있는 중요한 명령이다.

```
2014/08/17 14:49:18 [root@web ~]# export HISTTIMEFORMAT='%Y-%m-%d %T'
2014/08/17 14:49:53 [root@web ~]# history | tail -2
   214 2014-08-17 14:49:53 export HISTTIMEFORMAT='%Y-%m-%d %T '
   215 2014-08-17 14:50:08 history | tail -2
2014/08/17 14:50:08 [root@web ~]#
```

조금 전 **PS1**을 설정하여 표시된 일시는 프롬프트 표시의 일시이기 때문에 이전 명령의 처리가 완료된 후 다음 프롬프트가 표시되는 타이밍의 일시가 된다. 한편 **HISTTIMEFORMAT**을 설정하면 history에 표시되는 일시는 명령 실행 시점의 일시가 된다. 일시를 잘못 판단하지 않도록 주의하기 바란다.

■ 상황 확인용 명령어 일람

대응 시에는 우선 로그인 후 상황을 확인하자. 많이 사용하는 Linux 명령어는 아래와 같다. 작업 로그를 기록해 두는 것을 전제로 아래의 명령어를 한 번씩 실행해 둔다면 나중에 로그를 확인할 때 편리할 것이다.

- **W**

시스템의 가동 시간, 로그인 사용자 수, 평균 부하를 확인한다.

```
[root@web ~]# w
```

입력결과

```
 16:16:17 up 30 min,  1 user,  load average: 0.00, 0.00, 0.00
USER     TTY      FROM             LOGIN@   IDLE   JCPU   PCPU WHAT
vagrant  pts/0    10.0.2.2         15:46    0.00s  0.73s  0.00s sshd: vagrant [priv]
```

- **ss -lnp**

네트워크 접속 수, 접속 소스, 접속 목적지, 실행 프로세스와 PID를 확인한다. 이때 실행 프로세스와 PID를 확인하기 위해서는 root 사용자이어야 한다.

```
[root@web ~]# ss -lnp
```

입력 결과(발췌)

```
State      Recv-Q Send-Q  Local Address:Port  Peer Address:Port
LISTEN     0      128            *:80               *:*     users:(("nginx",1541,8),("nginx",15245,8))
LISTEN     0      128          :::22              :::*     users:(("sshd",1129,4))
LISTEN     0      128            *:22               *:*     users:(("sshd",1129,3))
LISTEN     0      100          ::1:25              :::*     users:(("master",1380,13))
LISTEN     0      100    127.0.0.1:25               *:*     users:(("master",1380,12))
LISTEN     0      128            *:443              *:*     users:(("nginx",1541,9),("nginx",15245,9))
LISTEN     0      128    127.0.0.1:9000             *:*     users:(("php-fpm",1391,7),("php-fpm",1392,0))
LISTEN     0      128            *:3306             *:*     users:(("mysqld",1277,18))
```

- **ps aufx**

동작하고 있는 프로세스를 확인한다.

```
[root@web ~]# ps aufx
```

입력 결과(발췌)

```
USER      PID %CPU %MEM   VSZ   RSS TTY      STAT START   TIME COMMAND
root        2  0.0  0.0     0     0 ?        S    15:45   0:00 [kthreadd]
root        3  0.0  0.0     0     0 ?        S    15:45   0:00 ¥_ [migration/0]
root        4  0.0  0.0     0     0 ?        S    15:45   0:00 ¥_ [ksoftirqd/0]
root        5  0.0  0.0     0     0 ?        S    15:45   0:00 ¥_ [migration/0]
root        6  0.0  0.0     0     0 ?        S    15:45   0:00 ¥_ [watchdog/0]
```

- df -h

디스크의 사용량을 확인한다.

```
[root@web ~]# df -h
```

입력 결과

```
Filesystem          Size  Used Avail Use% Mounted on
/dev/mapper/VolGroup-lv_root
                    8.4G  1.4G  6.6G  18% /
tmpfs               499M     0  499M   0% /dev/shm
/dev/sda1           485M   75M  386M  17% /boot
vagrant             466G  344G  122G  74% /vagrant
```

- top -b -d 1 -n 1

CPU 사용률, 메모리 사용량, CPU 사용률이 높은 프로세스를 확인한다.

```
[root@web ~]# top -b -d 1 -n 1
```

입력 결과(발췌)

```
top - 16:17:07 up 31 min,  1 user,  load average: 0.00, 0.00, 0.00
Tasks:  97 total,   1 running,  96 sleeping,   0 stopped,   0 zombie
Cpu(s):  0.3%us,  0.2%sy,  0.0%ni, 99.4%id,  0.0%wa,  0.0%hi,  0.0%si,  0.0%st
Mem:   1020176k total,   335464k used,   684712k free,    12740k buffers
Swap:  1015800k total,        0k used,  1015800k free,   231964k cached

  PID USER      PR  NI  VIRT  RES  SHR S %CPU %MEM    TIME+  COMMAND
    1 root      20   0 19232 1492 1220 S  0.0  0.1   0:00.45 init
    2 root      20   0     0    0    0 S  0.0  0.0   0:00.00 kthreadd
    3 root      RT   0     0    0    0 S  0.0  0.0   0:00.03 migration/0
    4 root      20   0     0    0    0 S  0.0  0.0   0:00.06 ksoftirqd/0
    5 root      RT   0     0    0    0 S  0.0  0.0   0:00.00 migration/0
```

- **top -b -d 1 -n 1 -a**

메모리 사용량이 큰 프로세스를 확인한다.

```
[root@web ~]# top -b -d 1 -n 1 -a
```

```
top - 16:17:15 up 31 min,  1 user,  load average: 0.00, 0.00, 0.00
Tasks:  97 total,   1 running,  96 sleeping,   0 stopped,   0 zombie
Cpu(s):  0.3%us,  0.2%sy,  0.0%ni, 99.4%id,  0.0%wa,  0.0%hi,  0.0%si,  0.0%st
Mem:   1020176k total,   335464k used,   684712k free,    12748k buffers
Swap:  1015800k total,        0k used,  1015800k free,   232044k cached

  PID USER      PR  NI  VIRT  RES  SHR S %CPU %MEM    TIME+  COMMAND
 2926 mysql     20   0  359m  26m 5536 S  0.0  2.7   0:00.65 mysqld
 2683 root      20   0 98288 3844 2912 S  0.0  0.4   0:00.00 sshd
 1471 postfix   20   0 81544 3408 2532 S  0.0  0.3   0:00.00 qmgr
 1464 root      20   0 81296 3404 2504 S  0.0  0.3   0:00.04 master
 1470 postfix   20   0 81376 3368 2492 S  0.0  0.3   0:00.02 pickup
```

- **dstat -taf 1 10**

CPU 사용률, 네트워크 사용량, 디스크 I/O의 양, 페이징의 양과 추이를 확인
한다.

```
[root@web ~]# dstat -taf 1 10
```

```
----system---- ------cpu0-usage------------cpu1-usage------ --dsk/sda-- --net/eth0----net/eth1- ---paging-- ---system--
  date/time   |usr sys idl wai hiq siq:usr sys idl wai hiq siq| read  writ| recv  send: recv  send|  in   out | int   csw
17-08 16:17:20|  1   0  99   0   0   0:  0   0 100   0   0   0|  72k   70k|   0     0 :   0     0 |   0     0 |  52    50
17-08 16:17:21|  0   0 100   0   0   0:  0   0 100   0   0   0|   0     0 |  54B   86B:   0     0 |   0     0 |  30    23
17-08 16:17:22|  0   0 100   0   0   0:  0   0 100   0   0   0|   0     0 |  54B  374B:   0     0 |   0     0 |  32    29
17-08 16:17:23|  0   0 100   0   0   0:  0   0 100   0   0   0|  52k|  54B  134B:   0     0 |   0     0 |  24    26
17-08 16:17:24|  0   1  99   0   0   0:  0   0 100   0   0   0|   0     0 |  54B  102B:   0     0 |   0     0 |  29    23
17-08 16:17:25|  0   0 100   0   0   0:  0   0 100   0   0   0|   0     0 |  54B  118B:   0     0 |   0     0 |  21    23
17-08 16:17:26|  0   0 100   0   0   0:  0   0 100   0   0   0|   0     0 |  54B  118B:   0     0 |   0     0 |  28    24
17-08 16:17:27|  0   0 100   0   0   0:  0   0 100   0   0   0|   0     0 |  54B  102B:   0     0 |   0     0 |  31    27
17-08 16:17:28|  0   0 100   0   0   0:  0   0 100   0   0   0|   0     0 |  54B  102B:   0     0 |   0     0 |  29    27
17-08 16:17:29|  0   1  99   0   0   0:  0   0 100   0   0   0|   0     0 |  54B  102B:   0     0 |   0     0 |  21    17
17-08 16:17:30|  0   0 100   0   0   0:  0   0 100   0   0   0|   0     0 |  54B  102B:   0     0 |   0     0 |  21    25
```

- **mysqladmin processlist --verbose**

접속 소스 IP와 포트, 접속 목적지 DB, 상태, SQL을 확인한다.

```
[root@web ~]# mysqladmin -u root processlist --verbose
```

```
+----+------+-----------+----+---------+------+-------+-------------------+
| Id | User | Host      | db | Command | Time | State | Info              |
+----+------+-----------+----+---------+------+-------+-------------------+
| 6  | root | localhost |    | Query   | 0    |       | show full processlist |
+----+------+-----------+----+---------+------+-------+-------------------+
```

이 정도의 정보만 있으면, DB 서버의 응답이 느려진 경우에도 아래와 같이 원인을 특정할 수 있는 단서가 된다.

① **top** 명령으로 시스템 리소스를 사용하고 있는 프로세스를 특정(지금은 MySQL이라고 해보자)
② **mysqladmin processlist −verbose** 명령으로 시간이 걸리는 SQL의 접속 소스 IP와 포트를 특정
③ 접속 소스 서버의 **ss −lnp** 명령으로 접속 소스의 프로세스를 특정
④ 프로세스와 로그로 처리 내용을 특정. 만약 처리가 계속 실행 중인 경우는 **strace** 명령 등으로 처리 내용을 확인

추가로 미들웨어나 애플리케이션의 로그(액세스 로그, 에러 로그)도 확인하도록 한다. Apache나 nginx와 같이 가상 호스트별 액세스 로그와 에러 로그 및 소프트웨어 전체의 액세스 로그와 에러 로그가 나뉘는 경우에는 잊지 말고 양쪽 모두를 확인한다. nginx는 Apache와 마찬가지로 오픈 소스 웹 서버 소프트웨어이다.

nginx http://nginx.org/en/

Linux의 '/var/log/messages'에는 시스템의 로그 파일이 있으니 이것을 확인해 두도록 하자. 시스템 로그는 무의식 중에 잊혀지기 때문에 대강이라도 정리해 둘 것을 추천한다.

미리 로그를 집계하는 툴을 도입해 두는 것도 좋은 방법이다. 이러한 툴로는 'fluentd'가 대세이지만 'syslog'를 사용해도 좋다. syslog는 Unix 및 Linux에 표준으로 탑재되어 있는 툴이다.

fluentd http://www.fluentd.org/

실제로 대응 작업을 하는 경우, 가능하면 2인 1조로 작업을 한다. 특히 정지나 삭제 등 사용자에게 영향을 미치고, 롤백이 효과가 없는 작업은 신중하게 해야 한다. 이렇게 2인 1조로 작업을 하는 이유는 신중하게 해야 한다는 긴장감을 혼자 짊어지지

않도록 하여 긴장감 때문에 실수가 발생하는 일을 미연에 방지하려는 의도도 숨어 있다.

■ 장애 대응 중의 마음가짐

중요한 것은 긴장감을 잃지 말고 신속, 정확하게 대응하는 것이다.

- 침착하게
- 냉정하게
- 대체적으로 사전에 결정한 대로 대응하면 문제가 없으니 우선은 감에 의존하지 말고 사실과 데이터를 살펴본다.
- 자기의 의견에 구애되지 않는다. 단념과 포기는 신속하게 결정한다. 생각이나 기대했던 대로 되지 않더라도 실망은 나중에 한다.
- 잘 되지 않더라도 담당자를 책망하지 않는다. 판단 실수를 책망하지 않는다. 결과를 책망하지 않는다. 하지만 부실한 대응은 절대로 용서하지 않는다.

위의 것들을 모두 하고도 잘 되지 않았다면 다음 항목들을 해보기 바란다.

- 자기가 모르는 것이나 모르는 동작이 있다는 것을 인식한다.
- google에서 적당히 복사/붙여 넣기를 하고 그것에 만족하지 않는다. 하지만 쓸만하다면 사용한다.
- 수분을 섭취한다. 단 것을 먹는다. 기름진 것을 먹는다. 심호흡을 한다.
- 의식적으로 한발 물러선다.

당연한 것을 당연하게 하는 것뿐이지만 그것이 중요하고도 어려운 일이다. 따라서 패턴 학습을 소홀히 하지 않도록 신경쓰기 바란다. 다만, 언제까지고 패턴 학습만 해서는 효과적인 응용이나 자동화를 할 수 없다. 따라서 평상시에 롤 플레이를 해두는 것이 좋겠다.

필자가 근무하는 곳에서는 연수 단계에서부터 착실하게 롤 플레이를 하고 있다. 롤 플레이를 하는 경우에는 상급자에게 출제 및 감수를 해달라고 요청하는 것이 매우 중요하다. 초급자끼리 출제나 롤 플레이를 하게 되면 무엇이 적절한 것인지 판단할 수 없기 때문에 의미가 없을 뿐 아니라 오히려 나쁜 방향으로 경험을 쌓게 될 가능성이 있다. 그러니, 무엇이 적절한지를 판단하지 못하는 동안은 적절한 판단을 할 수 있는 사람에게 확인을 받도록 하자.

경보 현상 및 다른 항목 확인하기

대응을 완료했으면 경보 현상이 해소되었는지 확인한다. 동시에 다른 현상이 발생하지 않았는지도 확인한다. 이유는 유감스럽게도 어떤 현상을 복구시켰더니 그 영향으로 다른 문제가 발생해 버리는 경우도 많이 있기 때문이다. 장애 대응 중에는 현상에 집중하기 때문에 시야가 좁아지기 마련이다. 따라서 한숨 돌린 후에 전체적으로 문제가 발생하지 않았는지 확인하도록 하자.

확인에는 감시 툴의 '발생 중 장애 일람' 화면을 사용하도록 하자. 대응을 위해 일시적으로 통보 정지나 인지 상태^{Acknowledgement}로 설정해 둔 것을 해제하고, 재개하는 것을 잊지 않도록 주의하기 바란다.

사후 작업

장애 대응은 복구가 완료되었다고 해도 그대로 종료되는 것이 아니다. 관련된 각처에 보고하고 근본적인 대응을 검토하는 등의 사후 작업이 남아있다. 근본적인 대응은 복구 다음날 이후라고 정해두도록 하자. 시간과 체력에는 한계가 있으니 너무 서두르지 않는 것이 좋다.

1차 대응(잠정 대응)이나 1차 보고는 신속하게 하고, 2차 대응(근본 대응), 재발 방지, 원인 분석, 상세 보고는 다음 영업일 이후에 하도록 한다. 1차 대응과 1차 보고는 최대한 작고, 적게 하여 신속함을 높임으로써 관계자의 걱정을 최대한 빨리 없애주는 것이 중요하다.

수습

정신을 가다듬고 일상으로 돌아가 다음 경보에 대비하자. 기분 전환을 해주는 것도 중요하다.

5.4
대규모 장애 발생 시의 대응

대규모 장애가 발생한 경우에는 역할을 분담하여 냉정하게 대처하는 것이 중요하다. 팀으로서의 마음가짐 또한 확실하게 다져 두도록 하자.

원하든 원하지 않든(당연히 원하지 않을 것이라고 생각하지만) 가끔씩은 대규모 장애가 발생하곤 한다. 이런 대규모 장애는 원인은 알지 못하지만 영향이 크다는 것을 알고 있는 경우, 원인은 알고 있지만 영향이 큰 경우, 영향조차도 잘 알지 못하는 경우 등으로 다양하다. 지금까지 개인 수준의 마음가짐에 대하여 소개했다면, 여기에서는 대규모 장애에 대처하는 팀 수준의 마음가짐을 소개한다.

팀으로 역할 분담하기

장애 대응 시에는 역할의 분담이 중요하다. 특히 대규모 장애의 경우는 이러한 역할 분담의 중요성이 더욱 두드러지게 된다.

대응 담당
- 실제로 조사 및 대응을 한다.
- 장애 대응은 기술이 부족한 사람이 하게 되면 시간을 들여도 대응이 되지 않으므로 대응 기술을 가진 사람을 지정한다.

정보 관리 담당
- 언제 어떤 것들을 했는지에 대한 정보를 기록한다.
- 언제 어떤 상황이었는지를 기록한다.
- 현재 어떤 상황인지를 계속해서 기록 및 갱신한다.

커뮤니케이션 창구 담당

- 고객 및 사내의 다른 팀 등과의 소통 창구 역할을 한다.

지휘 담당

- 전체를 살펴보며 대응할 사항과 순서 및 대응 방법을 선택한다.
- 정보 관리 담당이 수집, 정리한 정보를 확인하고 대응 방침을 그때그때 조정한다.
- 대응 담당과 상담하며 대응을 진행해 나간다.

역할을 분담할 때의 핵심은 아래와 같다. 현실적으로는 지킬 수 없는 것도 많을 것이라고 생각하지만, 그래도 최대한 담당자를 적재 적소에 배치하여 가능한 일에 전념하게 하는 것이 중요하다.

지휘 담당은 무조건 한 사람으로 한다.

- 지휘 담당과 대응 담당이 각자 주어진 것에 전념할 수 있도록 한다.
- 팀은 소수 정예로 한다.

커뮤니케이션 경로가 늘어나면 비용이 지수함수적으로 증가한다.

- 다만 인해전술을 사용하는 경우는 제외

확실하게 교대제로 한다.

- 겸임은 매우 어렵다.

냉정하게 정보를 파악하고 전체를 바라보기

장애의 영향이 어디까지 미치고 있는지, 조치해야 할 부분이 어디인지를 지속적으로 냉정하게 파악하자. 통상적인 규모의 장애 때와 마찬가지로 미치는 영향을 빠짐없이 파악하고 회복시켜야 한다. 대규모 장애일 경우 장애에 따른 영향의 수, 종류, 양이 방대해져 의외로 대응 내용을 빠뜨리기 쉬워지므로 빠짐없는 대응을 위해 항상 필요한 대응사항 목록을 작성하여 유지, 관리하도록 하자.

이렇게 필요한 대응사항 목록이 있으면 전체를 파악하고 분담하는 것이 쉬워져 대응할 우선순위를 결정할 수 있게 된다. 지휘 담당은 의식적으로 한발 물러서서 전체를 살펴보는 것이 중요하다. 따라서 이를 위한 정보는 정보 관리 담당이 보기 쉽게 정리하도록 하자.

커뮤니케이션은 채팅이나 메일을 이용하면 날짜 및 시간 정보가 남기 때문에 편리하다. 또한, 그것과는 별도로 화이트보드나 wiki 등에 그 시점의 최신 상황을 확인할 수 있도록 기록해 두면 우선순위를 착각하지 않고 판단하기 쉬워진다.

2차 재해가 발생하지 않도록 하기

장애 대응 중에 2차 재해를 일으켜 버리면 대응 인력이나 관계자 모두 심신이 매우 피곤해진다. 2차 재해를 원해서 일으키는 사람은 없을 테니 원치 않는 결과가 발생하지 않도록 환경을 정비하자.

피로회복은 무척 중요하다. 따라서 휴식 시간을 마련하고, 단 음식을 보충하자. 또한, 배고픔은 사고력 및 원기를 떨어뜨린다. 가령, 대응 인력이 냉정한 판단을 할 수 없게 되어 휴식을 권해도 '괜찮다', '휴식은 필요 없다'라고 하는 경우도 있지만, 그것이 바로 괜찮지 않다는 신호이므로 무리해서라도 휴식을 취하도록 하는 것이 좋다.

2차 재해의 발생에는 기술력은 물론이거니와 정신적인 면이 크게 영향을 끼친다. 대응 인력의 마음을 불안하지 않게 하고, 초조함과 긴장을 가라앉힘으로써 긍정적이고 밝은 분위기를 만들도록 하자. 서로 책망하지 않고, 화내지 않고, 포기하지 않기 바란다. 또한, 푸념이나 불평은 밝은 분위기를 해치지 않는 선에서 조절하도록 하자. 마지막으로 근본적인 장애의 원인이 무엇이었든 반드시 해결하도록 하자.

5.5
항상 발생하는 장애의 관리와 리뷰

시스템은 방치해 두면 문제가 생기기 마련이며, 장애는 항상 발생한다. 따라서 정기적으로 장애 사례를 축적하고 리뷰를 실시하자. 또한, PDCA를 통해 조금씩 시스템을 안정화시키도록 하자.

장애 사례 축적

발생한 장애와 대응 과정을 축적한다. 이때는 메일링 리스트나 BTS^{Bug Tracking System}를 사용하는 것이 좋으며, 반드시 장애별로 개별 ID를 부여하도록 한다. 메일링 리스트는 투고 번호가, BTS는 티켓 번호가 부여될 것이다. 이와 같은 ID가 있으면 리뷰 시에 매우 편리하며 커뮤니케이션에도 매우 중요하게 사용할 수 있다.

메일링 리스트로 관리하는 경우, 대응 보고 등의 관련 정보는 장애 연락에 대해 회신하는 것으로서 스레드화되기 때문에 매우 추적하기 쉽다. BTS는 무심코 close 하지 않은 티켓 등도 확실히 알 수 있어 편리하다. BTS로는 trac(http://trac.edgewall.org/)이나 Redmine(http://redmine.jp/)이 유명하다.

trac(http://trac.edgewall.org/)

리뷰

한 가지 현상에 대해 다수의 경보가 발생하는 경우가 있으니, 집계할 때는 그 부분을 잘 처리하도록 하자. 계수 데이터는 감시 시스템으로부터 얻을 수 있다.

Nagios의 경우, 다운 시간이나 경보 이력을 확인할 수 있다. 리뷰 계수로서 많이 사용되는 것이 가용성(월간 정지 시간이 15분이라면 99.965%)이지만, 감시 시스템에서 확인하는 경우에는 감시 간격의 오차를 고려하도록 하자. 예를 들어, 감시가 3분 간격이고, 경보까지의 재시도 횟수가 3회, 감시 타임아웃이 15초, 재시도 간격이 0초인 경우 발생으로부터 경보까지 최단 15+15+15+15=60초가 걸린다.

```
0:00 정기 확인 ➡ 15초 타임아웃 대기

0:15 재시도 1회째 ➡ 15초 타임아웃 대기

0:30 재시도 2회째 ➡ 15초 타임아웃 대기

0:45 재시도 3회째 ➡ 15초 타임아웃 대기

1:00 경보
```

가용성을 보기 위해서라면 전체 항목을 대상으로 하지 말고 외형적인 서비스의 감시 항목을 기준으로 하자. 가용성을 산출할 때, 디스크 사용량이나 평균 부하 등 사용자의 이용에 영향이 없는 경보는 집계를 해도 의미가 없다. 혹시 지연되고 있는 것이 아닌가 하는 걱정이 된다면 그것은 액세스 로그에서 직접 확인하도록 하자.

웹 서비스 운용 2
: 상태 모니터링

이번 장에서는 'Cacti'와 'Percona Monitoring Plugins'를 사용하여 OS와 MySQL의 상태를 모니터링할 때 그래프를 보는 방법 및 중요한 부분을 설명한다. 후반에는 'dstat', 'top', 'iostat'을 사용하여 실시간으로 모니터링하는 방법과 트러블 대처 방법도 소개한다.

6.1
상태 모니터링의 기초 지식

우선 상태를 모니터링할 때 주의해야 하는 부분을 정리한다. 다른 데이터를 살펴볼 경우에도 도움이 되는 부분이다.

상태 모니터링 데이터는 무척 중요하지만 해석하는 방법을 모르면 무용지물이 되므로 제대로 해석하는 방법을 알아두기 바란다.

여기에서는 Cacti에서 자주 사용되는 'Percona Monitoring Plugins'를 예로 해석하는 방법을 설명한다.

Percona Monitoring Plugins
http://www.percona.com/software/percona-monitoring-plugins

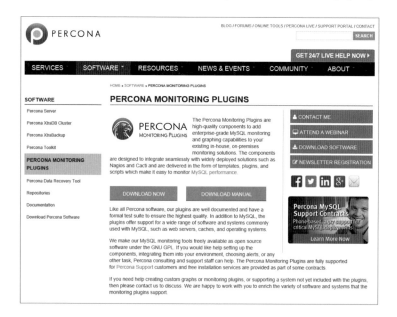

'Percona Monitoring Plugins'는 Linux(OS)용, Apache용, nginx용, MySQL용과 같이 다양하지만, 여기서는 그중에서 특히 많이 사용되는 Linux용과 MySQL용을 다루도록 하겠다.

- Percona Linux Monitoring Template for Cacti
- Percona MySQL Monitoring Template for Cacti

변화를 알아차리기 위한 요령

각각의 템플릿에 대한 그래프를 해석하는 방법을 소개하기 전에 이상을 알아차리기 위한 공통적인 포인트를 소개한다.

▌요령 1 : 없어야 하는 변화가 있다

일별 또는 주별로 거의 동일한 파형이어야 함에도 불구하고 평소에는 변화가 없는 타이밍에 평소와는 다른 움직임을 보이는 경우에는 그 이유를 확인하자.

▌요령 2 : 있어야 하는 변화가 없다

하루에 한 번, 특정 시간대에는 부하가 증가해야 하는데 증가하지 않는 경우에는 이유를 확인하자. 처리해야 하는 일괄처리가 이상 종료된 경우 등이 있을 수 있다.

또는 파형이 울퉁불퉁해야 하는데 일정한 값을 유지하고 있는 경우도 이유를 확인하자. 데이터를 취득하지 못했거나 성능의 한계에 다다랐을 가능성이 있다.

▌요령 3 : 양과 단위가 다르다

여러 서버에서 동일한 그래프를 나열해 보았을 때, 그래프의 형태는 같지만 특정 서버만 세로축의 단위가 다른 경우가 있을 수도 있으므로 주의하기 바란다.

특히 단위에 주의하도록 하자. 예를 들어, I/O 관련인 경우 세로축의 단위는 다음과 같은 패턴을 생각해 볼 수 있다.

- byte(KB, MB, GB…)
- bit(8bit = 1byte)
- block(4KB, 16KB…)
- count(수)

세로축에 시간을 사용한 그래프의 경우도 많이 있다.

- 초(s)
- 밀리 초(ms)
- 마이크로 초(us)

단위를 잘못 사용하면 1,000배의 차이가 나기도 하므로 주의하기 바란다. 용량을 확인할 때는 특히 주의해야 한다. 네트워크 그래프에서 12Mbps[bit per second]밖에 사용하지 않았다고 생각했지만 실제로는 12MB/s[byte per second]를 사용한 경우, 1byte는 8bit이므로 실제로는 거의 100Mbps를 사용한 것이 되기 때문에 네트워크가 보틀넥이 되어버릴 수도 있다. 따라서 이와 같은 경우가 발생하지 않도록 하자.

■ 요령 4 : 해상도를 고려하여 경향을 살펴보자

해상도란 데이터를 취득하는 간격이다. Cacti에 한정하지 않고 상태 데이터를 그래프화할 때의 패턴은 두 종류가 있다.

① 데이터 취득 작업을 한 경우의 값을 사용
② 데이터 취득 작업에 의해 취득한 값과 직전에 취득한 값의 차이를 사용

① 데이터 취득 간격 사이의 변동을 전혀 고려하지 않는다.
② 데이터 취득 간격 사이의 변동을 고려하지만 그다지 깨끗하게 나타나지 않는다.

또한 ②의 경우는 데이터 취득 간격을 분할하여 초당 평균으로 계산한 경우가 많기 때문에 데이터 취득 간격이 달라지면 값도 달라질 수 있으니 주의해야 한다(예를 들어, 5분 간격으로 취득할 생각이었지만 3분, 7분, 3분, 7분 간격으로 취득하는 경우 등).

①을 구체적으로 살펴보자. 30초 간격으로 취득한 그 시점의 값이 아래의 표와 같다고 해보자.

시각	값	시각	값	시각	값
0:00:00	80	0:04:00	5	0:08:00	60
0:00:30	80	0:04:30	5	0:08:30	60
0:01:00	80	0:05:00	5	0:09:00	5
0:01:30	5	0:05:30	5	0:09:30	5
0:02:00	5	0:06:00	5	0:10:00	5
0:02:30	5	0:06:30	5	0:10:30	5
0:03:00	5	0:07:00	60		
0:03:30	5	0:07:30	60		

Cacti의 데이터 수집 프로그램이 매시간 정각부터 5분 간격으로 동작하고, 수집 프로그램의 작동은 30초 이내에 데이터의 수집이 완료된다고 한다면 그래프는 아래와 같이 된다.

막대는 실제에 가까운 30초 간격의 부하이며, 아래 방향의 화살표는 Cacti의 데이터 수집 포인트이다.

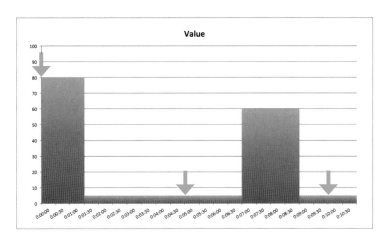

구체적으로 Cacti에서 취득할 수 있는 값은 아래 표와 같이 0:07:00 ~ 0:08:30 사이의 값의 변화가 완전히 빠져버린다.

시각	값	시각	값	시각	값
0:00:00	80	0:05:00	5	0:10:00	5

이 경우 Cacti에서 그려지는 그래프는 아래와 같을 것이다.

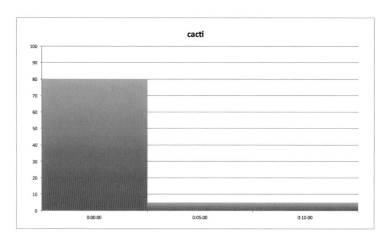

Cacti와 같이 Polling형(p.146 COLUMN 참조) 시스템의 경우는 타이밍이 안정적이지 않기 때문에 정확히 읽는다고 해도 별로 의미가 없다.

GrowthForecast나 Mackerel과 같은 Push형 시스템이라면 취득 타이밍은 크게 달라지지 않지만, 그래도 앞의 경우처럼 일정하게 표현되지는 않기 때문에 변화의 경향은 볼 수 있다.

다음으로 ②를 구체적으로 살펴보자. 원래 표가 다음과 같다고 해보자.

시각	값	시각	값	시각	값
0:00:00	0	0:04:00	190	0:08:00	395
0:00:30	80	0:04:30	195	0:08:30	455
0:01:00	160	0:05:00	200	0:09:00	460
0:01:30	165	0:05:30	205	0:09:30	465

0:02:00	170	0:06:00	210	0:10:00	470
0:02:30	175	0:06:30	215	0:10:30	475
0:03:00	180	0:07:00	275		
0:03:30	185	0:07:30	335		

그래프로 표현하면 아래와 같다. 막대는 실제에 가까운 30초 간격의 부하이며, 아래 방향의 화살표는 Cacti의 데이터 수집 포인트이다.

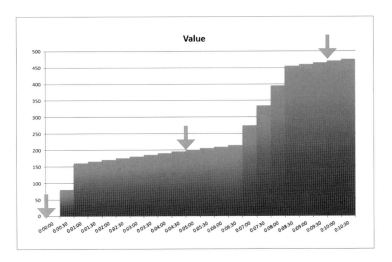

구체적으로 Cacti에서 취득할 수 있는 값은 아래 표와 같다. 0:07:00 ~ 0:08:30의 값의 변화는 반영되어 있지만 그 안에서의 급격한 변화는 알 수 없다. 또한, 0:00:00의 값은 그 직전의 데이터가 없기 때문에 표시할 수 없다.

시각	값	시각	값	시각	값
0:00:00	--	0:05:00	200	0:10:00	270

이 경우 Cacti에서 그려지는 그래프는 다음과 같을 것이다. 변화의 조각조각을 취하는 만큼, 앞의 방법보다는 어느 정도 좋아졌지만 이 정도로는 정확하게 판단할 수 없다.

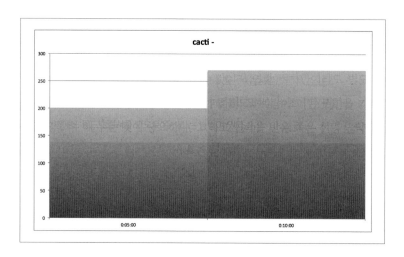

②의 방법이 조금 더 좋지만, 데이터를 제공하는 쪽에 카운터 기능이 구현되어 있어야 한다. 카운터는 오버플로우가 되어 초기화되거나, 운용 중에 의도치 않게 리셋이 되어버리기도 하므로 데이터를 취득하려는 쪽에서 그 부분을 고려하여 데이터를 취득하고 그래프화해야 한다.

6.2
상태 모니터링 데이터를 읽는 방법 – OS

이번에는 Linux OS에 관련한 상태 데이터를 읽는 방법을 소개한다. 환경에 따라 그래프는 다를 수 있으므로 요점을 알아두자.

지금부터 'Percona Monitoring Tools' 중에서 Linux OS용 **Percona Linux Monitoring Template for Cacti**의 각 그래프를 읽는 방법을 설명한다.

예로 든 그래프는 다양한 서버로부터 모은 것이기 때문에 그래프 간에 특별한 연관은 없다. 그리고 'Percona Linux Monitoring Template'의 버전에 따라 그래프의 색상이나 요소가 조금 다를 수 있지만 그래프를 해석하는 포인트에는 큰 차이가 없으니 요점을 파악하도록 하기 바란다.

CPU 관련 그래프

■ CPU Usage

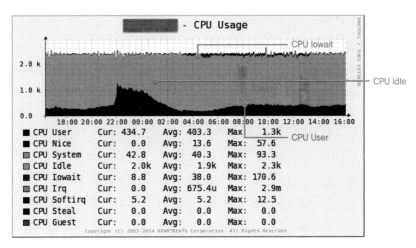

이 그래프는 데이터 취득 시점의 상태를 기록하여 나타내고 있다. 각 항목의 의미는 아래와 같다.

CPU Usage의 항목과 의미

항목	의미
CPU User	사용자 영역(커널 영역이 아님)에서의 CPU 이용률
CPU Nice	Nice 처리된 부분의 CPU 이용률
CPU System	커널 영역의 CPU 이용률
CPU Idle	Idle 상태의 CPU 이용률
CPU Iowait	I/O 대기의 CPU 이용률
CPU Irq	Irq(인터럽트) 처리의 CPU 이용률
CPU Softirq	SoftIrq(소프트웨어 인터럽트) 처리의 CPU 이용률
CPU Steal	가상머신이 가로챈 만큼의 CPU 이용률
CPU Guest	가상머신이 이용한 만큼의 CPU 이용률

예를 들어 웹 서비스의 경우, PHP 등 프로그램 처리에 이용한 부분은 **CPU User**가 된다. 다만 메모리 액세스 등 커널 영역에서의 CPU 이용률은 'CPU System'이다.

통상적으로 프로그램을 실행하면 'CPU System'은 크더라도 'CPU User'의 10~20% 정도이지만, 일괄처리와 같은 대량의 메모리 액세스나 대량의 NFS(파일서버) 액세스 등에 따라 **CPU System**이 증가하는 경우가 있다.

CPU Nice는 운용계통의 일괄처리 등 **nice** 명령을 이용하여 우선순위를 조정한 특별한 처리에서 이용한 부분이다.

CPU Iowait이 커지면 주의해야 한다. 앞의 그래프에서는 최대 170%로 되어 있지만, 서버 구성에 따라서는 성능이 최대 100%(1코어 점유분)까지 밖에 나오지 않는 기기 구성도 있으니 주의하기 바란다. 대부분의 서버에서 'CPU Iowait'은 보틀넥을 일으키는 요인이 되기 쉬우므로 통상적으로 거의 0% 또는 많아도 30% 정도로 유지하는 것이 좋다. 코어의 수가 많다면 30%가 매우 작게 보일 수도 있지만,

'CPU Iowait'에 관해서는 코어의 수가 몇 개인지에 관계없이 30% 정도로 제한하는 것이 좋다.

'CPU Irq', 'CPU Softirq'가 문제되는 경우는 거의 없지만, 오래된 Linux 커널에서는 Softirq 처리가 다수의 코어에 분산될 수 없기 때문에 트래픽이 큰 로드밸런서 등에서는 'CPU Softirq'가 보틀넥이 되는 경우가 있다. 또한, CentOS5까지의 커널은 Softirq 처리를 분산할 수 없다. 새로운 Linux 커널이라면 이 처리를 다수의 코어에 분산할 수 있는 설정이 있으니 문제가 생기면 조정하도록 하자. CentOS6부터는 RFS^{Receive Flow Steering}/RPS^{Receive Packet Steering}라는 기능을 이용하여 설정이 가능하다. 또한, NIC^{Network Interface Card}에 따라서는 이 부분을 드라이버에서 분산해주는 RSS^{Receive Side Scaling} 기능에 대응하는 제품도 있다.

'CPU Steal / CPU Guest'는 가상화와 관련이 있다. 클라우드를 이용할 때는 'CPU Steal'이 크더라도 신경 쓸 필요가 없으며, 가상화 기반의 서버에서는 'CPU Guest'가 커진다. 'CPU Guest'는 다른 값과는 달리 계산 후에 합산되어 표시되므로 탑재된 CPU 개수 이상의 수치를 나타내기도 한다. 따라서 해석할 때 주의하기 바란다.

이번에 예로 든 그래프는 서버의 CPU가 24코어이기 때문에 1코어당 이용률 100% × 24코어로 최대 2,400%이다. 이 예에서 'CPU User'는 최대 1.3K(1,300%)이므로, 최대 1,300%만큼의 CPU를 동시에 이용하고 있다는 것을 알 수 있다. 다만 이것은 13개의 CPU가 100%라는 것은 아니니 주의하기 바란다. 즉, 20개의 CPU를 65%씩 사용하고 있었는지도 모른다. 이 그래프만으로는 알 수 없으니 정확하게 알고 싶은 경우에는 서버에 로그인하여 추적 조사를 진행하도록 하자.

참고로, 코어의 수가 많거나 부하가 높으면 코어당 CPU 이용률의 계산 문제로 그래프의 위쪽 부분이 이상해지는 경우도 있다.

■ Context Switches

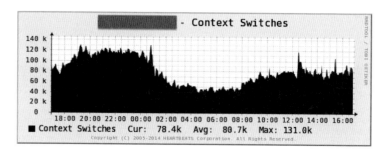

이 그래프는 서버 측이 카운터이기 때문에 이전 처리와의 차이를 표시하고 있다. 'Context Switches'는 CPU에서 처리할 프로세스 등의 전환 횟수를 나타낸다. 프로세스의 병렬도가 높고, 단위 시간당 처리가 많은 시스템에서는 'Context Switches' 값이 커진다.

또한, 스레드 모델이 아닌 프로세스 모델의 웹 서버나 애플리케이션 서버, 집적도가 높은 가상화 기반 서버 등에서 값이 커지기 쉽다. Linux의 오래된 버전의 커널은 상한값이 수만 정도인 경우도 있으니 서버의 동작이 이상하면 잘 살펴보도록 하자.

■ Forks

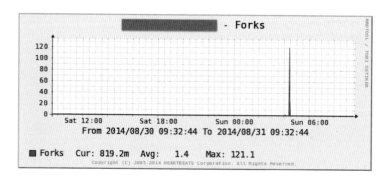

이 그래프도 서버 측이 카운터이기 때문에 이전 처리와의 차이를 표시하고 있다. 'Forks'는 프로세스 생성 처리를 하는 Fork 실행 횟수를 나타낸다. 프로세스의 생성은 CPU 비용이 요구되는 처리이다. 이 그래프의 값이 항상 큰 경우에는 불필요한 프로세스를 생성하거나 외부 프로세스를 호출하고 있지는 않은지 또는 라이브러리 호출로 변경할 수는 없는지 검토하자. 예를 들면, Apache의 경우 'MaxRequestsPerChild'의 값을 크게 함으로써 프로세스의 라이프사이클을 늘릴 수 있다.

또한 프로그램 내에서 외부 명령 호출을 이용하고 있는 경우, 그것을 라이브러리 함수로 대체하면 'forks'를 낮출 수 있기 때문에 처리당 CPU 이용률이 낮아진다. 예를 들면 이미지의 크기를 조절하기 위해 ImageMagick(이미지 처리 라이브러리)을 사용할 경우, 'system()'에서 convert 명령을 호출하는 것을 'Imagick::resizeImage'를 사용하도록 변경함으로써 'forks'를 낮출 수 있다는 것과 같다.

참고로, 예로 살펴보았던 그래프에서는 04:00를 지나 'forks'가 120이 되고 있는데, 이것은 로그 로테이션을 위하여 Apache에 reload가 실행되었기 때문이다.

▦ Interrupts

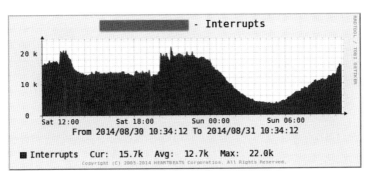

이 그래프도 서버 측이 카운터이기 때문에 이전 처리와의 차이를 표시하고 있다. 'Interrupts'는 네트워크 송수신 등에 따른 인터럽트의 수로, 네트워크 송수신이 많으면 증가한다. 이 값이 한계에 다다른 경우는 'CPU Usage'의 'Irq', 'Softirq' 등을 확인하여 문제가 없는지 확인하도록 한다.

▌ Load Average

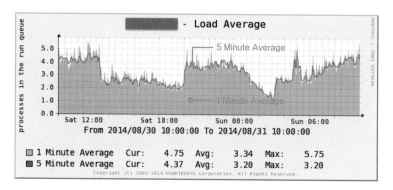

이 그래프는 서버 측의 값을 그대로 표시하고 있다. Percona Template을 사용하는 경우에는 문제없지만 Cacti 표준 그래프 중 'Unix – Load Average'의 그래프를 이용한 경우에는 1분, 5분, 15분의 값이 누적된 채로 그래프가 표시되므로 주의하기 바란다.

Load Average의 항목과 의미

항목	의미
1 Minute Average	데이터 취득 시점으로부터 직전 1분간의 실행 대기 큐 수의 평균값
5 Minute Average	데이터 취득 시점으로부터 직전 5분간의 실행 대기 큐 수의 평균값

따라서 대략 5분 간격으로 데이터를 취득한다면 '1 Minute Average'는 이전 데이터 취득에서부터 4분간의 정보가 누락되므로 주의하기 바란다.

CPU가 1코어이고 동적인 클럭제어도 없던 시대에는 Load Average를 1 이하로 하는 것이 좋다고 알려져 있었다. 하지만 현재는 CPU의 멀티 코어화, 고성능화, 고기능화(동적 클럭제어 등)의 영향으로 이와 같이 절대값으로 기준을 정하는 것은 적절하지 않은 상황이 되었다. Load Average의 계산은 커널 버전이 3.x 계열이 되어서도 계속 버그 수정이 이루어지고 있는 부분으로 값의 신뢰성이 그다지 높지 않다고 생각하는 것이 좋겠다.

부하의 지표로서는 그 시스템이 제공하는 서비스(HTTP 등)의 응답 시간을 확인하기 바란다. 실제로 필자가 운용하고 있는 시스템 중에는 Load Average가 항상 100을 넘고 있어도 문제없이 응답 가능한 시스템이 많다. 이와 같이 Load Average의 값을 해석하는 것은 어려운 상황이기 때문에 성능 측면의 지표로서는 사용할 수 없다.

값의 절대치는 크게 의미가 없는 반면 값의 변화는 상황의 변화를 보여준다. 성능의 한계를 초과하면 단번에 Load Average 값이 뛰어오른다. Load Average 값이 급격하게 변화한 경우에는 다른 지표와 비교하여 보틀넥이 발생하고 있는 것은 아닌지 확인하자.

지표로서의 Load Average에 대해 생각해 보자면, Load Average가 높기 때문에 처리가 느려지는 경우는 있을 수 없다. 다만 처리가 느려지고 있는 것이 Load Average라는 지표로 나타나는 것이다. 따라서 인과관계를 거꾸로 파악하지 않도록 주의하기 바란다.

메모리 관련 그래프

▌Memory

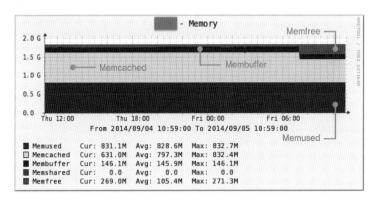

이 그래프는 서버 측의 값을 그대로 표시하고 있다.

Memory의 항목과 의미

항목	의미
Memused	OS나 프로그램에서 사용 중인 메모리 용량

Memcached	캐시로 사용 중인 메모리 용량
Membuffer	버퍼로 사용 중인 메모리 용량
Memshared	공유 메모리로 사용 중인 메모리 용량
Memfree	전혀 사용하고 있지 않은 메모리 용량

'Memcached'는 KVS^{Key Value Store}(NoSQL 데이터베이스의 한 종류)의 'memcached'
와는 전혀 관계가 없으며, 메모리를 디스크의 캐시로서 이용하고 있다는 의미이다.
서버를 운용하다 보면 'Memcached'가 점차 증가하여 'Memfree'가 0이 되는 경
우가 자주 생긴다. 하지만 이것은 Linux 커널의 기본적이며 정상적인 동작이다.

메모리에서 데이터를 읽어내는 속도는 디스크에서 읽는 속도보다 압도적으로 빠르
기 때문에 메모리를 남김없이 사용하여 처리를 최대한 고속화하는 구조로 되어 있으
며, 메모리가 필요해지면 'Memcached'가 해제되어 'Memused' 값이 증가한다.

또한, 'Memcached'와 'Membuffer'는 강제로 해제할 수도 있다. 아래와 같은 명
령으로 Memcached와 Membuffer를 가능한 만큼 강제적으로 해제하여 전과 후
의 변화를 살펴보자.

```
echo "3" > /proc/sys/vm/drop_caches
```

실행 예이다. 처음과 마지막에 'free -m'으로 메모리의 사용량을 확인하고 있다.

```
[root@www ~]# free -m
            total      used      free    shared    buffers    cached
Mem:         1877      1603       273         0        146       644
-/+ buffers/cache:      812      1064
Swap:        4031        46      3985
[root@www ~]# echo "3" > /proc/sys/vm/drop_caches
[root@www ~]# free -m
            total      used      free    shared    buffers    cached
Mem:         1877       792      1084         0          0        96
-/+ buffers/cache:      694      1182
Swap:        4031        46      3985
```

Memory의 그래프에는 버전에 따라 Swap 이용률이 표시되는 것도 있다. 아래 그림에서는 'Used Swap'으로 표시되어 있다. Swap은 하드디스크와 같은 보조기억 장치의 영역에 일시적으로 메모리의 데이터를 쓰거나 읽는 처리를 말한다.

'Swap을 이용하고 있다 = 메모리 용량이 부족하다'라고 생각하기 쉽지만 꼭 그런 것은 아니다. Swap에 대해서는 Swap의 전체 이용량이 아니라 Swap에 쓰거나 읽는 양에 주목하자. Swap에 쓰거나 읽는 양에 대해서는 다음 항목의 Swap Usage를 참조하기 바란다.

기본적으로 메모리 용량은 동적으로는 증감하지 않지만, 예전에는 메모리의 고장으로 인해 갑자기 용량이 감소하는 경우가 있었다. 최근에는 가상 서버에서 가동 중에 메모리 용량이 변하는 경우가 있다. 이것은 가상화 기술에 의해 기술적으로 가동 중인 서버에 대하여 기반 측이 메모리 할당을 동적으로 변경할 수 있게 되었기 때문이며, 기반 측의 조절에 따라 할당된 메모리 용량이 갑자기 감소하는 일이 생길 수도 있다.

가상 환경에서 의도하지 않은 메모리 용량의 변화가 생긴 경우에는 기반 측의 관리자에게 문의해 보도록 하자.

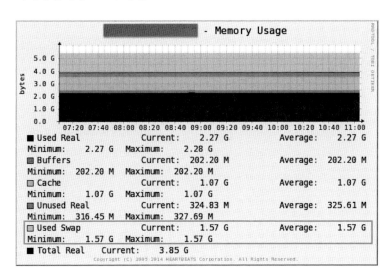

■ Swap Usage

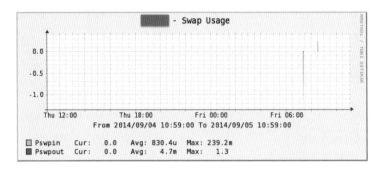

이 그래프는 서버 측이 카운터이기 때문에 이전 처리와의 차이를 표시하고 있다.

Swap Usage의 항목과 의미

항목	의미
Pswpin	Swap에서 읽기
Pswpout	Swap에 쓰기

이 지표는 Swap의 전체 이용량이 아니라 Swap에 쓴 양과 Swap에서 읽은 양이다. 확보되었으나 사용되지 않은 메모리가 Swap으로 옮겨지고(Pswap), 그 후 필요해지면 다시 읽어들여진다(Pswpout).

서버의 성능 측면에서 생각해보면 'Pswpout'도 그렇게 좋은 것은 아니지만, 그것보다도 'Pswpin'이 발생하는 것이 더욱 좋지 않은 상태이다. 'Pswpin'이 간헐적으로 발생하고 있다면 서버의 메모리 용량이 부족한 것이다. 이때는 서버에서 동작하고 있는 프로그램의 메모리 할당을 조절하거나 서버의 성능을 업그레이드하기 바란다.

서버에서 'Swap을 사용하는 것은 패배'라고도 하지만, Swap 동작을 세밀하게 제어하는 것은 매우 어렵다. Swap 동작은 완전히 OS가 알아서 하는 것이므로 메모리 용량에 여유가 있어도 OS가 Swap을 사용해야 한다고 판단한 경우에는 Swap이 사용된다.

Swap의 사용에 대해서는 단순히 메모리의 여유 용량뿐 아니라, 메모리 확보 요구의 크기와 연속된 여유 용량의 균형 등에 의해 결정된다. Swap을 절대로 사용하고 싶지 않는 경우에는 Swap 용량을 0으로 하면 된다. 다만 Swap이 0이면 메모리의 단편화가 일어나기 쉬우므로 메모리의 확보와 해제가 빈번한 서버에서는 0으로 설정하지 않는 것을 추천한다.

참고로, 메모리가 부족한 경우에는 OS가 'OOM Killer'라는 구조에 따라 실행 중인 프로그램을 강제로 정지시켜 메모리의 여유 용량을 확보한다. 'OOM Killer'가 동작하지 않도록 주의하기 바란다.

디스크 관련 그래프

디스크 관련 그래프에는 물리적인 디바이스 단위와 파티션 단위가 있으니 주의하기 바란다. 대부분은 물리적인 디바이스 단위지만 'Disk Space'는 파티션 단위이다.

물리적인 디바이스라고는 해도 디스크 자체에 한정하지 않은 OS 관점에서의 디바이스 단위이기 때문에 주의가 필요하다. 소프트웨어 RAID를 사용한 경우에는 디스크 단위, 하드웨어 RAID를 사용한 경우에는 논리적인 디스크 단위를 사용하기 때문에 개별 디스크에 대해서는 측정 대상에서 제외한다.

▌ Disk Elapsed IO Time(ms)

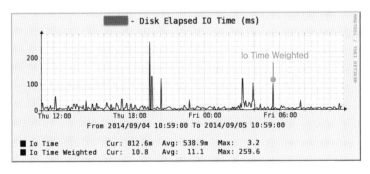

이 그래프는 서버 측이 카운터이기 때문에 이전 처리와의 차이를 표시하고 있다.

Disk Elapsed IO Time(ms)의 항목과 의미

항목	의미
IO Time	I/O 시간
IO Time Weighted	I/O의 총 소요 시간

'IO Time Weighted'에 주목하자. 'IO Time'에 비해 'IO Time Weighted'가 큰 경우, 디스크 I/O의 성능이 부족하다고 할 수 있다. 이때는 I/O 자체를 줄이거나 디스크 I/O의 성능을 높여 'IO Time Weighted'가 낮아지도록 튜닝한다.

▌ DISK IOPS

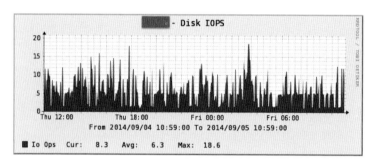

이 그래프도 서버 측이 카운터이기 때문에 이전 처리와의 차이를 표시하고 있다.

Disk IOPS의 항목과 의미

항목	의미
Io Ops	I/O 동작 횟수

디스크의 성능은 MB/s와 'Io Ops'로 표현된다. 'Io Ops'를 기록하고 파악해 둠으로써 성능 지표를 적절하게 파악할 수 있다.

▧ DISK Operations

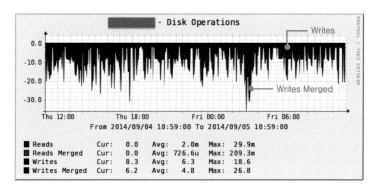

이 그래프 역시 서버 측이 카운터이기 때문에 이전 처리와의 차이를 표시하고 있다.

Disk Operations의 항목과 의미

항목	의미
Reads	디스크 읽기의 요구 횟수
Reads Merged	통합된 디스크 읽기의 요구 횟수
Writes	디스크 쓰기의 요구 횟수
Writes Merged	통합된 디스크 쓰기의 요구 횟수

'Reads + Writes = Io Ops'이다.

I/O 요구는 통상적으로 4KB 단위인데, I/O 처리를 효율화하기 위해 서버의 OS 가 I/O 요구를 합치는 경우가 있다. 예를 들면, 2회의 4KB 읽기를 합쳐 1회에 8KB를 읽어 처리하는 식이다. 이렇게 'Merged'는 통합된 I/O의 요구 횟수이다.

기본적인 I/O 요구 횟수는 'Reads'와 'Writes'로 확인할 수 있으며, 'Merged'로 효율화 정도를 확인할 수 있다.

▌DISK Read/Write Time

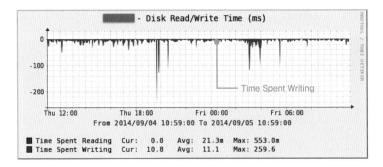

이 그래프 또한 서버 측이 카운터이기 때문에 이전 처리와의 차이를 표시하고 있다.

Disk Read/Write Time의 항목과 의미

항목	의미
Time Spent Reading	읽기에 소요된 시간
Time Spent Writing	쓰기에 소요된 시간

앞에서 언급한 'DISK IOPS'나 'DISK Operations'와 함께 확인하여 디스크 I/O 의 성능이 부족한지에 대한 상황을 확인하자.

▌DISK Read/Write Time per IO Request

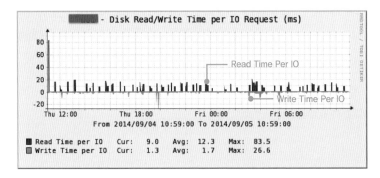

이 그래프는 앞에서 언급한 'DISK Operations' 그래프의 'Reads'와 'Writes', 'Disk Read/Write Time' 그래프의 'Time Spent Reading'과 'Time Spent

Writing'으로부터 산출된다.

Disk Read/Write Time per IO Request의 항목과 의미

항목	의미
Read Time per IO	1 I/O당 읽기의 소요 시간
Write Time per IO	1 I/O당 쓰기의 소요 시간

앞에서 언급한 'DISK IOPS'나 'DISK Operations'과 함께 확인하여 디스크 I/O 성능이 부족한지에 대한 상황을 확인하자.

■ DISK Sectors Read/Written

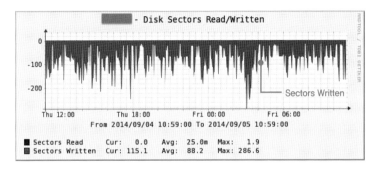

이 그래프도 서버 측이 카운터이기 때문에 이전 처리와의 차이를 표시하고 있다.

Disk Sectors Read/Written의 항목과 의미

항목	의미
Sectors Read	읽은 섹터의 수
Sectors Written	기록한 섹터의 수

앞에서 언급한 'DISK IOPS'나 'DISK Operations'와 관계가 있는 지표이다. 이 그래프를 가장 먼저 확인하는 경우는 없겠지만 다른 그래프와 비교하여 상황을 확인하도록 하자.

■ DISK Space

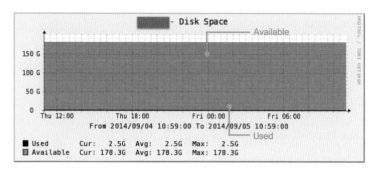

이 그래프는 서버 측의 값을 그대로 표시하고 있다.

Disk Space의 항목과 의미

항목	의미
Used	이용 중인 디스크 용량
Available	이용 가능한 디스크 용량

'Available - Used = 디스크의 여유 용량'이다. 디스크의 여유 용량이 0이 되면 다양한 오류가 발생하므로 절대로 0이 되지 않도록 주의하자.

안정적인 운용에 들어선 서버의 디스크 사용량 증가는 어느 정도 예측이 가능하니, 디스크 사용량의 자연적 증가에 의한 용량 부족이 발생하지 않도록 주의하기 바란다. 장기간에 걸쳐 자연적인 증가를 기록해 두면 때때로 발생하는 이벤트와 디스크 사용량의 상관 관계를 확인할 수 있으므로, 차후에 문제가 생기는 것을 방지하는 데 도움이 될 수 있다.

여유 용량이 감소하는 속도를 확인할 때는 그래프의 가로축을 길게 하여 확인하는 것이 좋다. 1개월 정도의 짧은 기간으로 확인하면 감소하는 속도를 알기 어려우니 2개월 ~ 1년과 같이 긴 기간의 그래프에서 확인하도록 하자.

네트워크 관련 그래프

네트워크 관련 그래프에는 OS 단위와 디바이스 단위가 있다.

▌ Network Connection States

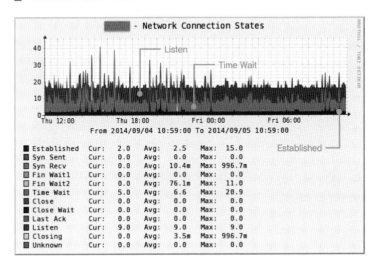

이 그래프는 서버 측의 값을 그대로 표시하고 있다.

Network Connection States의 항목과 의미

항목	의미
Established	ESTABLISHED 상태의 소켓 수
Syn Sent	SYN_SENT 상태의 소켓 수
Syn Recv	SYN_RECV 상태의 소켓 수
Fin Wait1	FIN_WAIT1 상태의 소켓 수
Fin Wait2	FIN_WAIT2 상태의 소켓 수
Time Wait	TIME_WAIT 상태의 소켓 수
Closed	CLOSED 상태의 소켓 수
Close Wait	CLOSE_WAIT 상태의 소켓 수
Last Ack	LAST_ACK 상태의 소켓 수

Listen	LISTEN 상태의 소켓 수
Closing	CLOSING 상태의 소켓 수
Unknown	UNKNOWN 상태의 소켓 수

트래픽이 큰(1대에 수백 Mbps를 처리하는) 웹 서버를 보면 'Established'가 수천, 'Syn Recv'가 수백, 'Time Wait'이 수만, 'Fin Wait1'이 수백, 'Fin Wait2'가 천 수백, 'Close Wait'은 수십 정도가 된다.

'Time Wait', 'Syn Recv', 'Fin Wait1', 'Fin Wait2'는 프로세스가 연결되어 있지 않은 상태이므로 괜찮지만 'Established', 'Close Wait' 등은 프로세스가 연결된 상태이기 때문에 이 수치가 크다는 것은 서버 측의 병렬 처리의 수가 크다는 것이다.

그 외에도 이러한 값을 확인하여 네트워크 설정의 최적화나 네트워크에 관련된 튜닝 포인트를 발견할 수 있다.

■ Network Errors

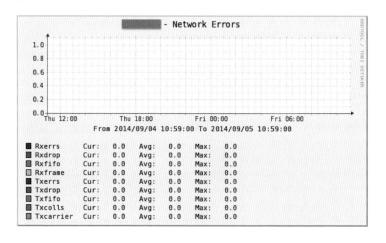

이 그래프는 서버 측이 카운터이기 때문에 이전 처리와의 차이를 표시하고 있다.

Network Errors의 항목과 의미

항목	의미
Rxerrs	수신 Error 패킷의 수
Rxdrop	수신 Drop 패킷의 수
Rxfifo	수신 FIFO 버퍼의 Error 수
Rxframe	프레임 크기를 초과한 패킷의 수
Txerrs	송신 Error 패킷의 수
Txdrop	송신 Drop 패킷의 수
Txfifo	송신 FIFO 버퍼의 Error 수
Txcolls	송신 시 충돌을 감지한 횟수
Txcarrier	송신 캐리어의 수

기본적으로는 모든 항목이 0이 되는 것이 좋지만 일반적으로 공개되어 있는 웹 서버의 경우는 통신 상대의 통신 품질에 따라 에러 등이 발생할 가능성이 있다. 실제로 웹 서버(월간 7,000만PV 정도의 PC나 모바일용 웹 서버를 운영하고 있는 웹 서버)를 확인해 보니 1개월에 'Rxdrop'이 816 패킷, 'Rxframe'이 44 패킷 정도 발생하고 있었다.

수치가 0이 아니고 계속 증가하는 경우에는 네트워크 설정의 오류나 기기의 고장을 의심해보자. 이때 ICMP를 차단하고 있는 네트워크 기기의 성능 부족이나 고장 또는 네트워크 케이블의 품질 불안정(파손, 빠짐) 등을 생각해 볼 수 있다.

■ Network Traffic

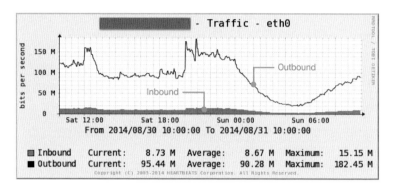

이 그래프도 서버 측이 카운터이기 때문에 이전 처리와의 차이를 표시하고 있다.

Network Traffic의 항목과 의미

항목	의미
Inbound	Inbound Traffic(수신)
Outbound	Outbound Traffic(송신)

그래프는 네트워크 대역의 사용량을 나타낸다. 만약, 수치가 상한에 다다른 경우에는 네트워크 대역이 부족한 것이다. 참고로, 5분간 카운터가 진행된 만큼을 300(5분 × 60초)으로 나눈 초당 평균치를 나타내고 있다.

오래된 버전의 Cacti에서는 1Gbps의 네트워크에 대응하지 않으며, 카운터의 상한에서 초기화되어 갑자기 트래픽이 감소한 것처럼 보일 수 있으니 기존 시스템의 그래프를 해석할 때는 주의를 기울이기 바란다.

6.3
상태 모니터링 데이터를 읽는 방법 – MySQL

여기에서는 MySQL에 관련한 상태 데이터를 읽는 방법을 소개한다. 환경에 따라 그래프는 다를 수 있으므로 요점을 알아두자.

지금부터 'Percona Monitoring Tools' 중에서 MySQL용 **Percona MySQL Monitoring Template for Cacti**의 각 그래프를 읽는 방법을 설명한다. 예로 든 그래프는 다양한 서버로부터 모은 것이기 때문에 그래프 간에 특별한 연관은 없다. 그리고 'Percona MySQL Monitoring Template'의 버전에 따라 그래프의 색상이나 요소가 조금 다를 수 있지만, 그래프를 해석하는 포인트에는 큰 차이가 없으니 요점을 파악할 수 있도록 하기 바란다. MySQL의 경우 단위가 'b'일 때는 특히 byte인지 block(4KB)인지를 주의하기 바란다.

상태 관련 그래프

■ MySQL Command Counters

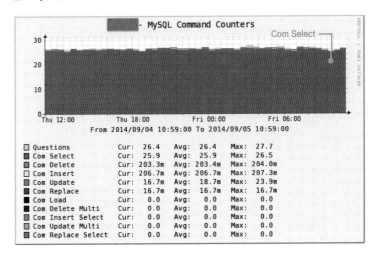

이 그래프는 서버 측이 카운터이기 때문에 이전 처리와의 차이를 표시하고 있다.

MySQL Command Counters의 항목과 의미

항목	의미
Questions	스테이트먼트를 실행한 총횟수
Com xxx	xxx 스테이트먼트를 실행한 횟수

예를 들어, SELECT문이 실행된 경우에는 'Com Select'의 카운트가 증가한다. 그러나 쿼리 캐시에 의해 수행된 경우, 'Questions'의 카운트에는 반영되지만 'Com Select'의 카운트에는 반영되지 않는다.

이 그래프로부터 확인된 SQL의 양, 내용, 집중된 경향이 튜닝의 실마리가 된다.

▌ MySQL Connections

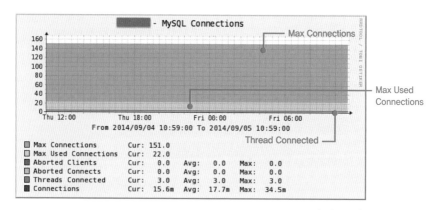

이 그래프에는 서버 측의 값을 그대로 표시하는 것과 서버 측이 카운터가 되어 이전 처리와의 차이를 표시하는 것이 있다.

MySQL Connections의 항목과 의미

항목	의미
Max Connections	설정상 최대 연결의 수
Max Used Connections	최대 동시 접속 연결의 수
Aborted Clients	접속되었으나 끊어진 연결의 수

Aborted Connects	접속되지 못한 연결의 수
Threads Connected	접속 중인 연결의 수
Connections	접속된 연결의 수

'Max Connections', 'Max Used Connections', 'Threads Connected'
는 서버 측의 값을 그대로 표시하고, 'Aborted Clients', 'Aborted Connects',
'Connections'는 이전과의 차이를 표시한다.

'Max Used Connections'는 가동 이후 최대 동시 연결의 수이다. 이 값은 초기화
방법이 있기는 하지만, 'Max Used Connections'뿐 아니라 다른 몇 가지의 값도
함께 초기화되기 때문에 운용 중인 서버에서는 하지 않는 것이 좋다.

'Aborted Clients'는 정상적으로 접속되었으나 'wait_timeout'이나 'interactive_
timeout' 등에 의해 끊어진 연결의 수이며, 'Aborted Connects'는 인증에러 등에
의해 접속되지 못한 연결의 수이다. 그리고 동시 접속 수는 'Threads Connected'
로 확인할 수 있다. 커넥션 풀을 사용하면 'Threads Connected'는 많아지고,
'Connections'는 작아진다.

용량 계획이라는 의미에서는 'Threads Connected'만으로 부족하니 'Max Used
Connections'도 함께 확인하도록 하자.

▌ MySQL Files and Tables

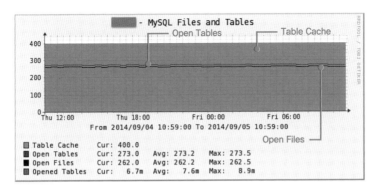

이 그래프는 서버 측의 값을 그대로 표시하고 있다.

MySQL Files and Tables의 항목과 의미

항목	의미
Tables Cache	테이블 캐시의 크기
Open Tables	Open된 적이 있는 테이블의 수
Open Files	Open된 적이 있는 파일의 수
Opened Tables	현재 Open되어 있는 테이블의 수

'Table Cache'를 만족하고 있는지 확인하여 테이블 캐시의 튜닝에 이용한다. 이
용 현황의 변화에 의해 'Opened Tables'가 바뀔 가능성이 있지만, 통상적으로는
운용 중에 다른 값이 급변하는 경우는 거의 없을 것이다.

■ MySQL Handlers

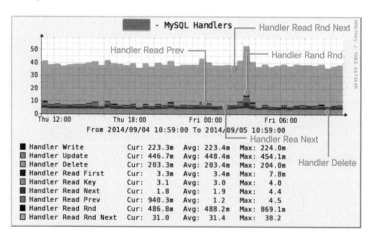

이 그래프는 서버 측이 카운터이기 때문에 이전 처리와의 차이를 표시하고 있다.

MySQL Handlers의 항목과 의미

항목	의미
Handler Write	INSERT 요구 횟수
Handler Update	UPDATE 요구 횟수

Handler Delete	DELETE 요구 횟수
Handler Read First	첫 번째 엔트리가 인덱스로부터 읽힌 횟수
Handler Read Key	키(인덱스)를 기반으로 한 읽기 횟수
Handler Read Next	키 순서에서 다음 레코드 읽기 요구 횟수
Handler Read Prev	키 순서에서 이전 레코드 읽기 요구 횟수
Handler Read Rnd	고정 위치를 기반으로 한 레코드 읽기 요구 횟수
Handler Read Rnd Next	데이터 파일에서 다음 레코드 읽기 요구 횟수

'Handler Read First'가 많을 때는 전체를 검사하는 경우가 많아서일 수도 있으니 꼭 확인해보자. 'Handler Read Key'가 많은 것은 적절하게 인덱스가 부여되고 있다는 증거이므로 좋은 경향이라고 할 수 있다. 'Handler Read Next', 'Handler Read Prev'는 범위를 지정하여 인덱스 칼럼을 검사한 경우에 증가한다.

'Handler Read Rnd'는 SQL 결과를 정렬하는 경우가 많을 때 증가한다. 이때 테이블 검사가 많거나, 인덱스 없는 'JOIN'이 많고, 인덱스가 적절히 부여되고 있지 않을 가능성이 있다. 마찬가지로 'handler Read Rnd Next'가 많은 경우에도 테이블 검사가 많고, 인덱스가 적절히 부여되고 있지 않을 가능성이 있다.

▌ MySQL Network Traffic

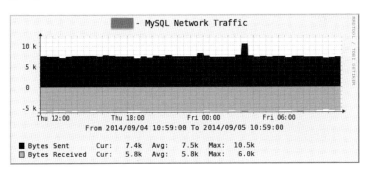

이 그래프도 서버 측이 카운터이기 때문에 이전 처리와의 차이를 표시하고 있다.

MySQL Network Traffic의 항목과 의미

항목	의미
Bytes Sent	MySQL에서 클라이언트로 송신한 데이터의 양
Bytes Received	MySQL이 클라이언트로부터 수신한 데이터의 양

네트워크 트래픽과 마찬가지로 단위는 bit가 아니라 bytes이니 잘못 읽지 않도록 주의하자. 통상적으로는 'Bytes Received'보다 'Bytes Sent'가 압도적으로 크지만, SQL이 길거나 투입하는 데이터가 큰 경우에는 'Bytes Received'도 커질 수 있다.

■ MySQL Processlist

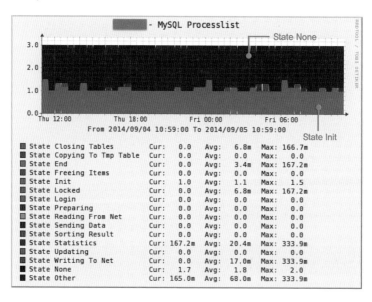

이 그래프는 서버 측의 값을 그대로 표시하고 있다.

MySQL Processlist의 항목과 의미

항목	의미
State Closing Tables	데이터를 디스크에 기록하고 테이블을 닫는 중
State Copying To Tmp Table	메모리상의 임시 테이블에 데이터를 복사하는 중
State End	데이터 조작 처리 중
State Freeing Items	아이템 해제 처리 중
State Init	SQL 실행을 위한 초기화 중
State Locked	Lock되어 있음(Lock 해제 대기)
State Login	로그인(인증 처리 등) 처리 중
State Preparing	쿼리 최적화 실행 중
State Reading From Net	네트워크에서 SQL을 읽는 중
State Sending Data	SELECT에 의한 데이터 읽기, 또는 클라이언트로 데이터 송신 중
State Sorting Result	임시 테이블을 이용하지 않는 정렬 처리 중
State Statistics	SQL 실행 계획의 결정을 위한 통계 처리 중
State Updating	UPDATE를 위한 데이터 탐색 중, 또는 UPDATE 처리 중
State Writing To Net	네트워크에 데이터를 송신 중
State None	상태 없음
State Other	기타

'State End'는 SQL문의 'ALTER TABLE', 'CREATE VIEW', 'DELETE', 'INSERT', 'SELECT', 'UPDATE'에 대한 종료 처리(클린업 전) 상태이다. 'State Freeing Items'는 클린업 다음 단계로 쿼리 캐시를 포함한 몇 개의 아이템을 해제하고 있는 상태이다.

'State Init'은 'ALTER TABLE', 'CREATE VIEW', 'DELETE', 'INSERT', 'SELECT', 'UPDATE'의 실행 준비 중인 상태이다. 구체적으로는 바이너리 로그나 InnoDB 로그의 초기화, 쿼리 캐시의 클린업 등을 실행한다.

'State Locked'는 'State'가 'Locked', 'Table Lock', 'Waiting for .*lock'인 것의 합계이며, 여기에 열거되지 않은 것은 모두 'State Other'에 계산되어 있다.

'State None'은 'State'에 값이 설정되어 있지 않은 스레드이다. 예를 들면 SLEEP 중인 스레드 등이 해당된다. 트랜잭션 내에서 SQL과 SQL 사이도 SLEEP이 되기 때문에 'State None'으로 계산된다.

'State Other'는 그 외의 State이다. 기타 State로서 어떤 것이 있는지는 MySQL 매뉴얼을 참조하기 바란다.

MySQL http://dev.mysql.com/doc/refman/5.7/en/index.html

▧ MySQL Threads

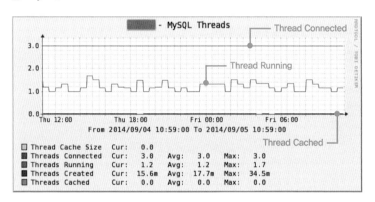

이 그래프에는 서버 측의 값을 그대로 표시하는 것과 서버 측이 카운터가 되어 이전 처리와의 차이를 표시하는 것이 있다.

MySQL Threads의 항목과 의미

항목	의미
Thread Cache Size	스레드 캐시의 크기
Threads Connected	접속 중(이용 중)인 스레드의 수
Threads Running	실행 상태인 스레드의 수
Threads Created	생성된 스레드의 수
Threads Cached	캐시되어 있던 스레드의 수

'Thread Cache Size', 'Threads Connected', 'Threads Running', 'Threads Cached'는 서버 측의 값을 그대로 표시하고, 'Threads Created'는 이전 처리와의 차이를 표시하고 있다.

'Threads Created'가 계속해서 큰 값을 표시하고 있다면, 'Thread Cache Size'를 증가시킴으로써 처리를 효율화할 수도 있다.

■ MySQL Transaction Handler

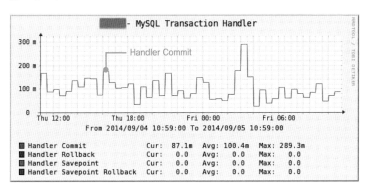

이 그래프는 서버 측이 카운터이기 때문에 이전 처리와의 차이를 표시하고 있다.

MySQL Transaction Handler의 항목과 의미

항목	의미
Handler Commit	Commit 요구 수
Handler Rollback	Rollback 요구 수
Handler Savepoint	Savepoint 요구 수
Handler Savepoint Rollback	Savepoint Rollback 요구 수

'어떤 수치가 특별히 높기 때문에 이상이다'라고 할 수는 없지만, 예상하는 범위에서 큰 폭으로 벗어나고 있지는 않은지 확인하기 바란다.

성능 관련 그래프

■ MySQL Query Cache

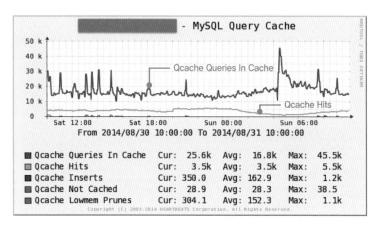

이 그래프에는 서버 측의 값을 그대로 표시하는 것과 서버 측이 카운터가 되어 이전 처리와의 차이를 표시하는 것이 있다.

'Qcache Queries In Cache'는 서버 측의 값을 그대로 표시하고, 'Qcache Hits', 'Qcache Inserts', 'Qcache Not Cached', 'Qcache Lowmem Prunes'는 이전 처리와의 차이를 표시하고 있다.

MySQL Query Cache의 항목과 의미

항목	의미
Qcache Queries In Cache	캐시에 등록되어 있는 SQL 수
Qcache Hits	캐시를 이용한 SQL 수
Qcache Inserts	캐시에 새롭게 등록된 SQL 수
Qcache Not Cached	캐시 대상이 아닌 SQL 수
Qcache Lowmem Prunes	캐시 용량의 부족에 의해 캐시에서 삭제된 SQL 수

'Qcache Lowmem Prunes'가 발생하고 있다면 쿼리 캐시의 크기를 조정하여 처리를 효율화할 수도 있다.

'SQL 수의 합 = Qcache Inserts + Qcache Hits + Qcache Not Cached'이다.

▌MySQL Query Cache Memory

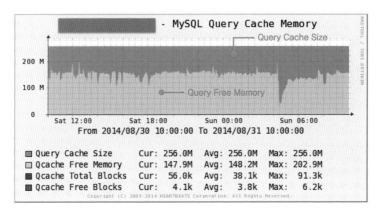

이 그래프는 서버 측이 카운터이기 때문에 이전 처리와의 차이를 표시하고 있다.

MySQL Query Cache Memory의 항목과 의미

항목	의미
Query Cache Size	쿼리 캐시의 크기
Qcache Free Memory	쿼리 캐시의 여유 용량
Qcache Total Blocks	쿼리 캐시의 총 블록 수
Qchche Free Blocks	쿼리 캐시의 여유 블록 수

쿼리 캐시에서는 블록의 길이가 가변적이기 때문에 'Qcache Free Memory'가 크더라도 'Qcache Free Blocks'가 작으면 캐시할 수 있는 SQL 수가 작아지게 된다.

■ MySQL Select Types

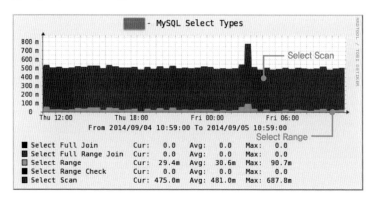

이 그래프도 서버 측이 카운터이기 때문에 이전 처리와의 차이를 표시하고 있다.

MySQL Select Types의 항목과 의미

항목	의미
Select Full Join	인덱스를 사용하지 않는 JOIN의 수
Select Full Range Join	관련 테이블에서 범위 검색을 사용한 JOIN의 수
Select Range	첫 번째 테이블의 범위를 검색한 것을 사용한 JOIN의 수
Select Range Check	인덱스가 없는 JOIN의 수
Select Scan	첫 테이블에서 전체 검색을 실행한 JOIN의 수

'Select Full Join', 'Select Range Check'가 0이 아닌 경우에는 인덱스를 다시 검토하자. 구체적인 SQL 튜닝의 방법은 8장을 참조하기 바란다.

▍ MySQL Sorts

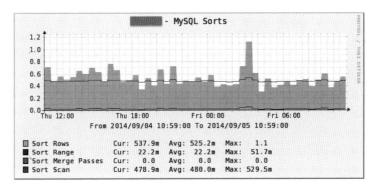

이 그래프도 서버 측이 카운터이기 때문에 이전 처리와의 차이를 표시하고 있다.

MySQL Sorts의 항목과 의미

항목	의미
Sort Rows	정렬한 레코드의 수
Sort Range	범위 지정 정렬 횟수
Sort Merge Passes	정렬에 필요한 Merge pass 횟수
Sort Scan	테이블 스캔으로 정렬한 횟수

정렬은 매우 빈번하게 발생하는 처리이므로, 정렬을 제대로 효율화하는 것이 중요하다. 구체적인 SQL 튜닝의 방법은 8장을 참조하기 바란다.

■ MySQL Table Locks

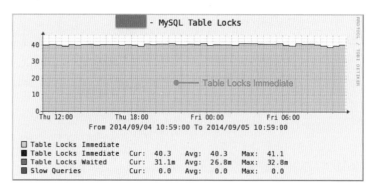

이 그래프도 서버 측이 카운터이기 때문에 이전 처리와의 차이를 표시하고 있다.

MySQL Table Locks의 항목과 의미

항목	의미
Table Locks Immediate	테이블 Lock을 즉시 실행한 횟수
Table Locks Waited	테이블 Lock을 실행할 때 대기가 발생한 횟수
Slow Queries	슬로우 쿼리의 수

테이블 Lock이 발생하면 처리의 병렬도가 현저하게 떨어지기 때문에 'Table Locks Waited'가 0이 되도록 하자. Lock의 범위를 최대한 작게 하거나, MyISAM을 사용하고 있다면 InnoDB로 변경하는 방법 등을 사용한다. 참고로, MyISAM과 InnoDB는 MySQL의 데이터베이스 엔진이다.

▋ MySQL Temporary Objects

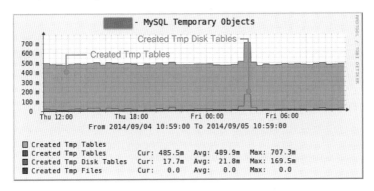

이 그래프도 서버 측이 카운터이기 때문에 이전 처리와의 차이를 표시하고 있다.

MySQL Temporary Objects의 항목과 의미

항목	의미
Created Tmp Tables	작성한 임시 테이블의 수
Created Tmp Disk Tables	디스크상에 작성한 임시 테이블의 수
Created Tmp File	작성한 임시 파일의 수

'Created Tmp Disk Tables'에 계산되는 임시 테이블은 임시 테이블의 크기가 'tmp_table_size'를 초과하는 경우 디스크에 기록된다. 'Created Tmp File'에 계산되는 임시 파일은 'sort_buffer_size'를 초과하는 큰 'ORDER BY'나 'GROUP BY'에 의해 작성된다.

또한 처리 지연이 발생하는 경우, 임시 파일이나 임시 테이블이 작성되는 장소를 변경하면 전체 응답 시간이 빨라지기도 한다. 구체적인 설정 방법은 8장을 참조하기 바란다.

InnoDB 관련 그래프

■ InnoDB Buffer Pool Activity

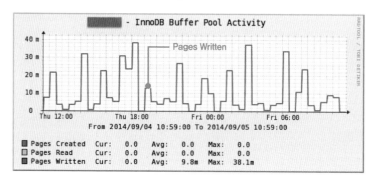

이 그래프는 서버 측이 카운터이기 때문에 이전 처리와의 차이를 표시하고 있다.

InnoDB Buffer Pool Activity의 항목과 의미

항목	의미
Pages Created	작성된 페이지의 수
Pages Read	읽힌 페이지의 수
Pages Written	쓰여진 페이지의 수

참고로 기본값은 1페이지, 16KB이다.

■ InnoDB Buffer Pool Efficiency

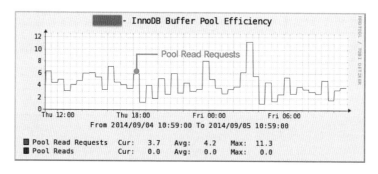

이 그래프도 서버 측이 카운터이기 때문에 이전 처리와의 차이를 표시하고 있다.

InnoDB Buffer Pool Efficiency의 항목과 의미

항목	의미
Pool Read Requests	읽기 요구 횟수
Pool Reads	버퍼 풀의 내용을 이용하지 못한 읽기 횟수

응답 성능을 유지하기 위해 기본적으로 'Pool Reads'가 0이 되도록 조정하자.

▋ InnoDB Buffer Pool

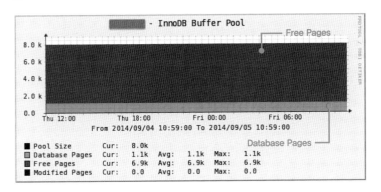

이 그래프는 서버 측의 값을 그대로 표시하고 있다.

InnoDB Buffer Pool의 항목과 의미

항목	의미
Pool Size	버퍼 풀의 크기(페이지 수)
Database Pages	데이터가 있는 페이지 수
Free Pages	빈 페이지 수
Modified Pages	데이터 변경이 발생한 더티 페이지 수

단위는 페이지의 수이며, 기본값은 1페이지, 16KB이다.

InnoDB Buffer Pool 관련 그래프, 특히 바로 앞의 'InnoDB Buffer Pool Efficiency'와 비교하며 상황을 확인하자. 필요한 데이터가 제대로 'InnoDB Buffer Pool'에 들어 있는 상태를 유지하도록 하자.

InnoDB Checkpoint Age

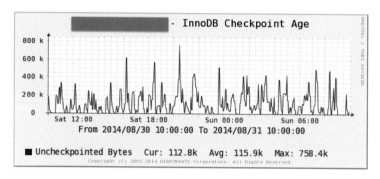

이 그래프도 서버 측의 값을 그대로 표시하고 있다.

InnoDB Checkpoint Age의 항목과 의미

항목	의미
Uncheckpointed Bytes	체크포인트에서 기록되지 않은 데이터의 양

데이터의 양은 MySQL의 'Log Sequence number – Last checkpointat'로 산출한다. 'my.cnf'에서 설정하는 'innodb_log_file_size × innodb_log_files_in_group'이 'Uncheckedpointed Bytes' 이상이 되도록 조정하는 것이 좋다.

InnoDB Current Lock Waits

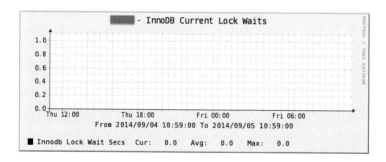

이 그래프도 서버 측의 값을 그대로 표시하고 있다.

InnoDB Current Lock Waits의 항목과 의미

항목	의미
Innodb Lock Wait Secs	Lock 해제 대기 시간

데이터 확인 시점에서 실행 중인 트랜잭션의 Lock 해제 대기 시간의 합계(초 단위)이다. 값이 0을 유지할 수 있도록 SQL을 조정하자.

▌ InnoDB I/O

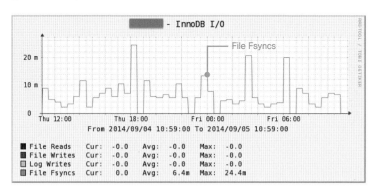

이 그래프는 서버 측이 카운터이기 때문에 이전 처리와의 차이를 표시하고 있다.

InnoDB I/O의 항목과 의미

항목	의미
File Reads	OS에서의 read I/O 실행 횟수
File Writes	OS에서의 write I/O 실행 횟수
Log Writes	로그 write I/O 실행 횟수
File Fsyncs	OS에서의 fsyncs 실행 횟수

OS 레벨에서의 I/O 성능 조정은 DB 서버의 핵심이므로 제대로 파악해 두자. OS 레벨에서 I/O 성능이 문제가 되는 경우, MySQL의 어떤 입출력이 많은지 정확하게 파악하면 대응을 할 수 있다.

■ InnoDB I/O Pending

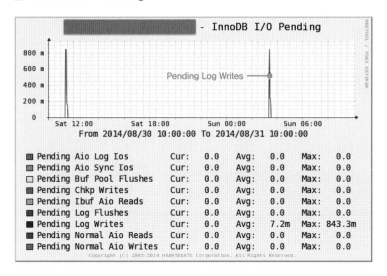

이 그래프는 서버 측의 값을 그대로 표시하고 있다.

InnoDB I/O Pending의 항목과 의미

항목	의미
Pending Aio Log Ios	insert buffer의 비동기 log에서의 대기 I/O 수
Pending Aio Sync Ios	insert buffer의 비동기 sync에서의 대기 I/O 수
Pending Buf Pool Flushes	buffer pool flush에서의 대기
Pending Chkp Writes	checkpoint에서의 대기
Pending Ibuf Aio Reads	insert buffer의 비동기 log Read에서의 대기
Pending Log Flushes	log flush에서의 대기
Pending Log Writes	log write에서의 대기
Pending Normal Aio Reads	일반적인 비동기 read I/O에서의 대기
Pending Normal Aio Writes	일반적인 비동기 write I/O에서의 대기

이 그래프의 모든 수치가 0이 아닌 경우, 디스크 I/O가 보틀넥이 되고 있을 가능성이 있다. 'InnoDB I/O'의 그래프와 함께 확인하도록 하자.

■ InnoDB Insert Buffer

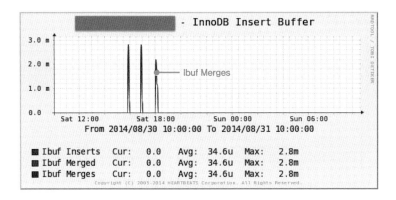

이 그래프는 서버 측이 카운터이기 때문에 이전 처리와의 차이를 표시하고 있다.

InnoDB Insert Buffer의 항목과 의미

항목	의미
Ibuf Inserts	실행한 Write 요구 수
Ibuf Merged	Merge된 I/O 요구 수
Ibuf Merges	Merge 처리 횟수

양을 확인하여 파악해 두면 튜닝 시 활용할 수 있다. 또한 예상 외로 'INSERT'가
많은 경우에는 불필요한 'INSERT'를 줄여 성능을 향상시킬 수 있다.

■ InnoDB Insert Buffer Usage

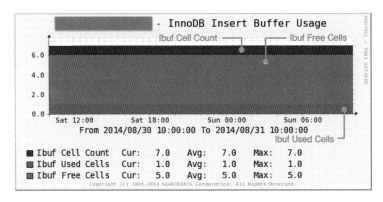

이 그래프는 서버 측의 값을 그대로 표시하고 있다.

InnoDB Insert Buffer Usage의 항목과 의미

항목	의미
Ibuf Cell Count	전체 셀의 수
Ibuf Used Cells	사용 중인 셀의 수
Ibuf Free Cells	비어있는 셀의 수

Insert Buffer(change buffering)를 효과적으로 사용함으로써 디스크 I/O를 절약하거나, non-unique Secondary index의 갱신을 효율화할 수 있다. 따라서 리소스가 고갈되지 않도록 주의하자.

■ InnoDB Lock Structures

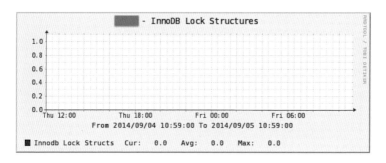

이 그래프도 서버 측의 값을 그대로 표시하고 있다.

InnoDB Lock Structures의 항목과 의미

항목	의미
Innodb Lock Structures	해제 대기 중인 lock structure의 수

값이 0을 유지하도록 SQL을 조정하자. 이 값은 트랜잭션의 수가 아니라 Lock Structure의 수이므로 잘못 이해하지 않도록 주의하자.

■ InnoDB Log

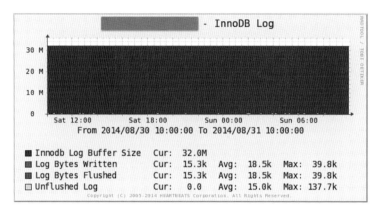

이 그래프에는 서버 측의 값을 그대로 표시하는 것과 서버 측이 카운터가 되어 이전 처리와의 차이를 표시하는 것이 있다.

InnoDB Log의 항목과 의미

항목	의미
Innodb Log Buffer Size	로그 버퍼의 크기
Log Bytes Written	로그에 쓰여진 데이터의 양
Log Bytes Flushed	로그에서 내보낸 데이터의 양
Unflushed Log	로그에서 내보내지 않은 데이터의 양

'Innodb Log Buffer Size', 'Unflushed Log'는 서버 측의 값을 그대로 표시하며, 'Log Bytes Written', 'Log Bytes Flushed'는 이전 처리와의 차이를 표시하고 있다.

로그에 머무는 시간에 대한 상황을 확인함으로써 로그 파일의 크기 및 디스크 I/O의 과부족을 확인할 수 있다. 'Unflushed Log'가 너무 커지지 않도록 유지하자.

■ InnoDB Memory Allocation

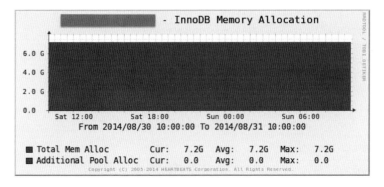

이 그래프는 서버 측의 값을 그대로 표시하고 있다.

InnoDB Memory Allocation의 항목과 의미

항목	의미
Total Mem Alloc	전체 메모리 할당량
Additional Pool Alloc	Additional Pool의 메모리 할당량

의도한 양만큼의 메모리가 할당되어 있는지 확인하자.

■ InnoDB Row Lock Time

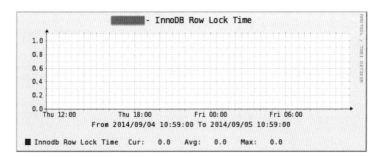

이 그래프는 서버 측이 카운터이기 때문에 이전 처리와의 차이를 표시하고 있다.

190

InnoDB Row Lock Time의 항목과 의미

항목	의미
Innodb Row Lock Time	Row Lock에 소요된 총 시간(msec)

SQL문의 'SHOW GLOBAL STATUS'로 얻어지는 'Innodb_row_lock_time'
의 값이다. 이 값이 0 또는 매우 작은 값을 유지할 수 있도록 SQL을 조정하자.

▌ InnoDB Row Lock Waits

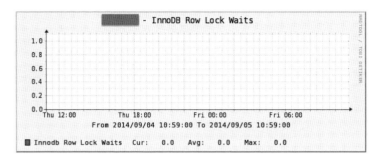

이 그래프도 서버 측이 카운터이기 때문에 이전 처리와의 차이를 표시하고 있다.

InnoDB Row Lock Waits의 항목과 의미

항목	의미
Innodb Row Lock Waits	Row Lock에 필요한 대기 횟수

SQL문의 'SHOW GLOBAL STATUS'로 얻어지는 'Innodb_row_lock_waits'
의 값이다. 이 값이 0 또는 매우 작은 값을 유지할 수 있도록 SQL을 조정하자.

■ InnoDB Row Operations

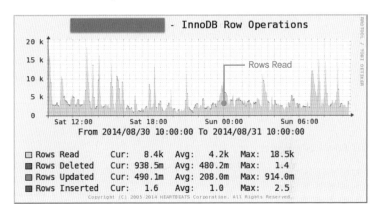

이 그래프도 서버 측이 카운터이기 때문에 이전 처리와의 차이를 표시하고 있다.

InnoDB Row Operations의 항목과 의미

항목	의미
Rows Read	읽은 행의 수
Rows Deleted	삭제된 행의 수
Rows Updated	갱신된 행의 수
Rows Inserted	삽입된 행의 수

SQL문의 'SHOW ENGINE INNODB STATUS'로 얻어지는 'ROW OPERA TIONS'의 값이다. 이 값이 의도치 않게 커지지는 않았는지 잘 확인하도록 하자.

▌InnoDB Semaphores

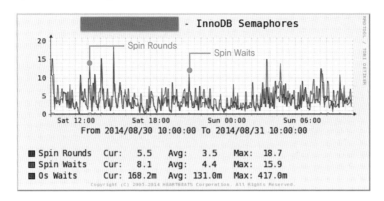

이 그래프도 서버 측이 카운터이기 때문에 이전 처리와의 차이를 표시하고 있다.

InnoDB Semaphores의 항목과 의미

항목	의미
Spin Rounds	Spin lock을 위한 라운드 수
Spin Waits	Spin lock에 필요한 대기 수
Os Waits	OS lock에 필요한 대기 수

SQL문의 'SHOW ENGINE INNODB STATUS'로 얻어지는 'SEMAPHORES' 의 값이다.

OS Lock은 Spin Lock보다 처리가 무겁기 때문에 작게 유지하도록 하자. Spin Lock도 처리가 가볍다고는 하지만 CPU를 사용하는 처리이기 때문에 그리 크지 않도록 유지하자.

▌ InnoDB Tables In Use

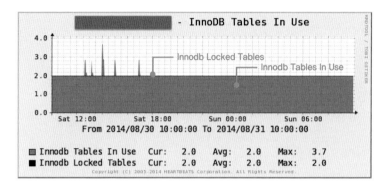

이 그래프는 서버의 값을 그대로 표시하고 있다.

InnoDB Tables In Use의 항목과 의미

항목	의미
Innodb Tables In Use	실행 중인 트랜잭션이 사용하고 있는 테이블 수의 총 합계
Innodb Locked Tables	실행 중인 트랜잭션이 lock하고 있는 테이블 수의 총 합계

의도치 않게 커지지는 않았는지 잘 확인하도록 하자.

▌ InnoDB Transactions Active / Locked

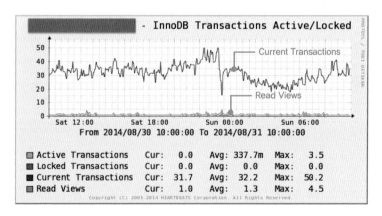

이 그래프도 서버의 값을 그대로 표시하고 있다.

InnoDB Transactions Active / Locked의 항목과 의미

항목	의미
Active Transactions	실행 중인 트랜잭션 중에서 ACTIVE인 수
Locked Transactions	실행 중인 트랜잭션 중에서 LOCKED인 수
Current Transactions	실행 중인 트랜잭션의 수
Read Views	실행 중인 Read View의 수

SQL문의 'SHOW ENGINE INNODB STATUS'로 얻어지는 'TRANSACTIONS'
의 값이다.

'Read Views'는 'ROW OPERATION'의 값이다. 'Locked Transactions'는 값
이 0 또는 매우 작은 값을 유지할 수 있도록 SQL을 조정하자.

■ InnoDB Transactions

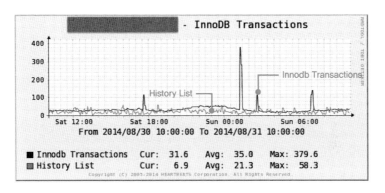

이 그래프에는 서버 측의 값을 그대로 표시하는 것과 서버 측이 카운터가 되어 이
전 처리와의 차이를 표시하는 것이 있다.

InnoDB Transactions의 항목과 의미

항목	의미
Innodb Transactions	생성된 트랜잭션의 수
History List	Undo 영역에 있는 파기되지 않은 트랜잭션의 수

'History List'는 서버 측의 값을 그대로 표시하며, 'Innodb Transactions'는 이전 처리와의 차이를 표시하고 있다.

SQL문의 'SHOW ENGINE INNODB STATUS'로 얻어지는 'TRANSACTIONS'의 값으로, 이 값이 의도치 않게 커지지는 않았는지 잘 확인하도록 하자.

MyISAM 관련 그래프

■ MyISAM Indexes

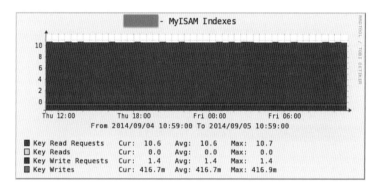

이 그래프는 서버 측이 카운터이기 때문에 이전 처리와의 차이를 표시하고 있다.

MyISAM Indexes의 항목과 의미

항목	의미
Key Read Requests	캐시에서 키 블록을 읽기 위한 요구 횟수
Key Reads	디스크에서 키 블록을 읽은 횟수
Key Write Requests	캐시에 키 블록을 쓰기 위한 요구 횟수
Key Writes	디스크에 키 블록을 쓴 횟수

모두 SQL문의 'SHOW GLOBAL STATUS'로 얻어지는 값이다. Cache miss 비율은 'Key Reads / Key Read Requests'로 계산한다. 'Key Reads'가 거의 0이 되도록 조정하자.

■ MyISAM Key Cache

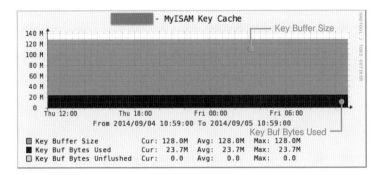

이 그래프는 서버 측의 값을 그대로 표시하고 있다.

MyISAM Key Cache의 항목과 의미

항목	의미
Key Buffer Size	키 버퍼의 총 용량
Key Buf Bytes Used	사용 중인 키 버퍼의 용량
Key Buf Bytes Unflushed	Unflushed 상태인 키 버퍼의 용량

SQL문의 'SHOW VARIABLES'로 취득한 'key_buffer_size'를 바탕으로 하여 'SHOW GLOBAL STATUS'로 취득한 'key_blocks_unused'와 'key_blocks_ not_flushed' 그리고 'SHOW VARIABLES'로 취득한 'key_cache_block_size' 로부터 계산된다.

키 버퍼 용량의 과부족을 확인하여 부족하지 않도록 하자.

6.4
실시간 모니터링의 방법

여기서부터는 'dstat', 'top', 'iostat' 툴을 사용한 실시간 모니터링의 방법에 대하여 설명한다.

Cacti와는 달리 서버에 로그인하여 실시간(초 단위)으로 모니터링하는 방법을 소개한다. 툴은 'dstat', 'top', 'iostat'을 추천한다.

> CentOS7이나 Ubuntu14.04의 경우, 'top'은 표준으로 탑재되어 있다.
>
> 'dstat'과 'iostat'은 별도로 설치해야 하며, CentOS7의 경우에는 아래와 같이 설치한다.
>
> **dstat의 설치**
>
> ```
> [root@web ~]# yum install dstat
> ```
>
> **iostat의 설치**
>
> ```
> [root@web ~]# yum install sysstat
> ```

dstat 사용하기

우선은 'dstat'을 사용해보자. 옵션으로 다양한 지표를 표시할 수 있으며, 값의 정도에 따라 콘솔에 표시되는 색이 달라지는 것 또한 보기 쉽도록 해주는 장점이다. '--output' 옵션으로 csv에도 동시에 출력할 수 있다.

또한, Python으로 확장할 수 있기 때문에 다양한 값을 확인할 수 있을 뿐만 아니라 CPU 사용률과 디스크 및 네트워크의 I/O 상황을 모아서 확인할 수도 있어서 매우 편리하다.

이번 예에서는 아래의 옵션을 지정해 보았다.

- −t : 일시
- −l : 평균 부하
- −m : 메모리
- −a : cdngy(CPU, Disk, Network, Paging, System)
- −f : CPU, Disk, Network 등을 디바이스별로 표시한다.
- −−output : 출력을 CSV 파일에도 저장한다.
- 1 : 1초마다 표시

출력 결과

```
[root@web ~]# dstat -tlaf --output stat.csv 1
---system--- ---load-avg--- -------cpu0-usage------------cpu1-usage----- --dsk/sda-- --net/eth0----net/eth1- ---paging-- ---system--
  date/time  | 1m  5m 15m |usr sys idl wai hiq siq:usr sys idl wai hiq siq| read writ| recv  send: recv  send|  in   out | int   csw
14-09 09:53:26|  0   0   0|  0   0 100   0   0   0:  0   0 100   0   0   0| 12k  31k|   0     0:   0     0| 24B  35B| 32    30
14-09 09:53:27|  0   0   0|  0   0 100   0   0   0:  0   0 100   0   0   0|   0    0| 60B  118B:   0     0|   0     0| 28    24
14-09 09:53:28|  0   0   0|  0   0 100   0   0   0:  0   0 100   0   0   0|   0    0| 60B  118B:   0     0|   0     0| 24    25
14-09 09:53:29|  0   0   0|  0   0 100   0   0   0:  0   0 100   0   0   0|   0    0| 60B  102B:   0     0|   0     0| 21    22
14-09 09:53:30|  0   0   0|  0   0 100   0   0   0:  0   0 100   0   0   0|   0    0| 60B  118B:   0     0|   0     0| 15    14
```

1초마다 계속해서 표시하도록 했기 때문에 적절하게 [Ctrl] + [c]로 정지시키면 된다. 참고로 1 다음에 수행 횟수를 설정하면 그 횟수만큼 출력한 후 종료하도록 할수도 있다. 첫 번째 행은 가동 후 지금까지의 값으로, 현재 상태를 나타내는 것이 아니므로 무시하도록 하자.

예를 들어, 지금부터 1시간 동안 1초 간격으로 데이터를 기록하고 싶은 경우라면 아래와 같이 하면 된다(1초 간격이므로 3,600회 = 3,600초 = 1시간).

```
dstat -tlaf --output stat.csv 1 3600
```

COLUMN Dstat으로 일일 데이터 취득

출력 횟수를 지정할 수 있기 때문에 하루에 한 번 0:00에 아래의 명령을 실행하면 매일 매일의 데이터를 손쉽게 기록할 수 있다. crontab에 기재할 때는 '%'를 '%%'로 변경하면 된다.

```
0 0 * * * dstat -tlaf —output /tmp/stat.`date +%%Y%%m%%d`.csv 1
86400 >/dev/null 2>&1
```

top 사용하기

'dstat'과 함께 사용하는 것이 'top'이다. 우선은 옵션 없이 **top** 명령을 실행하고, 명령이 실행되면 [1]키를 눌러 CPU 코어별로 표시되도록 해보자.

처음에는 아래처럼 CPU(s)로 표시된다. 이때 각 항목의 합계는 최대 100%이다.

```
Cpu(s): 0.2%us, 0.1%sy, 0.0%ni, 99.7%id, 0.0%wa, 0.0%hi, 0.0%si, 0.0%st
```

[1]키를 누르면 아래와 같이 CPU 코어별로 표시된다. 이때 각 항목의 합계는 Cpu0, Cpu1 각각에 대해 최대 100%이다.

```
Cpu0 : 0.3%us, 0.1%sy, 0.0%ni, 99.6%id, 0.0%wa, 0.0%hi, 0.0%si, 0.0%st
Cpu1 : 0.1%us, 0.1%sy, 0.0%ni, 99.8%id, 0.0%wa, 0.0%hi, 0.0%si, 0.0%st
```

즉 Cpu0가 100%us, Cpu1이 0%us인 경우, 처음에는 평균치인 50%로 표시되기 때문에 Cpu0가 상한에 도달해 있는 것을 알 수 없지만, [1]키를 눌러 각각의 코어마다 표시되도록 하면 그 상황을 확인할 수 있게 된다.

top의 실행 예는 다음과 같다. S(Status)가 R(실행 중) 또는 D(Read/Write 중)인 경우에는 CPU를 매우 적극적으로 사용하고 있다는 것을 알 수 있다.

```
[root@web ~]# top
top - 09:55:41 up 13:06,  1 user,  load average: 0.00, 0.00, 0.00
Tasks: 100 total,   1 running,  99 sleeping,   0 stopped,   0 zombie
Cpu0  :  0.0%us,  0.0%sy,  0.0%ni,100.0%id,  0.0%wa,  0.0%hi,  0.0%si,  0.0%st
Cpu1  :  0.0%us,  0.0%sy,  0.0%ni,100.0%id,  0.0%wa,  0.0%hi,  0.0%si,  0.0%st
Mem:   1020176k total,   790512k used,   229664k free,    45852k buffers
Swap:  1015800k total,     1356k used,  1014444k free,   637268k cached

  PID USER      PR  NI  VIRT  RES  SHR S %CPU %MEM    TIME+  COMMAND
   12 root      20   0     0    0    0 S  0.3  0.0   0:25.64 events/1
 8317 root      20   0 15028 1272  984 R  0.3  0.1   0:00.01 top
    1 root      20   0 19232 1288 1116 S  0.0  0.1   0:00.49 init
    2 root      20   0     0    0    0 S  0.0  0.0   0:00.00 kthreadd
    3 root      RT   0     0    0    0 S  0.0  0.0   0:00.92 migration/0
    4 root      20   0     0    0    0 S  0.0  0.0   0:00.59 ksoftirqd/0
```

표시 데이터는 매초마다 갱신되며, 기본적으로 CPU 사용률이 높은 순서로 표시된다. '%CPU'는 1코어당 100%이기 때문에 4코어 서버라면 최대 400%까지 올라간다. 만약 애플리케이션이 멀티코어를 활용할 수 있는 구조로 되어 있다면 성능을 충분히 발휘할 것이다.

예를 들어, MySQL은 하나의 프로세스에서 멀티 스레드로 동작하며, 다수의 코어를 활용하기 위해 하나의 프로세스에서 100% 이상을 사용하는 경우도 있다. 하지만, 'Apache(prefork) + mod_php'의 경우는 하나의 프로세스에서 100%까지만 사용할 수 있다.

iostat 사용하기

I/O에 관해서는 'iostat'을 사용하자. 이번 예에서는 아래의 옵션을 지정해보자.

- -t : 일시를 표시
- -x : 확장 상태를 표시
- -n : NFS의 상태를 표시
- 1 : 1초마다 표시

iostat의 실행 예는 다음과 같다.

```
[root@web ~]$ iostat -txn 1
Linux 2.6.32-279.14.1.el6.x86_64 (web)    2014年09月14日  _x86_64_      (32 CPU)

2014年09月14日 13時28分24秒
Device:          rrqm/s   wrqm/s     r/s     w/s    rsec/s    wsec/s avgrq-sz avgqu-sz   await  svctm  %util
sda                0.15   442.83    1.94   22.67    400.41   3721.65   167.53     0.02    0.68   0.12   0.29
dm-0               0.00     0.00    1.99  465.14    399.66   3721.12     8.82     0.01    0.02   0.01   0.27
dm-1               0.00     0.00    0.09    0.07      0.75      0.53     8.00     0.00    5.69   1.20   0.02
fioa               0.00     0.00   75.79   50.65   3550.17   1891.60    43.04     0.03    0.33   0.02   0.25
dm-2               0.00     0.00  120.31  156.25   2085.84   1870.22    14.30     0.08    0.27   0.06   1.74

Filesystem:           rBlk_nor/s  wBlk_nor/s  rBlk_dir/s  wBlk_dir/s  rBlk_svr/s  wBlk_svr/s   ops/s  rops/s  wops/s
192.168.0.12:/nfs         334.79        0.00        0.00        0.00       43.78        0.00    0.82    0.09    0.00
192.168.0.11:/nfs          45.56        0.00        0.00        0.00        7.16        0.00    0.11    0.02    0.00
```

디바이스별로 이용 상황이 표시되기 때문에 세세하게 확인할 때 무척 편리하다. 특히 우측 가장 끝의 '%util'이 큰 경우는 디스크 I/O의 요구에 비해 디스크 I/O의 성능이 부족한 상황이므로, 7장을 참고하여 대책을 세우도록 하자.

COLUMN 디스크의 여유 용량 관리

디스크의 여유 용량이 0이 되지 않도록 하기 위해서는 로그와 백업의 로테이션(세대 관리)이 중요하다. 그리고 로테이션을 할 때에는 압축을 하는 것이 좋다. 이렇게 로테이션과 압축 등을 하더라도 여유 용량은 점점 줄어들지만, 데이터를 압축함으로써 이러한 증가/감소의 변화량을 작고 완만하게 할 수 있다.

로테이션과 압축을 위한 툴로는 'logrotate(Linux 표준 탑재 툴)'가 있다. 압축을 하기 위해서는 'logrotate'에서 'delaycompress'를 설정하면 된다. 멀티 코어의 이용률에 여유가 있다면, 'pigz'나 'pbzip2'를 사용하여 압축(멀티 코어를 활용)하는 것이 좋다. 압축과 풀기의 속도가 빠르고, 이에 따라 복원도 빠른 것이 장점이다.

여유 용량은 기본적으로 20% 정도를 남기는 것이 좋다. 운용의 예로, 백업으로부터 데이터를 복원하거나 데이터를 교체하기 위해 현재 데이터를 일단 백업하고 새로운 데이터를 불러오는 등의 조작을 할 경우가 있을 것이다. 이때 데이터의 2배를 처리할 수 있는 용량이 있으면 좋다. 이것은 DB 데이터가 60GB인 경우 여유 용량은 항상 60GB 이상 확보해 두는 것이 좋다는 의미이다.

MySQL을 사용할 경우, 갑자기 임시 테이블이나 임시 파일이 생겨 디스크 사용량이 몇 초간 급증할 수 있기 때문에 Cacti의 디스크 사용량에 여유가 있더라도 일시적으로 서버 전체의 여유 용량이 고갈될 때가 있다.

디스크 여유 용량이 0이 되면 로그 출력을 못하거나 임시 파일을 작성할 수 없게 되는 등의 문제가 발생하므로 이상 동작이 감지되면 잘 확인해 보기 바란다. 예를 들면, PHP의 세션을 파일로 출력하도록 설정되어 있는 경우, 세션 파일이 생성되지 않아 세션을 이용할 수 없게 되어 브라우저 기반의 인증을 따르는 관리 화면 등이 모두 소실될 가능성이 있다.

랭킹 작성 등을 위하여 액세스 로그를 데이터베이스에 출력하는 애플리케이션을 간혹 볼 수 있지만 이는 관리하기가 매우 어렵다.

무슨 일이 있어도 그렇게 해야 한다면 데이터의 양(즉 보존기간)을 최대한 작게 하고, 파티셔닝을 하자. 이렇게 하면 SQL문의 'DROP PARTITION'으로 간단히 삭제할 수 있고, 오래된 데이터를 참조하지 않아도 된다.

만약 심오한 이유 때문에 MyISAM으로 해야 한다면 반드시 Concurrent Insert(MyISAM의 기능)를 사용하기 바란다. Concurrent Insert가 아닐 경우, 'INSERT'에서 테이블 Lock이 걸리기 때문에 집계와 등록이 함께 동작하면 'INSERT'가 멈추고 사이트가 표시되지 않는다.

액세스 로그가 아니라 사용자 지원용 이력이나 입력 이력의 열람과 같은 용도인 경우, 일단 파일 등에 로그를 출력하고 그 로그를 수집하여 관리 툴에서 참조하는 것이 좋다. 수집은 'syslog'나 'fluentd'로 하며 서비스 측과는 별도의 데이터베이스에 저장하여 참조하는 것이 좋다.

6.5
트러블 대응에 사용하는 모니터링 툴

여기서부터는 트러블이 발생한 경우에 편리하게 사용할 수 있는 툴을 소개한다. 트러블이 최대한 발생하지 않도록 하기 위한 사고방법도 확실히 익혀두기 바란다.

트러블이 발생하지 않도록 하는 사고방법

시스템을 운용하다 보면 반드시 운용 중인 시스템에 대한 변경 사항이 발생한다. 운용 중인 시스템을 변경할 때, 아무리 열심히 준비하더라도 예상하지 못한 사태로 인해 트러블이 발생하는 경우가 많다.

운용 중인 시스템을 변경할 때에는 원래 동작하고 있던 기능이 동작하지 않게 되는 (Degrade) 등의 성능 저하에 의한 장애를 주의해야 한다. 여기에서는 성능 저하를 최대한 방지하기 위한 Failsafe의 사고방법을 소개한다.

편의점의 계산대에서는 받은 돈을 곧바로 현금 통에 넣지 않고 일단 계산대 위에 놓은 다음 처리한다. 이것이 Failsafe에 근거한 운영이다. 거스름 돈을 주고, 계산을 완전하게 마친 후 돈을 현금 통에 넣는 순서이다. 이런 순서로 처리하면 손님이 '잔돈이 부족한 것 같은데?'라고 이야기할 때 검증할 여지를 남길 수 있기 때문에 점원의 잘못뿐 아니라 손님의 잘못도 적절하게 바로잡을 수 있다.

시스템에서도 마찬가지로, 자신의 작업 정밀도를 아무리 높여도 의도하지 않은 상황이 일어날 수 있다. 이와 같이 예측하지 못한 사태가 발생하는 것까지 반영하여 자신의 힘으로 확실한 결과를 낼 수 있도록 하자.

평소에 위험 예측과 회피 방법에 대한 훈련을 함으로써 작업의 정밀도를 좀 더 높일 수 있다. 예를 들어 전선이나 간판의 아래쪽은 낙하위험이 있다. 아파트의 베란다에서도 무언가가 떨어질지 모른다. 조금 더 가까운 예로, 셀프 라면 가게에서 잔돈을 라면 바로 위에서 넘겨받으면 잔돈이 라면 속에 빠져버릴지도 모른다. 그런

일은 일어나지 않는다고 생각할 수도 있겠지만 의외로 일어나는 경우가 있다. 필자는 실제로 화장실 소변기의 위에 있는 물탱크가 떨어져 산산조각이 나거나, 취침 중에 방의 에어컨이 갑자기 떨어져 벽에 구멍이 나거나 하는 등의 현장을 직접 보았지만, 일상 생활에서 상상이나 했겠는가? 평소에 위험 예측과 대피 방법에 대한 훈련을 해두기 바란다.

다시 돌아와서, 운용 중에 시스템을 조작하는 경우 Failsafe를 구현하기 위해서는 단순히 예정 작업이 오류 없이 성공하는 것만으로는 충분하지 않다. 작업 전에 아래와 같은 내용을 각 단계에서 확인해 두자.

- 예정된 작업 방법과 원래대로 복원할 수 있는지를 확인한다.
- 예정된 작업이 수행되기 전의 정상 상태를 확인한다.
- 예정된 작업이 수행된 후의 정상 상태를 확인한다.

예를 들면, 웹 서버를 로드밸런서에서 분리하여 설정을 변경하는 작업을 할 때, 분리한 다음 액세스 로그나 **ss** 명령으로 확인해 보면 정말로 분리가 되었는지 확인할 수 있다.

작업 시에 숙고하여 정밀도를 높이는 것은 물론이거니와 그것만으로는 도달할 수 없는 영역이 있다는 것을 인식하고 운용 작업을 하자. 필요한 것은 결과이다.

트러블 슈팅 테크닉

여기서는 트러블 슈팅의 기술을 소개한다. 명확하게 오류 메시지가 출력되고 있는 경우에는 그 오류 메시지를 바탕으로 대응한다. 오류 메시지가 나오면 그것을 정확하게 이해하기 바란다. 영어라고 멀리하는 사람도 간혹 있지만 확실하게 읽어서 이해하고 대응하는 것이 중요하다.

▌ tcpdump 사용하기

'tcpdump' 툴을 이용하면 네트워크의 문제를 파악하기 위해 데이터가 정확하게 도달하고 있는지를 확인할 수 있다.

TCPDUMP http://www.tcpdump.org/

예를 들어, 네트워크 인터페이스의 eth0에서 온 HTTP 액세스를 캡처할 경우 아래와 같이 한다.

```
[root@web ~]# tcpdump -i eth0 -n port 80
```

아래는 표시 결과이다. 이 예에서는 서버가 172.28.128.3이고, 클라이언트는 172.28.128.1이다.

출력 결과

```
[root@web ~]# tcpdump -i eth0 -n port 80
tcpdump: verbose output suppressed, use -v or -vv for full protocol decode
listening on eth1, link-type EN10MB (Ethernet), capture size 65535 bytes
11:40:57.167187 IP 172.28.128.1.63035 > 172.28.128.3.http: Flags [S], seq
1990583613, win 65535, options [mss 1460,nop,wscale 4,nop,nop,TS val 1554639631
ecr 0,sackOK,eol], length 0
11:40:57.167240 IP 172.28.128.3.http > 172.28.128.1.63035: Flags [S.], seq
1219651782, ack 1990583614, win 14480, options [mss 1460,sackOK,TS val 41330622
ecr 1554639631,nop,wscale 6], length 0
11:40:57.167359 IP 172.28.128.1.63035 > 172.28.128.3.http: Flags [.], ack 1, win
8235, options [nop,nop,TS val 1554639631 ecr 41330622], length 0
11:40:57.167370 IP 172.28.128.1.63035 > 172.28.128.3.http: Flags [P.], seq 1:77,
ack 1, win 8235, options [nop,nop,TS val 1554639631 ecr 41330622], length 76
11:40:57.167393 IP 172.28.128.3.http > 172.28.128.1.63035: Flags [.], ack 77, win
227, options [nop,nop,TS val 41330622 ecr 1554639631], length 0
11:40:57.168147 IP 172.28.128.3.http > 172.28.128.1.63035: Flags [P.], seq 1:572,
ack 77, win 227, options [nop,nop,TS val 41330623 ecr 1554639631], length 571
11:40:57.168330 IP 172.28.128.3.http > 172.28.128.1.63035: Flags [F.], seq 572,
ack 77, win 227, options [nop,nop,TS val 41330623 ecr 1554639631], length 0
11:40:57.168432 IP 172.28.128.1.63035 > 172.28.128.3.http: Flags [.], ack 572, win
8199, options [nop,nop,TS val 1554639632 ecr 41330623], length 0
11:40:57.168957 IP 172.28.128.1.63035 > 172.28.128.3.http: Flags [F.], seq 77, ack
572, win 8199, options [nop,nop,TS val 1554639632 ecr 41330623], length 0
11:40:57.168977 IP 172.28.128.3.http > 172.28.128.1.63035: Flags [.], ack 78, win
227, options [nop,nop,TS val 41330624 ecr 1554639632], length 0
11:40:57.168999 IP 172.28.128.1.63035 > 172.28.128.3.http: Flags [F.], seq 77, ack
573, win 8199, options [nop,nop,TS val 1554639632 ecr 41330623], length 0
11:40:57.169106 IP 172.28.128.1.63035 > 172.28.128.3.http: Flags [.], ack 573, win
8199, options [nop,nop,TS val 1554639632 ecr 41330624], length 0
```

옵션에 '-X'를 추가하면 통신 내용을 표시할 수도 있다.

```
11:42:45.973559 IP 172.28.128.1.63047 > 172.28.128.3.http: Flags [P.], seq 1:77,
ack 1, win 8235, options [nop,nop,TS val 1554747984 ecr 41439428], length 76
        0x0000:  4500 0080 d2d6 4000 4006 0f64 ac1c 8001   E.....@.@..d....
        0x0010:  ac1c 8003 f647 0050 a25f e019 ff91 8bda   .....G.P.......
        0x0020:  8018 202b 612c 0000 0101 080a 5cab 9250   ...+a,......\..P
        0x0030:  0278 50c4 4745 5420 2f20 4854 5450 2f31   .xP.GET./.HTTP/1
        0x0040:  2e31 0d0a 5573 6572 2d41 6765 6e74 3a20   .1..User-Agent:.
        0x0050:  6375 726c 2f37 2e33 302e 300d 0a48 6f73   curl/7.30.0..Hos
        0x0060:  743a 2031 3732 2e32 382e 3132 382e 330d   t:.172.28.128.3.
        0x0070:  0a41 6363 6570 743a 202a 2f2a 0d0a 0d0a   .Accept:.*/*....
```

로컬 호스트와의 통신을 캡처할 경우에는 인터페이스로서 lo(로컬 루프백의 의미)를 지정한다. 로컬 호스트의 MySQL과의 통신을 캡처할 경우는 아래와 같다.

```
[root@web ~]# tcpdump -i lo -n port 3306
```

TCP/IP로의 접속인 경우는 캡처할 수 있지만, 소켓 접속인 경우는 캡처할 수 없으니 주의하기 바란다.

```
root@web ~]# tcpdump -i lo -n port 3306
tcpdump: verbose output suppressed, use -v or -vv for full protocol decode
listening on lo, link-type EN10MB (Ethernet), capture size 65535 bytes
11:43:49.068164 IP 127.0.0.1.56970 > 127.0.0.1.mysql: Flags [S], seq 425942704, win
32792, options [mss 16396,sackOK,TS val 41502523 ecr 0,nop,wscale 6], length 0
11:43:49.068186 IP 127.0.0.1.mysql > 127.0.0.1.56970: Flags [S.], seq 3545101715,
ack 425942705, win 32768, options [mss 16396,sackOK,TS val 41502523 ecr
41502523,nop,wscale 6], length 0
11:43:49.068206 IP 127.0.0.1.56970 > 127.0.0.1.mysql: Flags [.], ack 1, win 513,
options [nop,nop,TS val 41502523 ecr 41502523], length 0
11:43:49.068553 IP 127.0.0.1.mysql > 127.0.0.1.56970: Flags [P.], seq 1:57, ack 1,
win 512, options [nop,nop,TS val 41502523 ecr 41502523], length 56
11:43:49.068626 IP 127.0.0.1.56970 > 127.0.0.1.mysql: Flags [.], ack 57, win 513,
options [nop,nop,TS val 41502523 ecr 41502523], length 0
11:43:49.070805 IP 127.0.0.1.56970 > 127.0.0.1.mysql: Flags [P.], seq 1:49, ack
57, win 513, options [nop,nop,TS val 41502526 ecr 41502523], length 48
11:43:49.070836 IP 127.0.0.1.mysql > 127.0.0.1.56970: Flags [.], ack 49, win 512,
options [nop,nop,TS val 41502526 ecr 41502526], length 0
11:43:49.070873 IP 127.0.0.1.mysql > 127.0.0.1.56970: Flags [P.], seq 57:68, ack
49, win 512, options [nop,nop,TS val 41502526 ecr 41502526], length 11
11:43:49.070992 IP 127.0.0.1.56970 > 127.0.0.1.mysql: Flags [P.], seq 49:86, ack
68, win 513, options [nop,nop,TS val 41502526 ecr 41502526], length 37
```

▌ strace와 lsof 사용하기

프로세스의 동작을 확인하기 위해 많이 사용하는 툴은 'strace'와 'lsof'이다(설치는 p.210을 참조하기 바란다). 'strace'를 사용하여 동작 중인 프로세스의 시스템 콜을 확인할 수 있다.

아래의 예시는 strace를 Apache의 자식 프로세스에 attach하여 '/'를 액세스하는 과정을 캡처한 것이다. 접속을 열고, 데이터를 수신하고, 도큐먼트 루트에서 인덱스에 해당하는 파일을 찾고, 읽어서 송신하고 있는 과정을 볼 수 있다.

```
[root@web ~]$ ps aufx | grep http[d] | head -3
root      5375  0.0  0.9 301176  9944 ?        Ss
11:51   0:00 /usr/sbin/httpd
apache    5377  0.0  0.5 301176  5768 ?        S
11:51   0:00  \_ /usr/sbin/httpd
apache    5378  0.0  0.4 301176  5060 ?        S
11:51   0:00  \_ /usr/sbin/httpd
[root@web ~]# strace -f -p 5377
Process 5377 attached - interrupt to quit
epoll_wait(14, {{EPOLLIN, {u32=685397528,
u64=140068158854680}}}, 2, 10000) = 1
accept4(4, {sa_family=AF_INET6, sin6_
port=htons(63159), inet_pton(AF_INET6,         ───── 접속 열기
"::ffff:172.28.128.1", &sin6_addr), sin6_
flowinfo=0, sin6_scope_id=0}, [28], SOCK_CLOEXEC) = 15
semop(524292, {{0, 1, SEM_UNDO}}, 1) = 0
getsockname(15, {sa_family=AF_INET6, sin6_port=htons(80),
inet_pton(AF_INET6, "::ffff:172.28.128.3", &sin6_addr),
sin6_flowinfo=0, sin6_scope_id=0}, [28]) = 0
fcntl(15, F_GETFL)                    = 0x2
(flags O_RDWR)
fcntl(15, F_SETFL, O_RDWR|O_NONBLOCK)   = 0
read(15, "GET / HTTP/1.1\r\nUser-Agent: curl"...,   ───── 데이터 수신
8000) = 76
stat("/var/www/html/", {st_mode=S_IFDIR|0755, st_size=4096, ...}) = 0
stat("/var/www/html/index.php", 0x7fff5c606de0) =
-1 ENOENT (No such file or directory)
lstat("/var", {st_mode=S_IFDIR|0755, st_size=4096,
...}) = 0
lstat("/var/www", {st_mode=S_IFDIR|0755, st_
size=4096, ...}) = 0
lstat("/var/www/html", {st_mode=S_IFDIR|0755, st_      ───── document root에서
size=4096, ...}) = 0                                        파일 탐색
```

```
lstat("/var/www/html/index.php", 0x7fff5c606de0) =
-1 ENOENT (No such file or directory)
stat("/var/www/html/index.html", {st_mode=S_
IFREG|0644, st_size=14, ...}) = 0
open("/var/www/html/index.html", O_RDONLY|O_
CLOEXEC) = 16                                              ── 파일 읽기
fcntl(16, F_GETFD)                          = 0x1
(flags FD_CLOEXEC)
fcntl(16, F_SETFD, FD_CLOEXEC)              = 0
mmap(NULL, 14, PROT_READ, MAP_SHARED, 16, 0) = 0x7f6426e7d000
writev(15, [{"HTTP/1.1 200 OK\r\nDate: Sun, 05
0"..., 266}, {"hello foobar!\n", 14}], 2) = 280           ── 송신하기
munmap(0x7f6426e7d000, 14)                  = 0
write(10, "172.28.128.1 - - [05/Oct/2014:11"..., 88) = 88
shutdown(15, 1 /* send */)                  = 0
poll([{fd=15, events=POLLIN}], 1, 2000)     = 1
([{fd=15, revents=POLLIN|POLLHUP}])
read(15, "", 512)                           = 0
close(15)                                   = 0
read(7, 0x7fff5c60720f, 1)                  = -1
EAGAIN (Resource temporarily unavailable)
close(16)                                   = 0
semop(524292, {{0, -1, SEM_UNDO}}, 1^C <unfinished ...>
Process 5377 detached
```

이 출력을 바탕으로 예상 외의 동작을 하고 있는 것은 아닌지 확인한다. 또한, 'lsof'를 사용하면 프로세스가 열려있는 파일을 확인할 수 있다. Linux에서는 디바이스도 파일처럼 취급하기 때문에 프로세스가 열려있는 디바이스나 라이브러리 등을 확인할 수 있다(출력이 매우 많기 때문에 일부만 발췌하였다).

```
[root@web ~]# lsof -p 5377
COMMAND    PID    USER    FD   TYPE   DEVICE   SIZE/OFF   NODE  NAME
httpd     5377   apache   cwd   DIR   253,0      4096       2  /
httpd     5377   apache   rtd   DIR   253,0      4096       2  /
httpd     5377   apache   txt   REG   253,0    355104   18165  /usr/sbin/
httpd
httpd     5377   apache   DEL   REG    0,4              35877  /dev/zero
httpd     5377   apache   mem   REG   253,0     83088   18193  /usr/lib64/
php/modules/zip.so
httpd     5377   apache   mem   REG   253,0    161664    4713  /usr/lib64/
libssh2.so.1.0.1
httpd     5377   apache   mem   REG   253,0     10448   18102  /usr/lib64/
```

```
httpd/modules/mod_auth_basic.so
httpd    5377  apache  mem  REG   253,0          154520 267023 /lib64/ld-2.12.
so
httpd    5377  apache  DEL  REG   0,4                   35879 /dev/zero
httpd    5377  apache  1w   CHR   1,3       0t0          3788 /dev/null
httpd    5377  apache  2w   REG   253,0    2883 395568 /var/log/
httpd/error_log
httpd    5377  apache  3u   sock  0,6       0t0         35855 can't identify
protocol
httpd    5377  apache  4u   IPv6  35856     0t0           TCP *:http (LISTEN)
httpd    5377  apache  5u   sock  0,6       0t0         35859 can't identify
protocol
httpd    5377  apache  6u   IPv6  35860     0t0           TCP *:https
(LISTEN)
httpd    5377  apache  7r   FIFO  0,8       0t0         35874 pipe
httpd    5377  apache  8w   FIFO  0,8       0t0         35874 pipe
httpd    5377  apache  9w   REG   253,0     654 395570 /var/log/httpd/
ssl_error_log
httpd    5377  apache  10w  REG   253,0    2129 395567 /var/log/httpd/
access_log
httpd    5377  apache  11w  REG   253,0       0 395569 /var/log/httpd/
ssl_access_log
httpd    5377  apache  12w  REG   253,0       0 395571 /var/log/httpd/
ssl_request_log
httpd    5377  apache  13r  CHR   1,9       0t0          3793 /dev/urandom
httpd    5377  apache  14u  REG   0,9         0          3786 [eventpoll]
```

이용하고 있는 라이브러리나 로그 파일을 확인할 수 있다. 예상 외의 동작을 하고 있는 것은 아닌지에 대한 확인을 위해 이용하기 바란다.

strace와 lsof의 설치

CentOS6나 Ubuntu14.04의 경우, 'strace'와 'lsof'는 별도로 설치해야 한다. CentOS6의 경우는 아래와 같이 설치한다.

strace 설치

```
[root@web ~]# yum install strace
```

lsof 설치

```
[root@web ~]# lsof install lsof
```

7

웹 서비스 튜닝 1
: 보틀넥을 찾는 방법

이번 장에서는 웹 서비스의 튜닝에 필요한 기술과 지식을 소개한다. '이럴 때는 이렇게 한다'라고 하는 How to뿐만 아니라 기본이 되는 사고방식과 방법론에 대해서도 꼼꼼하게 설명한다. 이번 장을 통해 엔지니어로서의 능력을 향상시키기 바란다.

7.1
용량의 검토 방법과 용량의 향상

웹 시스템의 용량을 향상시키고 싶은 경우, 두 가지 접근 방법이 있다.

웹 시스템에서 용량을 고려하기 위해서는 **단위 시간당 시스템 이용자의 수가 중요하다.** 단위 시간당 시스템 이용자의 수는 곧 **단위 시간당 소요되는 처리량이다.**

즉, 웹 시스템의 용량은

- 단위 시간당 처리 성능
- 단위 시간당 소요되는 처리량

중에서 낮은 쪽으로 결정된다.

따라서 용량의 향상은

- 단위 시간당 처리 성능을 높인다.
- 단위 시간당 소요되는 처리량을 낮춘다.

중에서 어느 한 가지의 접근이 된다.

단위 시간당 처리 성능은 하드웨어 성능이나 배치 등의 물리적 제약에 따라 결정된다. 구체적으로는 CPU 성능(클럭 수 × 코어 수), 메모리 성능(메모리 용량 × 액세스 속도), 디스크 성능(I/O 대역폭과 IOPS), 네트워크 성능(Bandwidth나 RTT) 등이다.

엔지니어로서의 실력을 뽐낼 수 있는 부분은 다음의 두 가지로 집약된다.

- 단위 시간당 처리 성능을 얼마나 적절하게 하는가
- 단위 시간당 소요되는 처리량을 얼마나 낮추는가

단위 시간당 소요되는 처리량을 낮추기 위해서 구성 요소를 분석해보자.

단위 시간당 소요되는 처리량
= 단위 시간당 액세스 수 x 한 번의 액세스당 처리량

웹 시스템을 사업적인 측면에서 생각해보면 액세스 수는 증가시켜야 하기 때문에 한 번의 액세스당 처리량을 낮추는 것이 관건이다.

대부분의 웹 시스템은 처리가 동시에 실행되기 때문에 한 번의 액세스당 처리량이 감소하면 응답 시간이 줄어든다. 이것을 RTT$^{Round\ Trip\ Time}$라고 한다. 웹 사이트의 화면을 표시하는 경우, 속도는 화면이 모두 표시될 때까지의 시간이라고 생각해도 좋다.

단순한 경우에는 대기행렬 이론으로 검사할 수 있지만, 실제로는 처리마다 균일하지 않거나 Lock 등의 리소스 경합의 요소가 더해져 복잡하다. 어쨌든 '한 번의 액세스당 처리량'을 낮춤으로써 시스템의 시간당 이용자 수를 증가시킬 수 있다. 이것이 용량의 향상이다.

7.2
시스템 튜닝의 철칙

용량을 향상시키는 것을 시스템 튜닝이라고 한다. 시스템 튜닝의 기초를 익혀보자.

우선 '용량의 향상 = 시스템 튜닝'이라는 대전제는 사용자와 시스템의 이야기이다. 여기에는 인프라도 애플리케이션도 없다. 하지만 두 가지 모두를 고려하지 않으면 안 되기 때문에 인프라와 애플리케이션을 모두 고려하는 것을 전제로 진행하자.

계층별로 생각하면 우선 인프라를 튜닝함으로써 마이너스를 0으로 끌어올릴 수 있고, 애플리케이션을 튜닝함으로써 처리 효율을 개선할 수 있다. 또한, 시스템 구성을 변경하여 보틀넥을 극적으로 해소할 수도 있다. 시스템은 때때로 제한된 리소스의 쟁탈전이 되기 때문에 스펙 자체를 바꾸지 않은 채 사용량을 줄이거나 사용할 수 있는 양(스펙)을 늘리게 된다.

스케일 업이나 스케일 아웃 등의 전형적인 방법은 이후에 소개하겠지만, 그 방법 중 어느 하나를 사용한다고 해서 모두 해결된다는 것은 아니다. 따라서 그때마다의 상황에 따라 최적의 방법을 모색할 필요가 있음을 명심하기 바란다. 여기에서는 튜닝의 철칙을 소개한다.

대상과 목표 결정하기

개선하기 위해서는 우선 '무엇을 개선할 것인가'를 결정해야 한다. 개선을 진행하기 위해 대상과 목표를 반드시 결정하자.

예를 들어, 'Top 페이지의 표시 속도를 1초 빠르게 한다' 또는 '동시 로그인 수의 3배를 견디게 한다' 등으로 대상과 목표는 시스템 이용자의 동향이나 사이트 자체의 사업적인 요청으로부터 결정되는 경우가 대부분이다.

그리고 목표를 결정할 때는 수치를 결정하자. 수치가 나오면 성공 여부를 분명하게 알 수 있기 때문에, 만약 이번에 미달되었다고 해도 다음으로 이어지는 결과로 활용할 수 있다. 이렇게 대상과 목표를 결정함으로써 튜닝의 성공 여부를 판단할 수 있다.

보틀넥에 접근하기

전체 용량은 보틀넥으로 결정된다. 공장의 파이프라인에서도, 물류에서도, IT 시스템에서도 모두 마찬가지이다. 보틀넥 이외에는 신경 쓰지 말고 보틀넥에만 접근해 보자.

이것은 머릿속으로는 알고 있어도 실천하려고 하면 무척 어렵다. 지식이나 경험이 있는 엔지니어는 최신 지식과 과거의 성공 경험을 바탕으로 대응하기 쉽지만, 대상과 목표가 맞지 않으면 효과가 없다. 자신을 다스려 과거의 성공 경험에 얽매이지 않고 눈 앞의 시스템을 상대로 보틀넥에 접근하는 것이 반드시 필요하다. 하고 싶은 것만을 하는 것도 안 된다.

보틀넥을 하나 해결하면 또 다른 부분이 보틀넥이 되는 경우가 대부분이다. 그러나 이것은 매우 자연스러운 것이다.

아래의 그림을 보자.

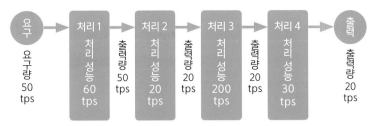

※ tps : Transaction Per Sec. 초 단위 처리

이 그림의 경우, '처리 2'가 보틀넥이 되고 있기 때문에 '처리 3'과 '처리 4'의 처리 성능이 높아도 전체 출력량은 보틀넥의 성능과 같아지게 된다. 또한, '처리 2'의 성능 향상에 성공하여 처리 성능이 30tps를 넘었다고 해도 다시 '처리 4'가 보틀넥이 되

어 출력은 30tps가 된다.

한 곳에 대한 대처가 성공하면 보틀넥은 이동하기 때문에 다시 다음 보틀넥에 대처할 필요가 있다. 그리고 한 곳의 성능만 높인다고 해서 전체의 성능이 좋아지는 것은 아니기 때문에 1년에 걸쳐 처리 2의 성능을 3배로 하는 것보다는, 6개월간 처리 2의 성능을 2배로, 다음 6개월간 처리 4의 성능을 1.5배로 하는 것이 출력량의 향상에 더 도움이 된다.

추측하지 말고 계측하자

앞에서 설명한 것처럼 튜닝은 보틀넥을 해소하는 것이 전부이다. 따라서 보틀넥을 파악하는 것이 튜닝 세계의 입구에 서는 것이라고 할 수 있다. 자기만족이 아니라 성과를 내고 싶다면 계측을 하는 것이 필수이다.

제 아무리 보틀넥에 대처하는 지식과 기술 및 예산을 가지고 있어도 보틀넥을 파악할 수 없다면 가치를 발휘할 수 없다. 계측, 보틀넥 발견, 개선할 부분과 지표 결정, 개선 실행을 계속해나가는 것이 필요하다. 구체적인 계측 방법과 보틀넥의 발견 방법은 이후에 설명하도록 한다.

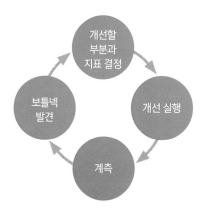

7.3
보틀넥을 찾는 방법 – 기초

여기서부터는 구체적으로 보틀넥을 찾아내는 방법을 설명한다. 예를 살펴보면서 전체적인 흐름을 파악해 보기 바란다.

여기에서 설명하는 보틀넥을 찾기 위한 순서는 아래와 같다.

① 대상과 목표를 결정한다.
② 데이터 흐름을 확인한다.
③ 데이터 흐름의 포인트마다 처리 내용을 확인한다.
④ 시스템 리소스를 확인한다.

대상과 목표 결정하기

운용 중인 시스템이라면, 사용자의 피드백을 통해 어떤 화면의 전환에 대처해야 하는지 결정된다고 생각한다. 사용자 요청 이외의 발견 방법은 다음 절에서 확인하기 바란다.

이번에는 임시로 대상과 목표를 아래와 같이 설정하여 설명한다.

> 95%의 사용자에게 http://example.com/posts/1을 3초 이내에 표시하도록 한다.

즉, 액세스 로그를 확인하고 'GET /posts/1'의 숫자를 줄여 3초 이내를 유지하는 것이 목표이다. 'GET /posts/1'은 브라우저가 서버에 '/posts/1' 표시를 요구할 때의 요청으로, 액세스 로그에는 이에 대하여 소요된 시간이 초 단위로 기록된다.

데이터 흐름 확인하기

대상을 바탕으로 데이터 흐름을 확인한다. 순서는 아래와 같다.

① FQDN으로부터 IP 주소를 확인
② IP 주소로부터 서버를 확인
③ IP 주소와 포트로부터 데이터를 수신하는 프로세스를 확인
④ 미들웨어의 설정으로부터 실행되고 있는 프로그램을 확인

액세스할 곳이 'http://example.com/posts/1'이므로 우선은 어느 서버에 액세스를 하고 있는지 흐름을 확인한다. 터미널에서 IP 주소를 확인하고 어느 서버에 액세스되었는지 확인하자.

```
[root@web ~]# dig example.com
; <<>> DiG 9.8.2rc1-RedHat-9.8.2-0.23.rc1.el6_5.1 <<>> example.com
;; global options: +cmd
;; Got answer:
;; ->>HEADER<<- opcode: QUERY, status: NOERROR, id: 40954
;; flags: qr rd ra; QUERY: 1, ANSWER: 1, AUTHORITY: 0, ADDITIONAL: 0

;; QUESTION SECTION:
;example.com.                    IN      A

;; ANSWER SECTION:
example.com.          12305   IN      A       192.168.0.10

;; Query time: 3 msec
;; SERVER: 192.168.0.1#53(192.168.0.1)
;; WHEN: Sat Sep 13 13:04:46 2014
;; MSG SIZE  rcvd: 45
```

'ANSWER SECTION'에서 'example.com'의 IP 주소가 '192.168.0.10'이라는 것을 알 수 있다. 다음으로 IP 주소가 대상 서버에 제대로 할당되어 있는지 확인한다. 서버의 네트워크 인터페이스 상황을 표시해 보았다.

```
[root@web ~]# ip addr show
1: lo: <LOOPBACK,UP,LOWER_UP> mtu 16436 qdisc noqueue state UNKNOWN
    link/loopback 00:00:00:00:00:00 brd 00:00:00:00:00:00
    inet 127.0.0.1/8 scope host lo
    inet6 ::1/128 scope host
       valid_lft forever preferred_lft forever
2: eth0: <BROADCAST,MULTICAST,UP,LOWER_UP> mtu 1500 qdisc pfifo_fast
state UP qlen 1000
    link/ether 99:99:99:99:99:99 brd ff:ff:ff:ff:ff:ff
    inet 192.168.0.10/24 brd 192.168.0.255 scope global eth0
    inet6 ::1/128 scope host
       valid_lft forever preferred_lft forever
```

'eth0'의 인터페이스에 연결되어 있고, IP 주소가 '192.168.0.10'이라는 것을 알 수 있다. 다음으로 어느 프로세스가 데이터를 수신하고 있는지를 확인한다. 수신 대기 포트를 LISTEN하고 있는 프로세스를 확인하기 위해 프로토콜 'http'의 수신 대기 포트인 80을 지정하여 필터링하자.

```
[root@web ~]# ss -lnp | grep :80
LISTEN  0  128  :::80  :::*  users:(("httpd",27066,4),("httpd",27068,4),("h
ttpd",27069,4))
```

프로세스 ID 27066, 27068, 27069의 httpd(Apache의 프로세스 이름)가 데이터를 수신하고 있는 것을 알 수 있다.

다음으로 Apache의 설정을 확인한다. Apache의 설정은 'mod_info'가 유효화되어 있을 경우, 그 화면에서 확인할 수 있다. URL의 기본값은 'http://example.com/server-info?config'이다.

'mod_info'가 유효화되어 있지 않을 경우에는 VirtualHost 설정 상황을 확인할 수 있는 'httpd -t -D DUMP_VHOSTS(또는 httpd -S)'를 사용한다. 다만 'httpd -t -D DUMP_VHOSTS'의 경우는 설정 파일을 일일이 확인하기 위하여 현재 가동 중인 상태를 나타내는 것이 아니라 설정 파일의 내용을 나타내고 있다는 점에 주의하기 바란다.

가동 후에 설정 파일을 변경하여 반영되지 않은 설정이 있는 경우에는 'httpd -t -D DUMP_VHOSTS'에만 표시될 수도 있다.

```
[root@web ~]# httpd -t -D DUMP_VHOSTS
VirtualHost configuration:
wildcard NameVirtualHosts and _default_ servers:
*:80                    is a NameVirtualHost
    default server example.com (/etc/httpd/conf.d/vhost.conf:2)
    port 80 namevhost example.com (/etc/httpd/conf.d/vhost.conf:2)
        alias www.example.com
    port 80 namevhost admin.example.com (/etc/httpd/conf.d/vhost.
conf:7)
Syntax OK
```

포트 80에서는 NameBased VirtualHost가 설정되어 있는 것을 알 수 있다 ('NameVirtualHosts'는 NameBased 방식의 VirtualHost 설정을 한 결과를 나타내고 있다).

이번 대상인 'example.com'은 '/etc/httpd/conf.d/vhost.conf'의 두 번째 줄에 정의되어 있으므로 '/etc/httpd/conf.d/vhost.conf'를 확인하자.

```
[root@web ~]# cat -n /etc/httpd/conf.d/vhost.conf
    1  NameVirtualHost *:80
    2  <VirtualHost *:80>
    3      ServerName example.com
    4      ServerAlias www.example.com
    5      DocumentRoot /var/www/html/example.com
    6  </VirtualHost>
    7  <VirtualHost *:80>
    8      ServerName admin.example.com
    9      DocumentRoot /var/www/html/admin.example.com
   10  </VirtualHost>
```

도큐먼트 루트가 '/var/www/html/example.com'이라는 것을 알 수 있다. 여기까지 진행하면 실행되고 있는 프로그램을 파악할 수 있다.

여기서부터 구체적인 처리 내용의 확인 방법은 애플리케이션이 사용하고 있는 프레임워크에 따라 다르기 때문에 각각의 프레임워크 사양을 확인하기 바란다. URL 에서 프로그램으로의 Dispatch가 정의되어 있으니 그것을 찾아 확인하거나, Ruby on Rails와 같은 규약 기반의 프레임워크인 경우에는 컨트롤러의 이름이 URL과 일치하므로 그것을 확인한다.

이렇게 하여 데이터의 흐름을 확인할 수 있다.

데이터 흐름의 포인트마다 처리 내용을 확인하기

구체적인 처리 내용은 애플리케이션의 소스코드를 확인하자. 처리 내용을 이해하는 것은 물론, 아래의 확인 포인트를 알아두기 바란다.

- 프로그램 외부와의 통신 부분과 내용(DB, KVS 등)
- 프로그램의 외부 호출(exec 함수나 system 함수에 의한 외부 프로그램 실행)
- 외부 시스템과의 통신 부분과 내용(API 호출 등)
- 디스크의 액세스 부분과 내용
- 배열이나 리스트의 크기가 불필요하게 큰 것은 아닌지 확인
- 루프의 횟수가 불필요하게 많은 것은 아닌지 확인

시스템 리소스 확인하기

웹 시스템의 경우 시스템 리소스의 사용량은 동일한 추세가 지속될 때가 많기 때문에 기본적으로는 Cacti의 데이터를 살펴보면 된다(6장 참조). 다만, Cacti에서는 5분마다 데이터 취득을 하기 때문에 카운터가 5분 이내에 상한을 넘어 초기화되어 버리는 항목이 있는 경우에는 값을 정확하게 얻을 수 없으므로 주의해야 한다.

이와 같이 그래프 값의 변동이 심한 경우에는 데이터를 제대로 얻지 못하고 있는 위험한 상황일지도 모르니 주의하기 바란다.

분석하는 방법에서의 포인트는 전체적으로 살펴보면서 특정 항목의 특정 시간대의 동작에 집착하지 않는 것이다. 시간대로 한정한다면 다른 그래프도 함께 확인하고, 항목으로 한정한다면 다른 시간대도 함께 확인하도록 하자.

리소스를 확인할 때는 제약과 사용량을 확인한다. 물리적인 제약이나 설정상의 제약 그리고 각각의 이용 상황을 확인하자.

리소스에 대하여 확인해야 할 것

물리적인 제약	확인 내용
CPU 성능	CPU 성능을 모두 사용하지는 않았는가?
메모리	메모리 용량을 모두 사용하지는 않았는가?
네트워크	네트워크 대역을 모두 사용하지는 않았는가?
디스크	디스크 대역과 IOPS를 모두 사용하지는 않았는가?

Cacti 이외에 실시간으로 확인하기 위한 툴로는 'dstat', 'top', 'iostat'을 추천한다. 구체적인 사용 방법은 6장을 참조하기 바란다.

성능뿐만 아니라 제약적인 면도 확인하자. 대부분의 미들웨어는 의도치 않게 서버의 리소스를 소진하지 않도록 제약 내에서만 가동할 수 있게 되어 있다. 하지만, 제약이 너무 엄격하면 성능을 발휘할 수 없는 경우도 있다.

특히, 많이 사용되고 있는 오래된 미들웨어는 종종 제약의 기본값이 작게 설정되어 있는 경우가 있다. 하드웨어는 무어의 법칙에 따라 점점 고집적화되고 있지만, 소프트웨어의 기본 설정값은 이러한 하드웨어의 진화를 따라오지 못하는 경우가 많아 제한된 상한값의 영향으로 성능 문제가 일어나고 있지는 않은지 조사해보자.

예를 들면, 'LAMP(Linux, Apache, MySQL, PHP의 조합) + memcached(KVS의 한 종류)'로 구성되어 있는 시스템의 경우는 아래의 내용을 확인하자. 어떤 제한의 상한에 도달하면 어느 로그 파일에 어떤 메시지가 출력되는지 파악해 두자.

LAMP + memcached 시스템에서 확인해야 할 것

요소	확인 내용
OS	시스템 리소스의 상한에 도달하지 않았는가?
Apache	병렬 수의 상한에 도달하지 않았는가?
PHP	메모리 사용 가능량의 상한에 도달하지 않았는가? php-fpm이라면 병렬 수의 상한에 도달하지 않았는가?

MySQL	병렬 수의 상한에 도달하지 않았는가?
memcached	병렬 수의 상한에 도달하지 않았는가?

이것은 구체적으로는 아래와 같은 내용을 확인하는 것이 된다. 이러한 제약을 빠짐없이 파악하기 위해서는 대상 소프트웨어의 문서를 모두 읽는 것과 운용 경험을 쌓아 사례를 축적하는 방법뿐이다.

LAMP + memcached 시스템에서 확인해야 할 것

요소	확인 내용
OS	ulimit의 open files ulimit의 max user processes net.ipv4 .ip_local_port_range
Apache	MaxClients
PHP	memory_limit php-fpm이라면 pm.max_children
MySQL	max_connections
memcached	-c(max connections)

예를 들어, OS에서 제한하는 'ulimit'의 'open file' 제한의 상한에 도달하면 Apache/MySQL의 오류 로그에 'Too many open files in system'이라고 출력된다. 또한, Apache의 'MaxClients' 제한의 상한에 도달하면 Apache의 오류 로그에 'server reached MaxClients setting, consider raising the MaxClients setting'이라고 출력된다.

사전에 설정을 변경하여 제약의 문제를 피하는 것이 최선이지만, 앞에서 설명한 것처럼 기본값은 작은 값으로 설정되어 있기 때문에 발생할 때마다 대응하도록 하자.

7.4
보틀넥을 찾는 방법 – 로그

여기에서는 로그를 사용하여 보틀넥을 찾는 방법에 대해 소개한다. 어떤 프로세스에서 시간이 소비되고 있는지 로그를 통해 확인하는 방법이다.

7.1 용량의 검토 방법과 용량의 향상에서 보틀넥은 '단위 시간당 소요되는 처리량'으로 생각할 필요가 있으며,

> **단위 시간당 소요되는 처리량**
> = 단위 시간당 액세스 수 x 한 번의 액세스당 처리량

이라는 것을 설명하였다.

웹 시스템의 경우 어떤 URL에 대하여 대처해야 하는지, 즉 시스템적으로 어떤 URL을 대상으로 해야 할지를 발견할 수 있으면 순조롭게 개선할 수 있다. 그러기 위해서 액세스 로그를 근거로 한다.

Apache에서 보틀넥을 찾는 방법

액세스 로그에는 기본적으로 액세스 일시와 URL이 기록되어 있지만, 이번에는 한 번의 액세스당 소요되는 시간도 함께 출력하도록 하자. Apache에서는 로그 형식에 '%D'를 추가하면 함께 출력할 수 있다. 구체적으로는 'httpd.conf'를 아래와 같이 편집하면 액세스 로그에 요청을 처리하기 위해 소요된 시간이 기록된다.

```
LogFormat "%h %l %u %t \"%r\" %>s %b \"%{Referer}i\" \"%{User-Agent}i\" %D"
combined
```

액세스를 해보면 '/var/log/httpd/access_log'에 아래와 같이 기록되어 있을 것이다. 마지막 숫자인 798(us)이 요청을 처리하는 데 소요된 시간이다.

```
127.0.0.1 - - [21/Sep/2014:15:09:50 +0900] "GET / HTTP/1.1" 200 273 "-"
"FakeBrowser" 798
```

이것으로 요청마다 일시와 URL 그리고 요청을 처리하는 데 소요된 시간을 기록할 수 있었다. 이 기록에서 URL마다 요청을 처리하는 데 소요된 시간의 총합을 계산하여 어떤 URL을 대상으로 해야 할지 판단할 수 있다.

```
127.0.0.1 - - [21/Sep/2014:15:09:50 +0900] "GET / HTTP/1.1" 200 273 "-"
"FakeBrowser" 798000
127.0.0.1 - - [21/Sep/2014:15:09:50 +0900] "GET /posts/3 HTTP/1.1" 200
4350 "-" "FakeBrowser" 1218000
127.0.0.1 - - [21/Sep/2014:15:09:51 +0900] "GET /posts/2 HTTP/1.1" 200
3865 "-" "FakeBrowser" 1404000
127.0.0.1 - - [21/Sep/2014:15:09:51 +0900] "GET / HTTP/1.1" 200 273 "-"
"FakeBrowser" 632000
127.0.0.1 - - [21/Sep/2014:15:09:52 +0900] "GET / HTTP/1.1" 200 273 "-"
"FakeBrowser" 620000
127.0.0.1 - - [21/Sep/2014:15:09:53 +0900] "GET /posts/1 HTTP/1.1" 200
9321 "-" "FakeBrowser" 4231000
127.0.0.1 - - [21/Sep/2014:15:09:53 +0900] "GET / HTTP/1.1" 200 273 "-"
"FakeBrowser" 943000
127.0.0.1 - - [21/Sep/2014:15:09:53 +0900] "GET /posts/2 HTTP/1.1" 200
3865 "-" "FakeBrowser" 1733000
```

한 줄마다의 '숫자(us) × 등장 횟수'가 시스템 부하이다. 위의 액세스 로그를 집계해보자.

Request	횟수	합계 (us)	평균 (us)
GET /	4	2993000	748250
GET /posts/1	1	4231000	4231000
GET /posts/2	2	3137000	1568500
GET /posts/3	1	1218000	1218000

합계가 큰 순서로 나열하였다.

① GET / posts/1
② GET / posts/2
③ GET /
④ GET /posts/3

실제로는 액세스 횟수가 많은 'GET /'보다도 'GET /posts/1'과 'GET /posts/2'
를 적극적으로 대처해야 한다는 것을 알 수 있다. 또한, 'GET /posts/3'보다 평균
값이 가장 작은 'GET /'의 대처를 우선해야 한다는 것도 알 수 있다. 이러한 방식이
튜닝의 기본적인 사고 방법이기 때문에 액세스 로그도 DB의 슬로우 로그도 같은
시각으로 바라보자.

동일한 URL을 정리해서 보거나, 같은 종류의 URL을 정리하여 보는 방법이 있
다. 구체적으로는 아래의 예와 같이 'GET /posts/1', 'GET /posts/2', 'GET /
posts/3'을 모두 'GET /posts/XXX'로 취급하는 방법이다.

Request	횟수	합계 (us)	평균 (us)
GET /	4	2993000	748250
GET /posts/XXX	4	8586000	2146500

이것은 다른 데이터이지만 같은 처리인 것을 동일하게 취급하여 프로그램의 개선
해야 할 부분을 파악하는 방법이다. 대개의 웹 애플리케이션은 URL과 가동할 프로
그램이 대응하고 있기 때문에 'GET /'과 'GET /posts/1'의 경우에 동작할 프로그
램은 달라도, 'GET /posts/1'과 'GET /posts/2'의 경우에 동작할 프로그램은 같
다는 특성을 이용하고 있다.

또한 DB의 경우, MySQL의 슬로우 로그 집계 툴인 'mysqldumpslow'는 이와
같이 변동하는 부분의 값을 공통화하여 집계해준다.

MySQL에서 보틀넥을 찾는 방법

MySQL에서 SQL마다의 처리 시간을 기록하기 위해서는 슬로우 로그를 사용한다.

슬로우 쿼리 로그의 출력 방법은 설정 파일(my.cnf)의 'mysqld' 섹션에 아래와 같이 설정한다. MySQL의 버전에 따라 설정 방법이 다를 수도 있으니 주의하기 바란다.

MySQL 5.0 이전

```
[mysqld]
log-slow-queries=mysqld-slow.log
long-query-time=10
```

MySQL 5.0 이후

```
[mysqld]
slow-query-log=ON
slow-query-log-file=mysqld-slow.log
long-query-time=10
```

정리하면 아래와 같다.

	5.0 까지	5.0 이후
옵션	log_slow_queries=FILE	slow_query_log=ON, slow_query_log_file=FILE
한계값 지정 방법	long_query_time=1	long_query_time=0 .1
한계값의 최소값	1초	0초

MySQL 5.1 이후 버전인 경우는 'long_query_time'을 0으로 지정하여 발행된 모든 SQL을 취득할 수 있다.

MySQL 5.0까지는 'log_slow_queries'의 변경에 MySQL의 재시동이 필요했지만 MySQL 5.1부터는 재시동을 하지 않고 변경할 수 있게 되었다. 만약 MySQL 5.0을 사용할 경우가 있다면 미리 슬로우 쿼리 로그를 출력하도록 설정해 두고, 그럴 필요가 없을 때는 'long_query_time'을 크게 설정해 두는 것이 좋다.

MySQL 5.0 이전에서는 온라인으로 (MySQL 재시동 없이) 슬로우 쿼리 로그를 ON/OFF할 수 없다

```
mysql> show global variables like 'log_slow_queries';
+------------------+-------+
| Variable_name    | Value |
+------------------+-------+
| log_slow_queries | ON    |
+------------------+-------+
1 row in set (0.00 sec)

mysql> set global log_slow_queries='OFF';
ERROR 1238 (HY000): Variable 'log_slow_queries' is a read only variable
```

Long_query_time은 온라인으로 변경할 수 있다

```
mysql> show global variables like 'long_query_time';
+-----------------+-------+
| Variable_name   | Value |
+-----------------+-------+
| long_query_time | 1000  |
+-----------------+-------+
1 row in set (0.00 sec)

mysql> set global long_query_time=1;
Query OK, 0 rows affected (0.00 sec)

mysql> show global variables like 'long_query_time';
+-----------------+-------+
| Variable_name   | Value |
+-----------------+-------+
| long_query_time | 1     |
+-----------------+-------+
1 row in set (0.00 sec)
```

슬로우 쿼리 로그는 아래와 같이 출력된다.

```
mysqld, Version: 5.6.17 (Source distribution). started with:
Tcp port: 3306  Unix socket: /tmp/mysql.sock
Time                 Id Command    Argument
# Time: 140922  6:47:12
# User@Host: root[root] @  [172.17.0.6]  Id:    17
```

```
# Query_time: 0.000504   Lock_time: 0.000084 Rows_sent: 102   Rows_
examined: 118
SET timestamp=1411368432;
SELECT option_name, option_value FROM wp_options WHERE autoload =
'yes';
# User@Host: root[root] @ [172.17.0.6] Id:    17
# Query_time: 0.000180   Lock_time: 0.000049 Rows_sent: 1   Rows_
examined: 1
SET timestamp=1411368432;
SELECT * FROM wp_users WHERE user_login = 'blogadmin';
```

슬로우 쿼리 로그의 출력을 하나씩 확인할 때 SQL의 주석이 그대로 표시되기 때문에 자신의 애플리케이션인 경우에는 발행할 SQL에 주석을 달아 둠으로써 애플리케이션의 어느 부분에서 발행한 SQL인지를 쉽게 확인할 수 있게 된다. /* 에서 */ 까지의 부분이 주석이다.

```
SELECT /* at app.list_posts */ id, contents, created_at, updated_at
FROM posts WHERE id = 20;
```

MySQL에는 슬로우 쿼리 로그를 집계하는 툴인 'mysqldumpslow'가 포함되어 있으니 활용하도록 하자. 'mysqldumpslow' 명령으로 많이 사용하는 옵션은 아래와 같다.

옵션	의미
-s ORDER	결과를 정렬. ORDER에 지정할 수 있는 것은 아래와 같다. • al : 평균 lock 시간 • ar : 평균 송신 행의 수 • at : 평균 SQL 실행 시간(default) • c : SQL 실행 횟수 • l : lock 시간 • r : 송신 행의 수 • t : SQL 실행 시간
-h HOSTNAME	조사 대상의 호스트 이름을 지정한다(default는 '*'이므로 모든 호스트가 조사 대상이 된다).
-t NUM	정렬한 결과의 상위에서 NUM 개수만큼만 표시

추출하는 방법은 SQL 실행 시간(-s t)을 사용하고, 데이터베이스 처리 전체의 성능에 영향이 큰 SQL을 확인한다. 이 순서에서 상위에 위치하는 SQL은 '발행 횟수 × 소요 시간'이 컸던 것으로, 시스템의 리소스를 가장 많이 사용한 SQL이다.

```
[root@web ~]$ mysqldumpslow -t 3 -s t mysqld-slow.log

Reading mysql slow query log from mysqld-slow.log
Count: 66   Time=3.70s (244s)   Lock=0.00s (0s)   Rows=0.0 (0),
root[root]@localhost
  update posts set titleline = substring_index(content,"S",N)

Count: 8   Time=10.97s (87s)   Lock=0.00s (0s)   Rows=0.0 (0),
blog[blog]@localhost
  SELECT posts.id, titleline, created_at FROM posts JOIN (select id
from public_posts where public_id <= 'S' order by public_id desc
limit N) pub ON posts.id = pub.id order by posts.id desc

Count: 1543   Time=0.03s (48s)   Lock=0.00s (0s)   Rows=38.1 (58858),
blog[blog]@[127.0.0.1]
  SELECT id, content, is_private, created_at, updated_at FROM posts
WHERE user=N   ORDER BY id
```

기본적으로는 SQL 실행 시간(-s t)을 바탕으로 튜닝을 해나가지만 lock에 따른 지연이 발생하고 있을 것 같다면 lock 시간(-s l)을 확인한다. 또한, 웹 서버로부터의 SQL과 관리 서버로부터의 SQL이 섞여있을 것 같다면 '-h HOSTNAME'에서 대상을 좁히는 등의 방법을 통해 추출한다.

7.5
보틀넥을 찾는 방법 – 서버 리소스

여기에서는 서버의 리소스 사용 상황을 확인하여 보틀넥을 찾는 방법을 소개한다. 각종 툴에서 수치를 확인하여 판단하면 된다.

이 부분에서는 'Cacti', 'top', 'dstat', 'iostat'을 잘 다룰 수 있도록 하자. 'Cacti'를 사용하고 있다면 이미 대략적인 계측은 되어 있을 테니, 우선 'Cacti'의 대상 서버의 그래프를 전부 살펴보고 그 측정 결과로부터 보틀넥 부분을 가늠한다.

각각의 값에 대한 절대값이 이상하지는 않은지 5장을 참고하여 각각의 그래프를 보고 확인하기 바란다.

'Cacti'의 데이터를 제대로 확인하는 것만으로 80% 정도의 보틀넥은 추정할 수 있다. 절대값과 함께 상대값도 확인하는 것이 좋다. 즉, 아래와 같은 '전형적인 수상한 움직임'은 아닌지 확인한다.

수상한 움직임을 찾는 포인트

■ Case 1 : 값이 일정한 값에 머물러 있다

값이 일정한 값에 머물러 있는 경우, 이미 **성능의 상한에 도달해 있을 가능성**이 있다. 값이 붙어있다고 말하기도 한다.

예를 들면 아래와 같은 경우이다.

- CPU의 값이 400% 중에서 200%에 계속 머물러 있는 경우, 나머지 200%를 제대로 사용하고 있지 않다.
- 트래픽이 일정한 값에 머물러 있는 경우, 상위 회선의 대역 제한에 의해 그 이상의 성능이 나오지 않고 있다.

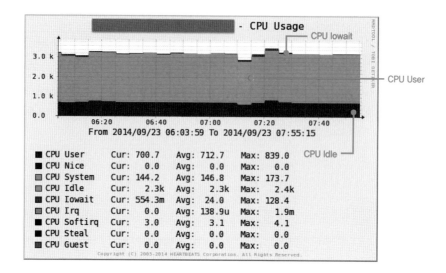

```
                                    - CPU Usage
                                                      ┌── CPU Iowait
                                                      │
  3.0 k
  2.0 k                                                              ─── CPU User
  1.0 k

  0.0
          06:20      06:40      07:00      07:20      07:40
       From 2014/09/23 06:03:59 To 2014/09/23 07:55:15

  ■ CPU User     Cur: 700.7    Avg: 712.7    Max: 839.0    CPU Idle ──┘
  ■ CPU Nice     Cur:   0.0    Avg:   0.0    Max:   0.0
  ☐ CPU System   Cur: 144.2    Avg: 146.8    Max: 173.7
  ☐ CPU Idle     Cur:   2.3k   Avg:   2.3k   Max:   2.4k
  ■ CPU Iowait   Cur: 554.3m   Avg:  24.0    Max: 128.4
  ☐ CPU Irq      Cur:   0.0    Avg: 138.9u   Max:   1.9m
  ■ CPU Softirq  Cur:   3.0    Avg:   3.1    Max:   4.1
  ■ CPU Steal    Cur:   0.0    Avg:   0.0    Max:   0.0
  ■ CPU Guest    Cur:   0.0    Avg:   0.0    Max:   0.0
         Copyright (C) 2003-2014 HEARTBEATS Corporation. All Rights Reserved.
```

▐ Case 2 : 하루 전, 일주일 전의 같은 요일, 한 달 전의 같은 날짜와 값의 움직임이 크게 다르다

대부분의 웹 서비스는 일, 주, 월에 따라 비슷한 이용 경향을 보여주기 때문에 하루 전, 일주일 전의 같은 요일, 한 달 전의 같은 날짜 등과 비교하면 대개는 비슷한 경향을 나타낸다.

예를 들어 대부분의 미디어의 경우, 평일 12:00~13:00와 20:00~25:00는 액세스가 많은 시간대이다. 이 타이밍에 **일어나야만 하는 변화가 일어나고 있는지,** 예상 밖의 변화가 일어나고 있지는 않은지 확인해보자.

또한, 'Cacti'에는 전날의 그래프와 겹쳐 보는 기능이 없기 때문에 관리자가 예상되는 상태를 파악하여 관찰해야 한다.

- 값이 증가할 타이밍에서 증가하지 않고 있다.
- 값이 감소할 타이밍에서 감소하고 있지 않다.
- 평소보다 증가/감소의 양이 크거나 작다.
- 평소보다 증가/감소의 추세가 급하거나 완만하다.

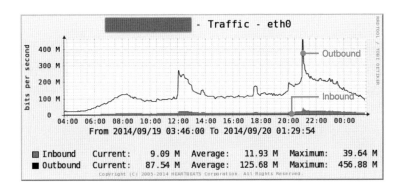

■ Case 3 : 값의 변동이 심하다

그래프가 **위아래로 심하게 변동**하는 경우가 있다. 사례로는 데이터 결손, 데이터 불일치, 카운터 루프의 3가지를 생각해 볼 수 있다. 아래와 같이 그래프가 끊어져있는 경우는 데이터 결손에 해당한다.

아래의 예는 모든 데이터가 결손되었기 때문에 결손된 타이밍에는 아무것도 표시되지 않지만, 일부 데이터만 결손된 경우에는 일부 그래프만 표시되기도 한다.

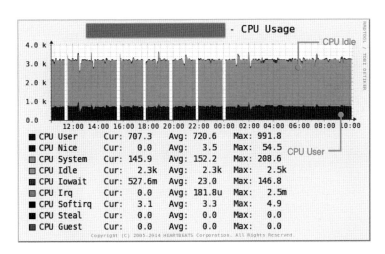

이와 같이 일정해야 할 CPU Usage의 총합(그래프의 위쪽 부분)이 울퉁불퉁하게 되는 경우 데이터 불일치가 일어나고 있는 것이다.

CPU Usage 그래프는 각 값을 쌓아 올리기(STACK)하기 때문에 각 값의 변동이 심하거나, 값의 일부가 취득되지 않았을 경우에는 위쪽 부분(총합)이 달라져 다음과 같은 그래프가 된다. 이렇게 된 경우 값 자체는 별로 믿을 수 없다. 따라서 부하나 그 변동이 심하다고 이해하고 조사하자.

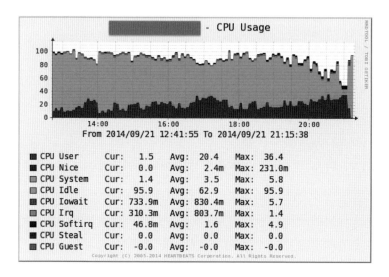

'dstat'과 'top'으로 확인하기

다음으로 상황을 실시간으로 확인한다. 실시간으로 확인함으로써 'Cacti'에서는 확인할 수 없는 정밀도로 상황을 확인할 수 있다.

'dstat'과 'top'을 사용해 CPU에서 살펴보자. 각각의 항목을 읽는 방법은 6장을 참조하기 바란다.

dstat의 출력 예([dstat −taf 1])

```
---system---- -------cpu0-usage-------------cpu1-usage------ -dsk/xvda1- --net/eth0- ---paging-- ---system--
  date/time   |usr sys idl wai hiq siq:usr sys idl wai hiq siq| read  writ| recv  send| in   out | int   csw
23-09 02:33:21| 85  11   0   2|  0   2: 93   6   0   0   0   1|   0    13M| 156B 3108B|  0     0 |7825   15k
23-09 02:33:22| 92   6   2   0|  0   0: 93   5   2   0   0   0|   0    16M|  52B  566B|  0     0 |7304   12k
23-09 02:33:23| 92   7   0   0|  1   0: 96   4   0   0   0   0|   0    16M|  52B 1510B|  0     0 |7374   13k
23-09 02:33:24| 95   5   0   0|  0   0: 95   3   1   0   0   1|   0    16M| 156B 2994B|  0     0 |7326   13k
23-09 02:33:25| 90   9   0   0|  0   1: 96   4   0   0   0   0|   0    16M|  52B  566B|  0     0 |7320   12k
23-09 02:33:26| 92   8   0   0|  0   0: 94   5   0   0   0   1|   0    15M|  52B  550B|  0     0 |7054   13k
23-09 02:33:27| 93   6   0   0|  0   1: 99   1   0   0   0   0|   0    16M| 628B   14k|  0     0 |6831   12k
```

'top'을 사용하여 어느 프로세스가 CPU를 사용하고 있는지 실시간으로 확인할 수 있다.

top의 출력 예([top])

```
top - 02:33:32 up 7 days, 18:41,  1 user,  load average: 3.01, 1.01, 0.51
Tasks: 131 total,   2 running, 129 sleeping,   0 stopped,   0 zombie
Cpu0  :91.7%us,  7.0%sy,  0.0%ni,  0.3%id,  0.0%wa,  0.0%hi,  1.0%si,  0.0%st
Cpu1  :95.0%us,  4.7%sy,  0.0%ni,  0.0%id,  0.0%wa,  0.0%hi,  0.3%si,  0.0%st
Mem:  15343788k total,  5911056k used,  9432732k free,   250576k buffers
Swap:        0k total,        0k used,        0k free,  3741124k cached

  PID USER      PR  NI  VIRT  RES  SHR S %CPU %MEM    TIME+  COMMAND
32593 mysql     20   0 4831m 1.2g 7992 S 154.2  8.4  1:24.37 mysqld
32662 blog      20   0 1020m  23m 5072 S 23.1   0.2  0:13.23 app
32697 root      20   0 1050m 144m 8328 S 15.5   1.0  0:08.47 qualifier_bench
  300 apache    20   0  336m 8336 2128 S  1.0   0.1  0:00.09 httpd
  323 apache    20   0  336m 8336 2124 S  1.0   0.1  0:00.07 httpd
32651 memcache  20   0  310m 2844  692 S  1.0   0.0  0:00.24 memcached
```

아래의 설명에서 [ ]가 붙어있는 항목에 대해서는 툴마다 항목의 이름이 다르기 때문에 대응 표를 참고하기 바란다.

Cacti, dstat, top에서의 항목 이름 대응

본문에서의 명칭	의미	Cacti	dstat	Top
[User]	사용자 영역에서의 CPU 이용률	CPU User	usr	us
[System]	커널 영역에서의 CPU 이용률	CPU System	sys	sy
[Idle]	Idle 상태의 CPU 이용률	CPU Idle	idl	id
[Iowait]	I/O 대기에서의 CPU 이용률	CPU Iowait	wai	wa

우선 'dstat'과 'top'에서 'CpuN'의 항목 중 100%가 계속되는 타이밍이 없는지 확인한다. 100%가 지속되는 타이밍이 있다면 CPU 성능이 부족한 것일 수도 있다. CPU 성능이 부족하고, 게다가 RTT도 느리다면 CPU 성능이 보틀넥일 수도 있다.

[User]가 너무 큰 경우, **애플리케이션에서의 처리량이 너무 많기 때문에** 낮출 필요가 있다. 아니면 처리를 다수의 코어에 분산하여 1코어당 제약을 피할 필요가 있다.

[System]이 너무 큰 경우는 애플리케이션의 효율화를 검토하자. 메모리 액세스가 너무 많은 것 같으면 메모리에 데이터를 유지하는 양을 적게 하는 알고리즘으로,

nfs 액세스가 너무 많은 것 같다면 nfs를 사용하지 않는 시스템 구성으로 변경할 것을 검토하자.

위의 예에서는 'dstat'의 출력 결과에서 'idl'이 0 가까이에 머물고 있어 CPU를 거의 모두 사용하고 있다는 것을 알 수 있다. 그 원인으로는 [User]가 90~95%, [System]이 5% 정도이기 때문에 [User]의 처리가 많은 것으로 나타난다. 'top'에 의해 CPU를 사용하고 있는 프로세스가 'mysqld'라는 것을 확인할 수 있고, 'mysqld'에서의 처리 부하에 대응해야 한다는 것도 판단할 수 있다.

[Iowait]이 너무 큰 경우에는 그 원인을 찾도록 하자. 'iostat'에서 어떤 디바이스에 대한 I/O가 많은지, 그것이 어느 정도의 문제가 되고 있는지를 확인할 수 있다.

Iostat의 출력 예(iostat -xn 1)

```
Filesystem:         rBlk_nor/s  wBlk_nor/s  rBlk_dir/s  wBlk_dir/s  rBlk_svr/s  wBlk_svr/s     ops/s

Device:      rrqm/s   wrqm/s    r/s     w/s   rsec/s    wsec/s  avgrq-sz avgqu-sz   await  svctm  %util
xvda          0.00   256.00    2.00    5.00   136.00   2088.00   317.71     1.11  158.14  42.43  29.70
scd0          0.00     0.00    0.00    0.00     0.00      0.00     0.00     0.00    0.00   0.00   0.00
dm-0          0.00     0.00    2.00    0.00   136.00      0.00    68.00     0.48  240.00 120.50  24.10
dm-1          0.00     0.00    0.00  261.00     0.00   2088.00     8.00    33.49  128.31   1.14  29.70
```

디바이스 이름과 '%util'에서의 디바이스와 이용 정도를 확인하여 상황을 추정하자.

위의 예를 보면, 'dstat'의 [Iowait]은 0%로 문제가 되지 않는다는 것을 알 수 있다. 'dstat'에서는 I/O 자체가 항상 발생하고 있지만('dsk/xvda1'의 'read'와 'write'), CPU의 [Iowait]에는 나타나지 않아 문제가 되지 않는다고 판단할 수 있다.

또한 동시에 'dstat'에서 'paging'이 발생하고 있는 것은 아닌지 확인하자. 'paging'이 지속적으로 발생하고 있는 것 같다면 메모리의 용량이 부족한 것이다. 메모리 용량을 늘리거나 메모리 사용량을 줄일 필요가 있다. 'top'에서 'Swap:'의 'used' 수치가 0이 아니었다고 해도 'paging'이 지속적으로 발생하고 있지 않으면 특별히 문제 되지 않는다.

만약 'paging'이 발생하고 있는 경우라면 물리 서버에서는 NUMA^{Non-Uniform} Memory Access에 의한 Swap Insanity가 발생하고 있을 수도 있다. 이때는 NUMA 를 제어하는 프로그램인 'nomad'나 'numactl'을 사용하여 메모리 전체를 균일하 게 사용할 수 있도록 하면 'paging'의 발생을 줄일 수 있을지도 모른다.

메모리에 free가 남아있을 필요는 없다('top'에서 'Mem:'의 'free'를 확인). 'Memcached'가 어느 정도 필요한지 추정하는 것은 매우 어렵지만, 캐시 후 사용 하지 않은 용량은 확인 가능하기 때문에 그 값을 상한으로 하여 'Memused'를 늘 려도 괜찮다.

캐시 후 별로 사용하지 않은 메모리 용량은 아래와 같이 확인할 수 있다.

```
[root@web ~]# grep -i '^inactive(file)' /proc/meminfo
Inactive(file): 90232 kB
```

이번에는 Swap은 0, free는 9432732K로 메모리는 여유가 있다는 것을 알 수 있 다. 이와 같이 각 그래프와 지표를 차근차근 확인하여 보틀넥을 파악하도록 하자.

7.6
보틀넥을 찾는 방법 – 애플리케이션 코드

여기에서는 애플리케이션 코드에서 처리에 시간이 소요되는 부분을 찾는 방법을 소개한다. 프로파일러와 분석 툴을 사용해 WordPress를 사용하고 있는 사이트의 예를 살펴보자.

애플리케이션 프로파일러 사용하기

애플리케이션 속의 보틀넥을 찾기 위해서는 프로파일러를 사용하자. PHP의 경우 'Xdebug'가 편리하다. 다른 언어나 다른 프로파일러에서도 접근 방법은 같기 때문에 적절하게 사용하기 바란다.

XDebug http://xdebug.org/

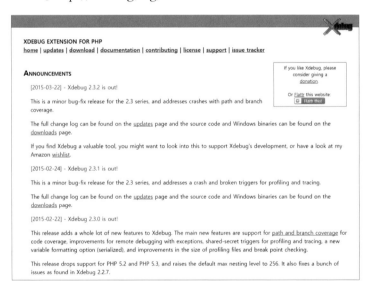

다음과 같이 'Xdebug'를 설치한다.

```
sudo yum install php-pecl-xdebug
```

```
[xdebug]
xdebug.profiler_enable = 1
```

'php.ini'에서 위와 같이 설정하여 브라우저에 액세스하면 '/tmp/cachegrind.out.〈PID〉'가 출력된다.

Linux나 Mac에서는 KCachegrind/QCacheGrind로 분석하자. 또한, OS를 불문하고 사용할 수 있는 툴로는 webgrind가 편리하다.

KCachegrind http://kcachegrind.sourceforge.net/html/Home.html
webgrind https://code.google.com/p/webgrind/

webgrind로 분석하기

WordPress에 'xdebug'를 적용하고 브라우저에서 '/'에 액세스해보니 한 번의 액세스에 3개의 파일이 생성되었다. 아래는 **ls** 명령으로 확인한 것이다.

```
[root@web ~]$ ls /tmp/cachegrind.out.*
/tmp/cachegrind.out.2981
/tmp/cachegrind.out.2984
/tmp/cachegrind.out.2985
```

그중에서 하나를 선택해 webgrind로 분석해보자. 세로 축에 함수가 나열되어 있고 3종류의 관점으로 정렬할 수 있다.

xdebug로 생성되는 파일의 항목

Invocation Count	호출 횟수
Total Self Cost	함수 내에서 PHP 함수 호출의 소요 시간
Total Inclusive Cost	함수 내에서의 총 소요 시간

기본적으로는 'Total Self Cost'의 내림차순으로 표시된다.

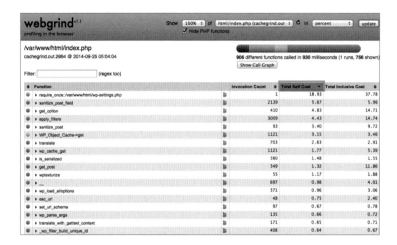

'Total Inclusive Cost'에서 정렬을 바꿀 수도 있다.

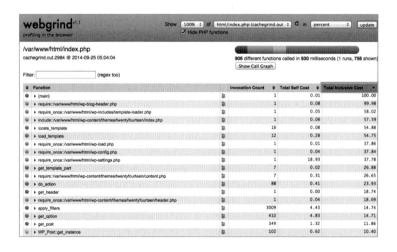

보틀넥을 찾을 때는 'Total Inclusive Cost'의 내림차순을 바탕으로 살펴보는 것
이 좋다. 'Total Inclusive Cost'의 값을 위에서부터 살펴보며 값의 차이가 있는
부분에 주목한다. 값의 차이가 있다는 것은 그 함수 내에서 시간이 소요되고 있다
는 것이다.

Total Inclusive Cost의 값이 높은 함수

Function	Total Inclusive Cost
Main	100.00
require::/var/www/html/wp-blog-header.php	99.98
require_once::/var/www/html/wp-includes/template-loader.php	58.02

이번 예에서는 'require::/var/www/html/wp-blog-header.php'에서 시간이 소요되고 있다는 것을 알 수 있다. 자세히 확인하기 위해서 'require::/var/www/html/wp-blog-header.php'를 클릭해보면 이 함수의 내역이 표시된다.

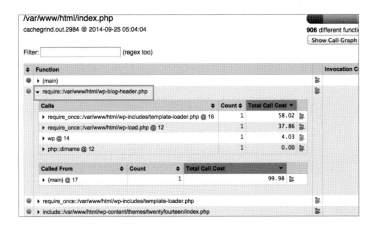

'require_once::/var/www/html/wp-includes/template-loader.php'가 58.02%, 'require_once::/var/www/html/wp-load.php'가 37.86%를 차지하고 있는 것을 알 수 있다.

계속해서 자세한 확인을 위해 'require_once::/var/www/html/wp-includes/template-loader.php'를 클릭해보자.

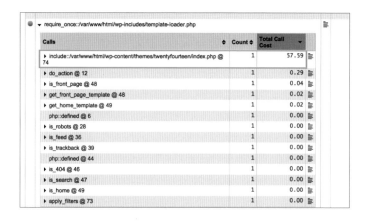

'include::/var/www/html/wp-content/themes/twentyfourteen/index.php'가 거의 전부를 차지하고 있는 것을 알 수 있다. 계속해서 확인하고 싶은 항목을 클릭하여 세부 내용을 확인한다.

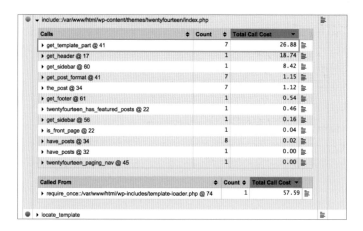

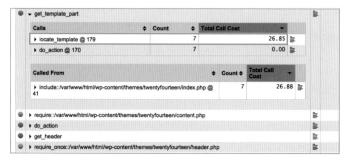

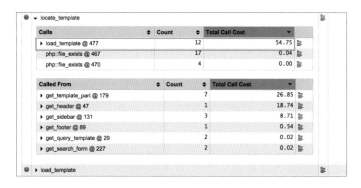

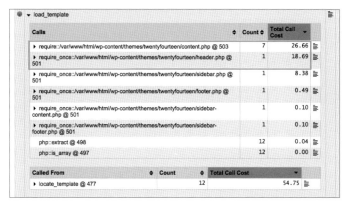

WordPress의 템플릿인 'content.php'와 'header.php' 처리에 많은 시간이 소요되고 있는 것을 알 수 있다. 이와 같이 함수 단위에서 시간이 소요되고 있는 부분을 파악하여 개선하자.

계속해서 확인하고 싶은 항목을 클릭하여 세부 내용을 확인한다.

웹 서비스 튜닝 2
: 튜닝 레시피

이번 장에서는 다양한 포인트별 튜닝 방법을 소개한다. 5장까지의 내용에 대한 구체적인 예도 포함하고 있으니 목차에서 필요한 내용을 선택하여 살펴보기 바란다.

8.1
포인트별 튜닝 레시피

여기에서는 포인트별로 자세한 튜닝 방법을 정리하였다.

요청 횟수와 데이터 전송량을 줄이는 방법

HTTP 요청의 특징은 텍스트 기반의 프로토콜이라는 것과 통신을 하기 위한 절차가 필요하다는 점이다. 서버 측과 클라이언트 측 모두 통신을 할 때마다 프로토콜을 해석하는 파서parser가 매번 동작한다. 따라서 요청 횟수가 줄어들면 그만큼의 오버헤드가 감소하는 이점이 있다. 물론, 통신의 횟수 자체가 줄어드는 것도 도움이 된다. 실제 구현으로는 아래와 같은 방법이 있다.

요청 횟수를 줄이는 방법	구체적인 실행 방법
파일 결합에 의한 이미지 수 감소	페이지 내에서 이용하는 CSS나 JavaScript의 파일을 결합해 하나로 집약함으로써 1페이지에서의 요청 수를 줄인다.
CSS Sprite에 의한 이미지 수 감소	이미지를 하나로 집약하여 1페이지에서의 요청 수를 줄인다.
배경 등의 표현을 CSS로 구현	이미지 수를 줄임으로써 1페이지에서의 요청 수를 줄인다. 데이터 전송량도 줄일 수 있다.
HTTP KeepAlive 유효화	HTTP KeepAlive를 유효화하여 다수의 요청을 한 번의 통신으로 처리함으로써 통신 횟수를 줄일 수 있다.

또한, 데이터 전송량을 줄이기 위한 구현에는 아래와 같은 방법이 있다.

데이터 전송량을 줄이는 방법	구체적인 실행 방법
CSS나 JavaScript를 minify한다.	들여쓰기나 행 바꿈을 없애는 등 CSS나 JavaScript의 파일 내용을 줄인다.
이미지의 압축률을 높인다.	이미지의 압축률을 높여 파일 용량을 작게 한다.

이미지의 크기를 작게 한다.	이미지의 크기가 표시될 크기보다 큰 경우, 이미지의 크기를 표시될 크기에 맞추어 작게 한다.
데이터를 압축하여 전송한다.	전송 시에 데이터를 gzip 압축하여 전송한다.
정적 파일을 브라우저에서 캐시한다.	HTTP 헤더를 설정하여 정적 파일을 브라우저에서 캐시함으로써, 갱신의 확인만으로 요청의 처리를 끝낸다.
CDN(Contents Delivery Network)을 사용한다.	CDN에서 데이터를 캐시함으로써 자체 서버의 데이터 전송량을 줄인다.

정적 파일을 브라우저에서 캐시하고 CDN을 사용하는 방법에 대해서는 다음에 설명하도록 한다.

■ **프론트엔드 구현의 예**

파일 결합, CSS Sprite, CSS나 JavaScript의 minify는 'Grunt'와 같은 툴을 이용하는 것이 좋다.

Grunt http://gruntjs.com/

Grunt는 플러그 인으로 다양하게 확장할 수 있으며, 여기에서는 아래와 같은 플러그 인을 이용해보자.

- **CSS 결합/minify** grunt-contrib-cssmin https://github.com/gruntjs/grunt-contrib-cssmin

- **JavaScript 결합** grunt-contrib-concat https://github.com/gruntjs/grunt-contrib-concat

- **JavaScript minify** grunt-contrib-uglify https://github.com/gruntjs/grunt-contrib-uglify

- **CSS Sprite 작성** grunt-spritesmith https://github.com/Ensighten/grunt-spritesmith

그 외의 다양한 플러그 인은 Grunt의 Github에서 확인하기 바란다.

https://github.com/gruntjs?query=contrib

설치 순서는 아래와 같다. 우선 아래의 내용으로 'package.json'을 작성한다.

```
{
    "name": "myproject" ,
    "version": "0.0.1"
}
```

다음으로 Grunt를 설치한다. 아래는 CentOS6의 예이다. CentOS6의 경우에는 epel 리포지토리^{repository}가 필요하다.

첫 번째 행에서 epel 리포지토리를 설치하고, 두 번째 행에서 grunt를 설치하기 위해 필요한 프로그램과 라이브러리를 설치한다. 세 번째 행에서는 위에서 언급한 4종류의 플러그 인을 설치한다.

```
yum install http://dl.fedoraproject.org/pub/epel/6/x86_64/epel-
release-6-8.noarch.rpm
yum install npm ImageMagick GraphicsMagick cairo-devel libjpeg-turbo-
devel
npm install grunt-cli grunt-contrib-concat grunt-contrib-uglify
grunt-contrib-cssmin grunt-spritesmith —save-dev
```

여기까지 하면 설치가 완료된다.

다음으로 'Gruntfile.js'를 아래의 내용으로 작성한다.

```
module.exports = function(grunt) {
  grunt.initConfig({
    pkg: grunt.file.readJSON('package.json'),
    cssmin: {
      compress: {
        files: {
          'dest/min.css': ['css/*.css']
        }
      }
    },
    concat: {
      files: {
        src: 'js/*.js',
        dest: 'tmp/all.js'
```

```
      }
    },
    uglify: {
      dest: {
        files: {
          'dest/min.js': 'tmp/all.js'
        }
      }
    },
    sprite: {
      all: {
        src: 'img/*.png',
        destImg: 'dest/sprite.png',
        destCSS: 'dest/sprite.css'
      }
    }
  });
  grunt.loadNpmTasks('grunt-contrib-cssmin');
  grunt.loadNpmTasks('grunt-contrib-concat');
  grunt.loadNpmTasks('grunt-contrib-uglify');
  grunt.loadNpmTasks('grunt-spritesmith');
   grunt.registerTask('default', ['sprite', 'cssmin', 'concat',
 'uglify']);
 };
```

그리고 grunt를 실행한다.

```
node_modules/.bin/grunt
```

실행 예는 아래와 같다.

```
[root@web public]$ node_modules/.bin/grunt
Running "sprite:all" (sprite) task
Files "dest/sprite.css", "dest/sprite.png" created.

Running "cssmin:compress" (cssmin) task
File dest/min.css created: 122.86 kB → 115.26 kB

Running "concat:files" (concat) task
File tmp/all.js created.
```

```
Running "uglify:dest" (uglify) task
>> 1 file created.

Done, without errors.
```

이렇게 하는 것만으로 dest 아래에 CSS 결합과 minify, JavaScript 결합과 minify, CSS Sprite용 이미지와 CSS를 작성할 수 있다. 수동으로 하려면 번거로운 작업이지만 한 번의 명령으로 완료되도록 하였으니 꼭 활용하기 바란다.

▌ HTTP KeepAlive의 구현 예

HTTP KeepAlive를 이용함으로써 하나의 TCP/IP 접속을 유지한 채로 다수의 HTTP 요청을 처리할 수 있다. HTTP KeepAlive를 사용하지 않는 경우에는 아래 그림과 같이 각각의 요청에 대해 하나씩 접속해야 한다.

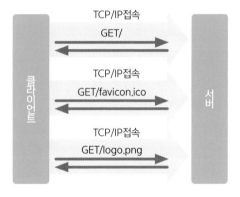

HTTP KeepAlive를 사용하면 아래와 같이 하나의 접속을 다수의 요청에서 공유한다.

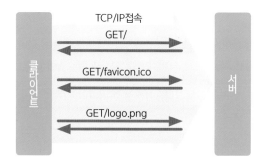

HTTP KeepAlive의 이점은 매번 접속할 필요가 없기 때문에 서버 측과 클라이언트 측 모두 처리량이 줄어들어 사이트 표시가 빨라질 수 있다는 것이다. 한편, 서버 측은 다음 요청이 올 수도 있기 때문에 일정 시간을 대기하게 되므로, 그만큼 접속을 유지해야만 한다. 따라서 서버 측의 병렬 수는 많아진다.

HTTP KeepAlive가 없는 경우에는 한 페이지를 표시하기 위해 필요한 접속 수가 많기 때문에 상위 네트워크 기기에서 관리하는 동시 병렬 세션의 수가 많아진다. 방화벽이나 로드밸런서의 동시 병렬 세션의 수가 문제가 되는 경우에는 HTTP KeepAlive를 유효화함으로써 문제를 해소할 수도 있다.

Apache에서는 아래와 같이 설정한다.

```
KeepAlive On
MaxKeepAliveReq uests 200
KeepAliveTimeout 2
```

nginx에서는 아래와 같이 설정한다.

HTTP KeepAlive를 사용하지 않도록 하려면 'keepalive_timeout'을 0으로 지정한다.

```
keepalive_requests 200;
keepalive_timeout 2;
```

■ 데이터 압축 전송의 구현 예

데이터 압축 전송을 이용함으로써 데이터 전송량은 몇 분의 1 ~ 몇십 분의 1로 감소한다. 반면, 압축을 위해서는 CPU를 사용하므로 서버 측의 CPU 부하는 높아진다.

Apache의 경우는 'mod_deflate' 모듈로 구현한다. 이때 바이너리 파일은 압축을 해도 효과가 적으니 텍스트 파일에 대해서 지정하도록 한다.

```
BrowserMatch ^Mozilla/4 gzip-only-text/html
BrowserMatch ^Mozilla/4\.0[678] no-gzip
BrowserMatch \bMSIE\ [1-6] !no-gzip !gzip-only-text/html
SetEnvIfNoCase Request_URI \.(?:gif|jpe?g|png|exe|zip|gz|ico|swf|mp.|
wav)$ no-gzip dont-vary
Header append Vary User-Agent env=!dont-vary
AddOutputFilterByType DEFLATE text/plain
AddOutputFilterByType DEFLATE text/html
AddOutputFilterByType DEFLATE text/javascript
AddOutputFilterByType DEFLATE text/css
AddOutputFilterByType DEFLATE text/json
AddOutputFilterByType DEFLATE text/xml
AddOutputFilterByType DEFLATE text/xhtml
AddOutputFilterByType DEFLATE text/xhtml+xml
AddOutputFilterByType DEFLATE text/atom+xml
AddOutputFilterByType DEFLATE application/javascript
AddOutputFilterByType DEFLATE application/x-javascript
AddOutputFilterByType DEFLATE application/json
AddOutputFilterByType DEFLATE application/xml
AddOutputFilterByType DEFLATE application/xml+rss
AddOutputFilterByType DEFLATE application/xhtml
AddOutputFilterByType DEFLATE application/xhtml+xml
AddOutputFilterByType DEFLATE application/atom+xml
AddOutputFilterByType DEFLATE application/x-httpd-php
```

nginx에서는 아래와 같이 설정한다.

```
gzip on;
gzip_disable "Mozilla/4";
gzip_disable "msie6";
gzip_types text/plain
    text/html
```

```
    text/javascript
text/css
    text/json
    text/xml
    text/xhtml
    text/xhtml+xml
    text/atom+xml
    application/javascript
    application/x-javascript
    application/json
    application/xml
    application/xml+rss
    application/xhtml
    application/xhtml+xml
    application/atom+xml
    application/x-httpd-php;
gzip_vary on;
```

최근에는 압축 전송을 지원하는 클라이언트가 많다. nginx의 경우도 미리 압축해 둔 파일을 송신함으로써 압축 부하를 줄일 수 있다. 우선 전송 대상(예를 들어 '/css/app.css')과 그것을 압축한 '/css/app/css.gz'를 준비해 둔다.

```
[root@web css]# gzip -c app.css > app.css.gz
```

그 후, nginx의 설정에서 압축 파일의 전송 설정을 한다. 아래의 설정 예에서는 '/css/'와 '/js/'로 요청이 온 액세스는 기본적으로 압축된 것을 전송하고, 만약 압축 전송에 대응하지 않는 클라이언트에서 액세스가 오면 압축을 풀어 송신한다.

```
location ~ ^/(css|js)/ {
    gunzip       on;
    gzip_static  always;
}
```

디플로이 운용이 변하기 때문에 서버의 설정만으로 간단하게 도입할 수 있는 것은 아니지만, 서버의 CPU 부하, 네트워크 전송량에 큰 영향이 있으므로 활용하기 바란다.

OS의 CPU 사용률 낮추기

■ Iowait을 낮추려면

어떤 프로세스가 Iowait(I/O wait에서의 CPU 이용률)을 높이고 있는 원인인지를 파악하는 간단한 방법을 살펴보자.

- I/O 체크 툴인 'iotop'로 확인한다.
- ps 명령으로 'status D' 프로세스를 확인한다.

여기에서는 'iotop'을 소개한다. 'iotop'은 그때그때의 I/O량을 스레드별로 표시한다. 우선은 아래와 같이 설치한다.

```
[root@web ~]# yum install iotop
```

아래의 예에서는 mysqld가 디스크 쓰기를 '988.33KB/s + 9.3KB/s'만큼 수행하고 있는 것을 알 수 있다.

```
[root@web ~]# iotop
Total DISK READ: 0.00 B/s ¦ Total DISK WRITE: 1044.12 K/s
   TID  PRIO  USER     DISK READ  DISK WRITE  SWAPIN      IO>
COMMAND
31373 be/4 mysql       0.00 B/s  988.33 K/s  0.00 %  3.63 % mysqld
—basedir~mysql/mysql.sock
 1546 be/3 root        0.00 B/s   18.60 K/s  0.00 %  0.45 % [jbd2/
xvda1-8]
31385 be/4 mysql       0.00 B/s    9.30 K/s  0.00 %  0.06 % mysqld
—basedir~mysql/mysql.sock
```

스레드별이 아니라 프로세스별로 표시하는 경우에는 '−P'를 붙인다.

```
[root@web ~]# iotop -P
```

프로세스가 파악된 후의 대응은 대체로 다음과 같다. 기본적으로는 애플리케이션에서의 대응이지만, 일부 인프라 설정에서의 대응이 가능하다.

불필요한 처리나 중지할 수 있는 처리가 있으면 중지시킨다.
- 의도하지 않은 일괄 처리가 수행되고 있지는 않은지 확인한다. 실행 시작 시간이 밀리지 않았는지 검토한다.
- 로그 출력 수준을 낮추어 출력량을 감소시킨다(DEBUG나 INFO에서 WARN으로 변경하는 등)
- 만약을 위해 취득하고 있는 데이터의 취득을 중지한다.

Swap을 이용하고 있는 프로세스가 있다면 그 프로세스의 메모리 이용량을 제한하거나 메모리를 늘린다.

출력을 효율화한다.
- 파일로의 출력을 버퍼링한다.

다음은 OS 내에서도 특히 많은 양의 디스크 쓰기를 수행하는 'syslog'의 출력을 버퍼링해 본다. CentOS6.5의 경우는 기본적으로 'rsyslog'를 이용하며, 출력 설정은 설정 파일 '/etc/rsyslog.conf'의 '#### RULES ####' 아래 부분에 있다.

```
#### RULES ####

# Log all kernel messages to the console.
# Logging much else clutters up the screen.
#kern.*                                          /dev/console

# Log anything (except mail) of level info or higher.
# Don't log private authentication messages!
*.info;mail.none;authpriv.none;cron.none         /var/log/messages

# The authpriv file has restricted access.
authpriv.*                                       /var/log/secure

# Log all the mail messages in one place.
mail.*                                          -/var/log/maillog
```

이 부분에서 'syslog'의 출력 파일 중요도severity나 기능facility의 설정, 출력 방법의 설정을 하고 있다. 예를 들어 위의 '.info'는 중요도의 설정이며, 'authpriv.'는 기능의 설정이다. 그리고 파일명의 앞에 '−'를 붙이면 출력 시에 버퍼링이 유효하게 된다. 버퍼링을 유효하게 할 때 주의해야 할 점은 버퍼링을 함으로써 갑작스러운 재부팅이나 전원 단절 발생 시 출력이 손실될 가능성이 있다는 것이다.

즉, 버퍼링을 하기 때문에 일시적으로 디스크에 기록하지 않은 데이터가 생기는 것은 어쩔 수 없지만, 그 때문에 장애 발생 직전의 로그를 잃게 될 수도 있다. 기본적으로 메일 로그는 양이 많고 다소 손실이 생겨도 괜찮기 때문에 버퍼링을 유효하게 한다.

갑작스러운 재부팅이나 전원 단절 등이 발생한 경우에는 로그를 아예 출력할 수 없는 상황도 많기 때문에 서버를 어느 정도 다중화한 다음 로그 소실을 감수할 각오로 운용하는 방법도 있다. 그때그때의 상황에 따라 선택하기 바란다.

■ Softirq를 낮추려면

통신량이 많은 로드밸런서 등에서는 Softirq(Softirq 처리에서의 CPU 이용률)가 1코어의 상한에 도달하는 경우가 있다.

'top'이나 'dstat'에서 특정 CPU 코어의 'siq'가 90%를 넘는 경우에는 문제가 된다. 근본적으로는 통신량(데이터량)을 줄일 수밖에 없지만, 앞에서 설명한 것처럼 CentOS6 이상의 버전에서는 'RFS$^{Receive Flow Steering}$ / RPS$^{Receive Packet Steering}$'라는 기능으로 다수의 코어를 이용하여 1코어의 상한 제약을 피할 수도 있다.

설정 방법은 다음과 같이 'sysfs'와 'procfs' 파일 시스템을 사용한다. 아래의 예에서는 eth*(네트워크 인터페이스) 전체에 RPS/RFS를 이용하고 있다.

```
[root@web ~]# echo "f"     ¦ tee /sys/class/net/eth*/queues/rx-*/rps_cpus
[root@web ~]# echo "32768" ¦ tee /sys/class/net/eth*/queues/rx-*/rps_flow_
cnt
[root@web ~]# echo "32768" ¦ tee /proc/sys/net/core/rps_sock_flow_entries
```

우선 첫 번째 행의 'rps_cpus'에서는 이용할 CPU의 수를 16진수로 설정한다. 예를 들어 CPU가 4개인 서버에서 CPU를 2개 할당할 경우에는 'xx00'이기 때문에 '3'을 지정한다. 이번 예에서는 CPU를 4개 할당하기 위해 '0000 = f'로 지정하고 있다.

세 번째 행의 'rps_sock_flow_entries'는 예상되는 최대 연결의 수를 설정하고,

두 번째 행의 'rps_flow_cnt'는 'rps_sock_flow_entries / 수신 큐의 수'로 설정한다. 수신 큐의 수는 '/sys/class/net/⟨디바이스 이름⟩/queues/rx-*'의 수이며, RSS가 무효화된 서버의 경우 수신 큐는 하나이다. 설정 후에 'top'이나 'dstat'으로 효과를 확인하자.

이대로라면 서버를 재부팅할 때 설정이 사라지므로 sysfs의 경우에는 '/etc/rc.local'에서 재설정하자. procfs의 경우에는 '/etc/sysctl.conf'에서 설정할 수 있다.

/etc/sysctl.conf

```
net.core.rps_sock_flow_entries = 32768
```

OS의 메모리 용량 늘리기

OS의 메모리 용량을 늘리려면 스펙을 올리는 방법뿐이다. 스펙을 올릴 수 없는 경우에는 유사하게 메모리 용량을 늘리는 방법으로서 Swap(일시적으로 메모리에서 데이터를 하드디스크 등의 보조기억장치 영역에 쓰거나 읽거나 하는 것)을 활용할 수 있다.

Swap은 서버가 가동 중인 상태에서도 추가 및 해제할 수 있으며, 여러 개의 디스크로 구성하여 각각의 디스크에 우선순위를 부여할 수 있다.

현재의 Swap 설정 상태는 '/proc/swaps'로 확인할 수 있다. 'Priority'의 숫자가 큰 것이 우선적으로 이용된다.

```
[root@web ~]# cat /proc/swaps
Filename              Type      Size      Used   Priority
/dev/dm-1             partition 4128760   46612  -1
```

1대의 서버에 HDD와 SSD가 장착되어 있는 경우에는 SSD를 유사 메모리로 활용할 수 있다. 또한, 파일을 Swap 디바이스로 인식하게 할 수도 있으며, SSD의 여유 용량을 Swap으로 이용하는 방법도 있다.

다음은 '/mnt/ssd'에 마운트된 SSD에 8GB의 '/mnt/ssd/swapfile'을 작성하여 Swap으로 이용하는 예이다.

```
[root@web ~]# dd if=/dev/zero of=/mnt/ssd/swapfile bs=1M count=8192
[root@web ~]# mkswap /mnt/ssd/swapfile
[root@web ~]# swapon -p 100 /mnt/ssd/swapfile
```

이것만으로 Swap이 8GB 증가한다. 하지만, 이대로라면 서버의 재시동에 의해 'swapon(Swap으로 이용하는 설정)'이 해제되기 때문에 '/etc/rc.local'에 'swapon'을 추가하거나 아래와 같이 'etc/fstab'에 설정을 추가하여 자동적으로 마운트되도록 한다.

```
[root@web ~]# echo "/mnt/ssd/swapfile swap swap defaults,pri=100 0 0"
| tee -a /etc/fstab
```

Swap을 해제할 때는 'swapoff'를 사용한다. 'swapoff'를 실행하면 해당하는 영역에 있던 데이터가 메모리나 다른 Swap으로 옮겨지기 때문에 일시적으로 디스크 I/O가 증가할 가능성이 높다.

```
[root@web ~]# swapoff /mnt/ssd/swapfile
```

클라우드가 아닌 물리적인 디바이스의 SSD에서 Swap을 하는 경우에는 SSD의 write cycle 수명에 주의하기 바란다.

OS의 메모리 사용량 낮추기

GUI 관련이나 인쇄 관련 등의 불필요한 데몬을 정지시켜 메모리를 절약할 수는 있지만, 그렇게 많이 절약되는 것은 아니기 때문에 근본적인 해결은 되지 못한다. 불필요한 것을 선택해 정지시키는 것이 어렵다면 처음부터 불필요한 것이 설치되지 않도록 하자.

CentOS6에서는 설치 시에 'minimal'을 선택함으로써 최소한의 프로세스만 가동하는 상태로 설치할 수 있다.

OS의 디스크 I/O 성능 높이기

OS의 디스크 성능을 높이는 방법은 기본적으로 저수준에서 대응하는 것이다. 물리적인 서버의 경우, RAID(2장 참조)를 사용함으로써 디스크 1대당 성능을 초과하는 I/O 성능을 구현할 수 있다.

성능 면에서는 전용 **RAID 카드**(RAID 컨트롤러)를 이용한 하드웨어 RAID가 좋다. 하드웨어 RAID는 'PCI express' 등으로 접속하는 RAID 카드를 이용한다. 성능을 목적으로 RAID 카드를 선정할 때는 반드시 메모리와 배터리를 내장하고 있는 것을 선택하기 바란다. 메모리 용량은 최소한 512MB, 가능하면 1GB 이상인 것이 좋다. 메모리를 내장함으로써 디스크에 데이터를 기록하는 대신 내장 메모리에 기록하는 것만으로 완료가 된다. 이 동작을 WriteBack이라고 한다.

그 후 RAID 카드는 내장 메모리에 쓰여진 데이터를 순차적으로 디스크에 기록한다. 기록할 데이터의 양이 메모리 용량 이내에서 유지되는 동안은 I/O가 매우 빠르게 처리된다. 배터리는 갑자기 전원이 끊길 경우에 메모리의 데이터를 보존하기 위해 이용된다. 따라서 배터리가 모두 방전되기 전에 서버를 복구시켜야 데이터의 손실을 막을 수 있다. 성능 향상을 위해 RAID 카드는 **WriteBack** 모드로 사용하자.

다음으로 디스크 자체의 성능을 높여보자. HDD의 성능은 인터페이스 규격과 회전 수에 의해 결정된다. HDD 제조사가 제시하는 성능 지표를 참고로 선정하면 된다.

최후의 수단은 디스크 자체를 변경하는 것이다. HDD를 사용하지 않고 SSD나 PCI express 인터페이스(2장 참조)의 반도체 스토리지를 도입하는 방법이 있다. 가격이 비싸지만 성능 문제를 해결하기 위해 서버를 여러 대 준비하는 것보다는 저렴한 경우도 많으니 꼭 검토해보기 바란다.

클라우드 서비스의 경우는 대부분 서비스 플랜에 미리 디스크나 서버의 디스크

I/O 성능이 결정되어 있다.

상위의 플랜을 사용하여 성능 향상을 도모하는 것이 기본이지만, AWS의 'Amazon Elastic Block Store^EBS'처럼 디스크별로 성능이 결정되는 서비스의 경우에는 디스크를 여러 개 준비하여 OS에서 RAID를 구성함으로써 디스크 각각의 성능을 능가할 수 있게 된다.

Amazon Elastic Block Store http://aws.amazon.com/ko/ebs/

> **OS의 디스크 I/O 사용량을 낮추기**
> 이것에 대해서는 **OS의 CPU 사용률 낮추기**의 'Iowait을 낮추려면' 부분을 참조하기 바란다.

OS의 네트워크 성능 높이기

OS의 네트워크 성능을 높이기 위한 관점으로는 서버에서의 네트워크 접속 관점, 인터넷 접속 관점, OS에서의 튜닝 관점이 있다.

■ 서버에서의 네트워크 접속 관점

서버에서의 네트워크 접속 관점으로는 계약한 통신 대역을 100Mbps에서 1Gbps로 올리는 것과 같은 속도 향상 등으로 이해하면 쉬울 것이다. 최근의 서버는 1Gbps급의 접속에도 대응하고 있다. 하지만 서버, 케이블, 스위치(허브)가 모두 1Gbps에 대응해야만 충분한 성능이 나오기 때문에 이용하고 있는 기기의 성능을 잘 확인하기 바란다.

서버 측의 접속 상황은 **ethtool** 명령으로 확인할 수 있다. 아래의 예에서는 1000Mb/s(=1Gbps)로 접속되어 있는 것을 확인할 수 있다.

```
[root@web ~]# ethtool eth0
Settings for eth0:
        Supported ports: [ TP ]
        Supported link modes:   10baseT/Half 10baseT/Full
                                100baseT/Half 100baseT/Full
                                1000baseT/Half 1000baseT/Full
        Supports auto-negotiation: Yes
        Advertised link modes:  10baseT/Half 10baseT/Full
                                100baseT/Half 100baseT/Full
                                1000baseT/Half 1000baseT/Full
        Advertised pause frame use: Symmetric
        Advertised auto-negotiation: Yes
        Speed: 1000Mb/s
        Duplex: Full
        Port: Twisted Pair
        PHYAD: 1
        Transceiver: internal
        Auto-negotiation: on
        MDI-X: off
        Supports Wake-on: g
        Wake-on: d
        Current message level: 0x000000ff (255)
        Link detected: yes
```

만약 서버가 1Gbps에 대응하더라도 스위치가 100Mbps까지만 대응하는 경우에
는 'Speed:'가 '100Mb/s'이 되어버린다. 특히 물리적인 서버의 경우는 속도 자동
인식Auto negotiation에 실패 시 낮은 속도로 접속할 수도 있으니 의도한 속도로 접속되
었는지 잘 확인하자.

■ 인터넷 접속 관점

서버의 접속은 1Gbps라고 하더라도 상위(인터넷 접속 측)에서 대역을 제한
하는 경우가 있다. 전용 회선의 경우 Wire rate(1Gbps 접속이라면 1Gbps,
100Mbps 접속이라면 100Mbps)의 80% 정도는 어렵지 않게 나온다. PC뿐 아니
라 모바일까지 대상으로 한 인터넷 접속에서도 1Gbps 회선으로 800Mbps 정도
는 나오고 있다. 물론 LAN이라면 거의 Wire rate까지 나올 것이다.

공유 회선의 경우는 정확히 어느 정도까지 나오는지 정해져 있지 않으므로 서버를 제공하는 사업자에게 어느 정도의 속도가 나오는지 확인하는 것이 좋다. 필자가 경험한 범위에서는 최대로 접속 대역의 70~80%(100Mbps라면 최대 70~80Mbps) 정도 나오는 경우가 많았다.

네트워크 배치의 변경은 **네트워크의 물리적인 거리의 변경**을 말한다. 예를 들어, 일반 가정의 회선에서 확인했을 때 싱가폴까지의 RTT가 150msec 정도, 도쿄까지의 RTT가 15msec 정도였다면, 상대값으로는 10배의 차이가 난다. 여기서 150msec를 절대값으로 보면 실시간을 요구하지 않는 경우에는 그다지 나쁜 수치는 아니다.

인터넷에서는 어떤 네트워크와 또 다른 네트워크를 상호 접속하는 경우가 있다. 이것을 **피어링**Peering이라고 한다. 예를 들어, 데이터 센터 A와 통신함에 있어서 피어링하고 있는 데이터 센터 P와 피어링하지 않는 데이터 센터 Q가 있을 경우, A와 P 사이는 직통이기 때문에 0-HOP이 되므로 속도가 빠르지만, A와 Q 사이는 몇 HOP인지 알 수 없다.

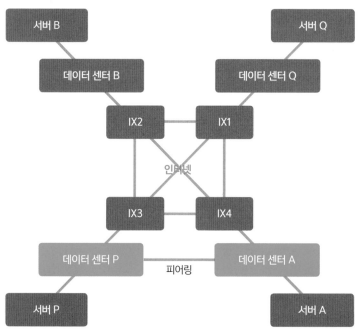

IX⋯⋯인터넷 익스체인지. 인터넷 상의 상호 접속 포인트

예를 들어 휴대 단말기용 웹 서비스를 제공하고 있는 경우, 이동통신사의 네트워크와 피어링하고 있는 데이터 센터에 서비스를 설치할 수 있다면 네트워크 측면에서 매우 빠른 서비스를 제공할 수 있게 된다.

■ OS에서의 튜닝 관점

OS의 커널 파라미터를 튜닝함으로써 네트워크 성능을 올릴 수 있다. CentOS의 경우는 '/etc/sysctl.conf'에서 설정한다.

OS에서의 네트워크 튜닝에는 크게 두 종류가 있다. 첫 번째는 **제한을 완화하여 용량을 늘리는 것**을 목적으로 하는 항목, 두 번째는 **리소스의 재사용을 신속하게 함으로써 리소스의 회전률을 높이는 것**을 목적으로 하는 항목이다. 두 가지를 동시에 대응하게 되면 결과적으로 네트워크의 성능이 향상된다.

항목	내용	설정 예	효과
net.netfilter.nf_conntrack_max	Netfilter(iptables)에서의 최대 동시 접속 수	65536	제한 완화
net.ipv4.ip_local_port_range	접속할 경우에 이용하는 포트 번호	16384 65535	제한 완화
net.ipv4.tcp_orphan_retries	종료된 TCP 연결에서 재전송 타임아웃 발생 시의 재시도 횟수	2	고속 회전
net.ipv4.tcp_tw_reuse	TIME_WAIT 상태의 소켓을 재사용	1	고속 회전
net.ipv4.tcp_max_tw_buckets	한 번에 보유할 수 있는 TIME_WAIT 상태의 소켓 수	65536	제한 완화
net.core.somaxconn	소켓을 Listen하는 back log의 상한값	2048	제한 완화
net.core.netdev_max_backlog	큐잉할 수 있는 입력 패킷의 최대 수	2048	제한 완화
net.ipv4.tcp_max_syn_backlog	SYN 수신된 접속의 최대 수	2048	제한 완화

'net.netfilter.nf_conntrack_max'에는 필요한 만큼 큰 값을 설정하자. 로드밸런서 등 대량의 연결을 취급하는 서버에서는 1,000만 이상의 값을 설정하는 경우도

있다. 설정값을 결정하기 위해 현재의 이용량을 확인할 수도 있다.

'/proc/sys/net/netfilter/nf_conntrack_count'로 현재의 이용량을 확인할 수 있다. 아래는 **cat** 명령을 이용하였다.

```
[root@web ~]$ cat /proc/sys/net/netfilter/nf_conntrack_count 54941
```

CentOS의 경우는 'iptables'를 재시작할 때 설정이 초기화되므로 '/etc/sysconfig/iptables-config'에서 **IPTABLES_SYSCTL_LOAD_LIST=".nf_conntrack.bridge-nf"** 부분의 주석을 해제하도록 하자.

이와 같이 다른 항목의 설정값도 'cat/proc/sys/〈항목의 .을 /로 바꾼 path〉'를 사용하여 현재의 설정값을 확인할 수 있다.

'net.ipv4.ip_local_port_range'는 자신이 접속하는 쪽이 된 경우에 사용하는 포트의 폭을 지정한다. 서버의 경우, 다른 서버(AP 서버, DB 서버 등)에 접속할 때 하나의 커넥션을 위해 사용하는 포트 번호 역시 하나이므로 충분히 큰 값을 설정하기 바란다.

또한, 포트의 수가 부족한 경우에는 'net.ipv4.tcp_tw_reuse'를 이용하면 상황이 좋아질 수도 있다. 그래도 부족한 경우에는 AP 서버나 DB 서버와 접속을 유지하는 방법을 검토하기 바란다. AP 서버와의 접속에 HTTP KeepAlive(8장 참조)를, DB 서버와의 접속에 Connection Pooling을 사용하는 등의 방법을 생각해 볼 수 있다.

TIME_WAIT의 연결이 증가한 경우에는 'net.ipv4.tcp_max_tw_buckets'를 크게 하여 그 접속들을 유지할 수 있다.

그리고 동시에 대량의 신규 접속요구가 발생하여 처리할 수 없는 경우에는 'net.core.somaxconn', 'net.core.netdev_max_backlog', 'net.ipv4.tcp_max_syn_backlog'를 크게 하여 신규 접속요구를 큐잉함으로써 접속 에러를 방지한다.

OS의 네트워크 사용량 낮추기

OS 스스로 네트워크 사용량을 낮추는 기능은 없다. 만약 백업 등으로 데이터 전송의 네트워크 이용량을 낮추고 싶은 경우에는 전송 툴에 포함된 압축 기능을 이용하는 것이 좋다.

예를 들면, 'rsync'를 사용하는 경우 '-z' 옵션을 이용하여 압축 전송을 할 수 있다.

```
[root@web ~]# rsync -az /data/backup/ remote.example.com:/data/
backup/web/
```

tar와 gz로 압축하여 전송한 다음 수신 측에서 압축을 해제할 수도 있다.

```
[root@web ~]# tar zcfp - -C /data/backup . | ssh remote.example.com
"cat - | tar zxf - -C /data/backup/web"
```

이를 응용하면 pigz와 같이 멀티코어를 사용하는 툴의 경우에는 다수의 CPU를 이용하기 때문에 전송 시의 압축 및 해제를 짧은 시간에 완료할 수도 있다.

```
[root@web ~]# tar cfp - -C /data/backup -I pigz . | ssh remote.example.
com "cat - | tar xf - -C /data/backup/web -I pigz"
```

Apache의 CPU 사용률 낮추기

'CPU User(사용자 영역에서의 CPU 이용률)'가 보틀넥이며, 그 원인이 httpd 프로세스인 경우에는 Apache를 확인한다.

httpd 프로세스의 CPU 이용률이 높은 경우, 우선은 'mod_php' 등의 모듈을 이용하고 있는지 확인하기 바란다. 모듈로 인해 CPU 이용률이 높은 경우는 Apache 자체가 아니라 모듈을 튜닝할 필요가 있다.

Apache 쪽의 설정에서는 프로세스 병렬도와 라이프사이클 조정이 가능하다. Apache에는 자식 프로세스형으로 동작하는 'prefork MPM'과 스레드형으로 동작하는 'worker MPM'이 있는데, 여기에서는 'prefork MPM'에 대하여 설명하겠다.

'prefork MPM'은 Apache2.2의 기본 설정으로, PHP를 이용하는 경우에 사용하는 방법이다.

prefork MPM으로 설정할 수 있는 항목

항목	의미
ServerLimit	최대 동시 접속 수의 상한값
MaxClients	최대 동시 접속 수
StartServers	시작할 때 생성하는 자식 프로세스의 수
MinSpareServers	Idle 상태의 자식 프로세스의 최소값 Idle 상태의 자식 프로세스가 이 값보다 작은 경우, 최대 초속 1process의 속도로 자식 프로세스를 시작한다.
MaxSpareServers	Idle 상태의 자식 프로세스의 최대값 Idle 상태의 자식 프로세스가 이 값보다 많은 경우, 자식 프로세스를 종료하고 idle 상태의 자식 프로세스를 줄인다. MinSpareServers 값 이하로 설정한 경우는 자동적으로 MinSpareServers + 1로 설정된다.
MaxRequestsPerChild	이 횟수만큼 요청을 처리하면 프로세스를 종료한다. KeepAlive가 유효한 경우는 처음 1회만 카운트한다.

Apache는 시작할 때 'StartServers'만큼의 자식 프로세스를 생성하고 그 후에는 'MinSpareServers' 값에 따라 최대 'MaxClients'까지 자식 프로세스를 생성한다. 그리고 'MaxSpareServers'와 'MaxRequestPerChild'에 따라 자식 프로세스를 중지한다. 'ServerLimit'은 'MaxClients'의 상한값이기 때문에 'MaxClients'와 함께 높여가면 된다.

자식 프로세스의 생성^{fork}은 CPU 입장에서 적지 않은 부하가 걸리는 처리이므로 가능하다면 피하는 것이 좋다. 특히 부하가 큰 시간대에는 더더욱 피하는 것이 좋다.

리소스가 잘 관리되고 적절하게 용량이 조정된 서버에서의 설정은 ServerLimit = MaxClients = StartServers = MinSpareServers = MaxSpareServers, MaxRequestPerChild = 0(프로세스를 종료하지 않음)과 같다.

이렇게 함으로써 액세스가 집중되는 시간대의 자식 프로세스 생성에 따른 성능 감소를 방지할 수 있다. 그리고 서버 투입 시에 자식 프로세스를 늘리기 위한 워밍업이 필요하지 않게 된다.

'MaxRequestPerChild'의 목적은 메모리 누수를 막기 위한 것이기 때문에 다른 방법으로 관리하자. Apache에 메모리 누수가 없더라도 모듈이나 모듈에서 읽어 들이는 애플리케이션에 메모리 누수가 있다면 부득이하게 'MaxRequestPerChild'에 의존하게 되는 경우가 있다. 단, 그 경우에도 'MaxRequestPerChild'를 작게 설정하면 자식 프로세스의 수명이 짧아져 자식 프로세스의 생성이 빈번하게 실행되므로 적절한 값을 설정하도록 하자.

여기까지는 'prefork MPM'에 대하여 설명하였지만, MPM을 'prefork'에서 'worker'로 변경하면 자식 프로세스 모델에서 스레드 모델로 바뀌기 때문에 자식 프로세스의 생성이나 컨텍스트 스위칭의 부하가 가벼워진다. 다만 PHP는 'prefork'에서만 이용할 수 있기 때문에 PHP를 이용하는 Apache의 경우에는 'prefork'가 필수이다. MPM을 'prefork'에서 'worker'로 변경하고자 한다면 nginx의 이용을 검토하는 것이 좋을 것이다.

COLUMN **Apache의 병렬도를 높여 발생하는 문제의 대처 방법**

Apache의 병렬 수를 높이면 Apache의 에러 로그에 'Too many open files'라는 에러가 출력되는 경우가 있다. 이것은 Apache의 병렬 수가 높아져 프로세스마다 보유하는 파일 디스크립터의 수가 OS에서 설정한 제한에 걸렸다는 것을 의미한다.

각 프로세스가 통신을 위해 소켓을 열 때, 파일 디스크립터를 소비하기 때문에 콘텐츠 파일의 수가 아니라 병렬 수에 따라 파일 디스크립터 이용 수는 점점 늘어난다.

OS 전체의 상한값은 '/etc/sysctl.conf'에서 'fs.file-max'로 설정하며, 사용자별 상한값은 'ulimit'으로 설정한다. Apache의 설정 변경은 시작 스크립트에 작성해야 하지만 CentOS의 대부분의 데몬은 각각의 시작 스크립트가 '/etc/sysconfig/데몬 이름'을 읽어 오도록 되어 있기 때문에 이번과 같이 Apache에서라면 '/etc/sysconfig/httpd'에 'ulimit'을 작성한다.

프로세스마다 현재의 제한 설정값은 '/proc/<PID>/limits'로 확인할 수 있다. 설정 전은 아래와 같다.

```
[root@web ~]# pgrep -P `cat /var/run/httpd/httpd.pid` | while read
PID; do cat /proc/$PID/limits | grep "open files";done
 Max open files          1024            4096            files
```

```
Max open files          1024          4096          files
Max open files          1024          4096          files
Max open files          1024          4096          files
Max open files          1024          4096          files
Max open files          1024          4096          files
Max open files          1024          4096          files
Max open files          1024          4096          files
```

설정하여 변화를 확인한다. 이렇게 반영되었다.

```
[root@web ~]# echo 'ulimit -n 65535' | tee -a /etc/sysconfig/httpd
ulimit -n 65535
[root@web ~]# service httpd restart
httpd를 정지하는 중 :                                        [  OK  ]
httpd를 다시 시작하는 중 :                                    [  OK  ]
[root@web ~]# pgrep -P `cat /var/run/httpd/httpd.pid` | while read PID;
do cat /proc/$PID/limits | grep "open files";done
Max open files          65535          65535          files
Max open files          65535          65535          files
Max open files          65535          65535          files
Max open files          65535          65535          files
Max open files          65535          65535          files
Max open files          65535          65535          files
Max open files          65535          65535          files
Max open files          65535          65535          files
```

Apache의 메모리 사용량 낮추기

Apache의 메모리 사용량을 낮추기 위해서는 앞에서 설명한 'MaxClients'를 조정하여 최대 병렬 수를 조정한다.

만약 Apache나 모듈 또는 PHP 프로그램에 메모리 누수(또는 그와 비슷한 동작)가 있는 경우에는 'MaxRequestPerChild'를 작게 설정함으로써 메모리 누수의 영향을 줄일 수 있다. 이때 CPU의 성능에도 영향이 있다는 것을 함께 고려해야 한다.

다른 방법으로는 사용하지 않는 모듈을 로딩하지 않도록 하여 사용량을 조금 낮출 수도 있지만, Linux의 경우에는 'Copy on Write'라는 구조에 의해 부모와 자식 프로세스 간에 메모리를 공유하여 절약하기 때문에 효과가 크지는 않다. 모듈을 로딩하지 않도록 하는 경우, 인증 관련auth 모듈 중에서 이용하지 않는 것이나 WebDAV 관련dav 모듈이 제외 대상이 될 것이다.

'Copy on Write'의 동작에 대해 자세히 살펴보자. 우선 아래의 스크립트를 'cow.py' 등으로 저장하기 바란다. 인수에 프로세스 ID를 지정함으로써 그 프로세스가 부모 프로세스와 어느 정도 메모리를 공유하고 있는지 계산한다.

다음은 '/proc/⟨PID⟩/smaps'를 확인하여 '(Shared_Clean + Shared_Dirty) / Rss'를 계산하고 있다.

```
#!/usr/bin/env python

import sys
import re

for pid in sys.argv[1:]:
    mem = {'Rss:': 0, 'Shared_Clean:': 0, 'Shared_Dirty:': 0}
    for line in open('/proc/%s/smaps' % pid, 'r'):
        line = line.rstrip('\n')
        parts = re.split('\s+', line)
        for k, v in mem.iteritems():
            if k in parts:
                val = int(parts[1])
                if parts[2] == 'kB':
                    val = val * 1000
                elif parts[2] == 'mB':
                    val = val * 1000000
                mem[k] = v + val
    shared_ratio = (mem['Shared_Clean:'] + mem['Shared_Dirty:']) * 100.0
 / mem['Rss:']
    print 'PID %s shared %.2f%%' % (pid, shared_ratio)
```

실행하는 서버의 프로세스 상태는 다음과 같다. 6번째 필드를 보면 각각의 자식 프로세스는 Rss를 2.4MB씩 이용하고 있는 것을 알 수 있다.

```
[root@web ~]# ps aufx | grep http[d]
root    3177  0.0  0.3  175728  3740  ?  Ss  09:38  0:00  /usr/sbin/httpd
apache  3179  0.0  0.2  175728  2412  ?  S   09:38  0:00  \_ /usr/sbin/httpd
apache  3180  0.0  0.2  175728  2412  ?  S   09:38  0:00  \_ /usr/sbin/httpd
apache  3181  0.0  0.2  175728  2412  ?  S   09:38  0:00  \_ /usr/sbin/httpd
apache  3182  0.0  0.2  175728  2412  ?  S   09:38  0:00  \_ /usr/sbin/httpd
apache  3183  0.0  0.2  175728  2412  ?  S   09:38  0:00  \_ /usr/sbin/httpd
apache  3184  0.0  0.2  175728  2412  ?  S   09:38  0:00  \_ /usr/sbin/httpd
apache  3185  0.0  0.2  175728  2412  ?  S   09:38  0:00  \_ /usr/sbin/httpd
apache  3186  0.0  0.2  175728  2412  ?  S   09:38  0:00  \_ /usr/sbin/httpd
```

이제 'cow.py'를 실행해보자. **pgrep** 명령을 사용하여 프로세스 ID를 취득할 수 있고, **pgrep -P 〈부모 프로세스의 PID〉** 명령으로 자식 프로세스의 프로세스 ID 목록을 취득할 수 있다.

이번 예에서는 Apache 사용자로 동작하고 있는 것이 httpd뿐이기 때문에 **pgrep -U apache** 명령으로도 같은 결과를 얻을 수 있다. 이번에는 그 명령을 ' '로 묶어 인라인으로 실행하여 자식 프로세스의 프로세스 ID를 취득해 보았다.

```
[root@web ~]# ./cow.py `pgrep -U apache`
PID   3179    shared   93.53%
PID   3180    shared   93.53%
PID   3181    shared   93.53%
PID   3182    shared   93.53%
PID   3183    shared   93.53%
PID   3184    shared   93.53%
PID   3185    shared   93.53%
PID   3186    shared   93.53%
```

실제로는 Rss 2.4MB 중 93.53%를 부모 프로세스와 공유하고 있다는 것을 알 수 있다. 메모리 사용량을 계산할 때에는 'Copy on Write'도 고려하여 조정하도록 하자.

Apache의 디스크 I/O 사용량 낮추기

Apache의 디스크 I/O 사용량을 낮추기 위해서는 OS의 캐시를 이용해 로딩하는 양을 줄인다. 메모리 사용량 중 'Memcached'가 부족하지 않도록 전체 메모리의 사용량을 조정하기 바란다.

출력량을 줄이면 디스크 I/O 사용량의 절감 효과가 크다. 이미지와 같이 정적인 파일은 출력하지 않도록 해도 좋을 것이다. 아래와 같이 설정하면 확장자가 이미지 파일, JavaScript, CSS, Flash인 요청에 대해서는 로그에 기록하지 않게 된다.

httpd.conf

```
SetEnvIfNoCase Request_URI "\.(gif|jpeg|jpg|png|js|css|swf|ico)$"
nolog
CustomLog logs/access_log combined env=!nolog
```

로그의 출력은 아래와 같이 'BufferedLogs'를 유효화함으로써 버퍼링할 수 있다. 다만 이 'BufferedLogs'는 아직 실험적experimental인 기능이기 때문에 동작이 예측 가능한 경우에만 사용하도록 하자. 특히 로그 로테이션과의 균형에 문제가 생기지 않도록 주의하기 바란다.

```
BufferedLogs On
```

Apache의 네트워크 성능 높이기와 사용률 낮추기

Apache 자체의 네트워크 성능을 높이는 방법은 없다. 하지만 지금까지 소개한 설정을 적절하게 적용하면 불필요한 낭비를 없애고, 네트워크를 최대한 보틀넥이 되지 않도록 조정할 수 있다.

- KeepAlive를 이용해 재연결 횟수를 줄인다.
- 데이터를 압축 전송하여 통신량을 줄인다.
- MPM을 적절하게 설정하여 자식 프로세스가 부족하지 않도록 한다.

불필요한 낭비를 막기 위해서는 큰 파일을 다운로드할 때 'Range' 헤더를 이용한 Resume을 수행할 수 있도록 해두는 것이 좋다.

'Range' 헤더의 처리는 보통 유효화되어 있지만, 한때 Apache에 'Range' 헤더의 처리로 인한 취약성이 발견된 적이 있다. 따라서 그때의 일시적인 대응을 위해 무효화한 채로 작동하고 있는 서버가 있을지도 모른다(이 취약성을 Apache Killer 라고 한다). 현재는 이미 수정되었기 때문에 적절히 버전 업그레이드를 하면 문제되지 않는다.

애플리케이션 서버의 CPU 사용률 낮추기

사용하는 프로그래밍 언어와 상관없이 애플리케이션 서버에 프레임워크를 이용하고 있는 경우에는 프레임워크가 development 모드(또는 debug 모드)로 되어 있어서 대량의 로그 출력 등에 의해 부하가 많이 걸리고 동작이 느려질 수도 있다.

실제의 서비스를 위한 서버에서는 반드시 production 모드로 변경하여 빠르게 동작하도록 하기 바란다.

애플리케이션 서버의 CPU 사용률은 처리량으로 결정되기 때문에 처리 알고리즘을 효율화하고 계산량을 줄임으로써 CPU 사용률을 낮출 수 있다.

▌ Garbage collector의 조정

PHP, Ruby, Java 및 Go와 같이 스스로 메모리를 malloc/free(할당/해제)하지 않는 프로그래밍 언어는 Garbage collector가 그 작업을 대신해준다. 따라서 Garbage collector의 동작을 조정함으로써 실행 속도가 변하는 경우도 있다.

PHP에서는 php.ini에 'zend.enable_gc=0'이라고 설정하면 Garbage collector를 무효화할 수 있다. Garbage collector의 동작을 확인하기 위해 memcopy. php를 작성하여 실행해 본 결과는 다음과 같다.

Memcopy.php

```php
<?php
if ( gc_enabled() ){
    printf("gc is enabled%s", PHP_EOL);
}else{
    printf("gc is disabled%s", PHP_EOL);
}

Class Corp {
    protected $latitude = 35.688609;
    protected $longitude = 139.711241;
}

for ($i = 0; $i < 100000; $i++){
    $me = new Corp;
    $me->self = $me;
    if ( $i % 20000 === 0 )
    {
        printf('%dKB%s', memory_get_usage(true)/1024, PHP_EOL);
    }
}
?>
```

Garbage collector가 무효화되면 아래와 같이 메모리 사용량이 점점 증가한다.

```
[root@web ~]$ php —define zend.enable_gc=0 memcopy.php
gc is disabled
768KB
13824KB
26880KB
37888KB
52992KB
```

Garbage collector가 유효화되면 메모리 사용량은 일정하게 유지된다. 이것은 Garbage collector가 불필요한 객체를 제거하여 메모리 사용량을 억제하기 때문이다.

```
[root@web ~]$ php —define zend.enable_gc=1 memcopy.php
gc is enabled
768KB
2816KB
2816KB
2816KB
2816KB
```

이와 같이 Garbage collector에는 메모리 누수를 막는 중요한 역할이 있다. 반면에 메모리 검사가 매우 많아지므로 메모리 사용량이 제대로 관리되고 있는 경우에는 Garbage collector를 무효화함으로써 성능의 향상과 CPU 사용률의 억제 효과를 기대할 수 있다.

PHP의 세션 관련 설정인 'session.gc_divisor', 'session.gc_maxlifetime', 'session.gc_probability'는 지금 설명하고 있는 Garbage collector와는 관계가 없다.

■ 바이트코드 캐시의 이용

'CPU User(사용자 영역에서의 CPU 이용률)'가 보틀넥이며, 그 원인이 Apache인 경우에는 PHP의 처리 부하를 의심할 수 있다. PHP(mod_php)는 Apache의 프로세스와 함께 동작므로 프로세스에서는 구별되지 않기 때문이다.

손쉽게 PHP의 처리 부하를 낮추는 방법으로는 바이트코드 캐시의 활용이 있다. 기본적으로는 호출할 때마다 컴파일 후 실행하던 것을 컴파일된 실행코드를 캐시하여 반복 사용함으로써 반복 요청에 따른 처리량을 줄이고 RTT를 고속화한다.

- PHP 5.4 이전 : APC(Alternative PHP Cache)를 사용한다.
- PHP 5.5 이후 : OPCache를 사용한다.

CentOS6에서는 아래와 같이 yum을 통해 간단히 도입할 수 있다.

```
[root@web ~]# yum install php-pecl-apc
```

유효화되어 있는지는 php -i로 확인할 수 있다.

```
[root@web ~]# php -i | grep apc.enabled
apc.enabled => On => On
```

효과의 정도는 처리 내용에 따라 다르지만 필자의 경험으로는 APC 도입에 의해 부하가 1/50로 낮아진 경우도 있었다.

MySQL의 CPU 사용률 낮추기

MySQL에서 CPU 사용률을 낮추기 위해서는 SQL을 개선하는 것이 효과가 있다. 뒤에 설명할 **8.2 SQL 튜닝에서의 고속화**를 바탕으로 SQL을 개선하기 바란다.

만약 데이터가 거의 갱신되지 않거나, SQL에서 처리하기 부담스러운 데이터에 대하여 갱신보다는 참조가 압도적으로 많은 경우에는 쿼리 캐시를 이용하여 개선할 수도 있다.

SQL과 그 결과를 메모리에 저장애 두고, 동일한 SQL 요청이 온 경우에는 저장된 결과를 재사용하여 SQL을 실행하지 않고 처리를 완료할 수 있다.

항목	설정 내용
Query_cache_size	쿼리 캐시의 크기
Query_cache_limit	쿼리 캐시에 저장하는 최대 응답 크기
Query_cache_type	쿼리 캐시의 종류

'query_cache_size'가 쿼리 캐시의 크기이다. 이 영역에 SQL과 그 결과를 저장한다. 결과가 너무 큰 SQL을 저장하게 되면 캐시 영역을 전부 사용해버리기 때문에 'query_cache_limit'으로 저장할 최대 크기를 지정하는 것이 좋다.

'query_cache_type'은 '0(OFF)', '1(ON)', '2(DEMAND)'의 3종류를 지정할 수 있다. '1 (ON)'의 경우는 'SELECT SQL_NO_CACHE'로 시작하는 SQL 이외에는 모두 캐시한다. '2(DEMAND)'의 경우는 'SELECT SQL_CACHE'로 시작하는 SQL만 캐시한다.

여기에서는 'my.cnf'에 아래와 같이 설정하였다.

```
query_cache_size=128M
query_cache_limit=128M
query_cache_type=1
```

설정의 확인 방법은 아래와 같다.

```
mysql> show global variables like 'query_cache_size';
+------------------+-----------+
| Variable_name    | Value     |
+------------------+-----------+
| query_cache_size | 134217728 |
+------------------+-----------+
1 row in set (0.01 sec)

mysql> show global variables like 'query_cache_limit';
+-------------------+-----------+
| Variable_name     | Value     |
+-------------------+-----------+
| query_cache_limit | 134217728 |
+-------------------+-----------+
1 row in set (0.00 sec)

mysql> show global variables like 'query_cache_type';
+------------------+-------+
| Variable_name    | Value |
+------------------+-------+
| query_cache_type | OFF   |
+------------------+-------+
1 row in set (0.00 sec)
```

SQL 처리가 가벼운 데이터에 대해서는 쿼리 캐시를 사용하지 않고 인덱스만 부여하는 방법이 좋다. 쿼리 캐시의 갱신 시에는 Global lock이 발생하기 때문에 데이터가 갱신된 후 다음 SQL이 실행되는 타이밍에 쿼리 캐시 갱신을 위하여 쿼리 캐시를 사용하는 모든 SQL이 일시적으로 정지한다.

MySQL의 메모리 사용량 낮추기

MySQL의 메모리 사용량을 낮추기 위한 접근은 아래와 같다.

- 동시 접속 수를 작게 한다.
- 스레드당 메모리 사용량을 낮춘다.
- Global buffer를 줄인다.

MySQL의 메모리 사용량의 조정은 MySQLTuner로 확인하자. 아래가 실행 결과이다.

MySQLTuner-perl by major http://mysqltuner.com/

```
[root@web ~]# ./mysqltuner.pl

 >>  MySQLTuner 1.3.0 - Major Hayden <major@mhtx.net>
 >>  Bug reports, feature requests, and downloads at http://mysqltuner.
com/
 >>  Run with '—help' for additional options and output filtering
Please enter your MySQL administrative login: root
Please enter your MySQL administrative password:
[OK] Currently running supported MySQL version 5.6.17
[OK] Operating on 64-bit architecture

------- Storage Engine Statistics -------------------------------
[—] Status: Warning: Using a password on the command line interface
can be insecure.
+ARCHIVE +BLACKHOLE +CSV -FEDERATED +InnoDB +MRG_MYISAM
Warning: Using a password on the command line interface can be
insecure.
Warning: Using a password on the command line interface can be
insecure.
[—] Data in PERFORMANCE_SCHEMA tables: 0B (Tables: 52)
[—] Data in InnoDB tables: 560K (Tables: 11)
[OK] Total fragmented tables: 0

------- Security Recommendations  -------------------------------
Warning: Using a password on the command line interface can be
insecure.
[OK] All database users have passwords assigned
```

```
Warning: Using a password on the command line interface can be
insecure.

-------- Performance Metrics -----------------------------------------
[--] Up for: 11d 14h 4m 30s (9K q [0.010 qps], 899 conn, TX: 9M, RX: 1M)
[--] Reads / Writes: 94% / 6%
[--] Total buffers: 169.0M global + 1.1M per thread (151 max threads)
[OK] Maximum possible memory usage: 338.9M (16% of installed RAM)
[!!] Slow queries: 90% (8K/9K)
[OK] Highest usage of available connections: 1% (3/151)
[OK] Key buffer size / total MyISAM indexes: 8.0M/98.0K
[OK] Key buffer hit rate: 99.7% (389 cached / 1 reads)
[!!] Query cache is disabled
[OK] Sorts requiring temporary tables: 0% (0 temp sorts / 215 sorts)
[!!] Temporary tables created on disk: 46% (520 on disk / 1K total)
[OK] Thread cache hit rate: 99% (3 created / 899 connections)
[OK] Table cache hit rate: 83% (92 open / 110 opened)
[OK] Open file limit used: 0% (47/524K)
[OK] Table locks acquired immediately: 100% (6K immediate / 6K locks)
[OK] InnoDB buffer pool / data size: 128.0M/560.0K
[OK] InnoDB log waits: 0
-------- Recommendations ---------------------------------------------
General recommendations:
    When making adjustments, make tmp_table_size/max_heap_table_size
equal
    Reduce your SELECT DISTINCT queries without LIMIT clauses
Variables to adjust:
    query_cache_type (=1)
    tmp_table_size (> 16M)
    max_heap_table_size (> 16M)
```

이 중에서 'Performance Metrics'를 중점적으로 살펴보자.

Performance Metrics

항목	설정 내용
Up for	mMysqld가 동작 후 경과된 일시, 발행된 SQL 수와 qps(query per second), 연결, 송신 데이터의 양, 수신 데이터의 양
Reads / Writes	Read와 Write 비율
Total buffers	버퍼 크기

Maximum possible memory usage	최대 메모리 사용량
Slow queries	슬로우 쿼리 해당 비율
Highest usage of available connections	동작 후 지금까지 동시 접속 수가 가장 많았을 때의 접속 수
Key buffer size / total MyISAM indexes	키 버퍼의 크기와 MyISAM 인덱스의 크기
Key buffer hit rate	키 버퍼의 hit 비율
Query cache is disabled	쿼리 캐시의 상태(이 예에서는 무효화)
Sorts requiring temporary tables	임시 테이블을 이용한 정렬의 발생률
Temporary tables created on disk	임시 테이블이 디스크를 이용한 SQL의 발생률
Thread cache hit rate	스레드 캐시의 hit rate
Table cache hit rate	테이블 캐시의 hit rate
Open file limit used	파일 오픈 수 제한의 이용률
Table locks acquired immediately	테이블 lock 획득 시에 wait이 발생하지 않은 비율
InnoDB buffer pool / data size	InnoDB 버퍼 풀의 크기와 데이터 크기
InnoDB log waits	InnoDB 로그 write wait의 발생 횟수

동작이 시작된 이후의 경과시간이 짧으면 의미 있는 데이터를 얻지 못할 수도 있기 때문에 'Up for'가 너무 작은 경우에는 주의해서 데이터를 확인하자. 반대로 너무 긴 경우, 일괄처리나 다른 기능의 장애 영향에 의한 높은 부하 등 외적으로 다양한 요소가 감안되었을 가능성이 크다. 따라서 이러한 데이터 역시 주의해서 확인할 필요가 있다.

메모리 사용량의 관점에서는 **Total buffers**가 중요하다. 여기에는 MySQL 전체의 공통 영역과 스레드별 영역이 있다.

이 예의 경우에는 공통 영역이 169MB, 스레드별 영역이 스레드당 1.1MB이다. 이 예에서는 최대 151개의 동시 접속이 가능한 설정이기 때문에 'Maximum possible memory usage'는 1.1 x 151 + 169 + 기타 338.9MB이다. 이렇게 'Maximum possible memory usage'의 값을 참고로 하여 조정하도록 하자.

동시 접속 수를 작게 유지하기 위해서는 SQL의 응답속도가 매우 중요하다. 따라서 SQL 튜닝에 힘을 쏟도록 하자. SQL의 튜닝 방법은 뒤에서 설명하도록 하겠다.

SQL의 응답속도를 빠르게 하기 위해서는 디스크를 사용하지 않고 메모리만으로 처리를 완료하도록 하는 것이 매우 중요하다. 그러기 위해 불필요한 메모리 사용은 자제하고, 설정 변경이나 스펙 변경으로 아래와 같은 상태를 유지하자.

'Thread cache hit rate'를 거의 100%로 유지한다.
- 부족한 경우는 'thread_cache_size'를 크게 한다.
- Cacti의 'MySQL Threads'를 보고 어느 정도 늘려야 하는지 검토하자.

'Table cache hit rate'를 거의 100%로 유지한다.
- 부족한 경우는 'table_open_cache'를 크게 한다.
- 최대 '테이블 수 x 연결 수'만큼 필요하다.

MyISAM을 사용하는 경우에는 아래의 항목에 주의하기 바란다.

'Key buffer size / total MyISAM indexes'에서 'Key buffer size'가 큰 상태로 유지한다.
- 부족한 경우는 'key_buffer_size'를 크게 한다.
- 다만 'key buffer hit rate'가 거의 100%라면 별로 신경 쓰지 않아도 된다.

InnoDB를 사용하는 경우에는 아래의 항목에 주의하기 바란다.

'InnoDB buffer pool / data size'에서 'InnoDB buffer pool'이 큰 상태로 유지한다.
- 부족한 경우는 'innodb_buffer_pool_size'를 크게 한다.
- 향후 데이터의 양이 늘어날 것도 예측하여 적절한 값을 설정하자.
- 'SHOW TABLE STATUS' 값을 보면 테이블마다의 대략적인 데이터 크기를 알 수 있다.
- 저장되어 있으나 사용하지 않는 데이터가 있는 경우는 'data size'가 커지기 때문에 제대로 관리할 수 없다.
- 여러 사정에 의해 사용하지는 않지만 데이터를 보존해야 하는 경우 자주 사용되는 테이블이

'InnoDB buffer pool'의 LRU의 한계값(100 – 'innodb_old_blocks-pct'%)을 넘지 않도록 하자. 이 경우 'innodb_old_blocks-pct'의 기본값은 37%이므로 자주 사용하는 데이터가 'innodb_buffer_pool_size'의 63%에 들어가도록 하자.

'InnoDB log waits'를 거의 0으로 유지한다.

- 'innodb_log_buffer-size'를 조정하여 대기를 줄이자.

그리고 SQL 튜닝 등을 계속하여 아래의 상태가 되도록 개선하기 바란다.

'Table locks acquired immediately'를 거의 0으로 한다.

- 필요 이상으로 긴 트랜잭션이 있으면 없애고, 필요 이상으로 큰 lock을 취득하고 있는 부분이 있으면 종료하고, MyISAM을 사용하는 경우에는 InnoDB로 변경하는 등의 방법을 생각해 볼 수 있다.

'Temporary tables created on disk'를 거의 0으로 한다.

- 인덱스를 적절하게 부여하는 등으로 큰 'JOIN'이나 정렬을 없애자.
- 'tmp_table_size'와 'max_heap_table_size'를 크게 하여 메모리상에서 처리하는 양을 늘리자.

스레드당 메모리의 사용량을 줄이면 연결 수의 배수만큼 효과가 나타난다. 즉, 'max_connections'가 500인 서버에서 스레드당 1MB를 절약하면 500MB의 효과를 낼 수 있다.

MySQL은 스레드마다 sort 버퍼나 join 버퍼를 가지고 있지만, SQL 튜닝이 적절하게 실시되지 않은 경우에는 'ORDER BY'에 의해 정렬이나 'JOIN'을 실행할 때 대량의 데이터를 처리하게 된다. 대량의 데이터를 처리하기 위해서 스레드마다 큰 sort 버퍼나 join 버퍼가 필요하게 된다.

스레드마다 가지고 있는 대표적인 버퍼는 아래와 같다.

버퍼 항목	설정 내용
join_buffer_size	인덱스 없는 JOIN에 사용하는 영역의 크기
read_buffer_size	테이블 검색 시에 사용하는 영역의 크기
read_rnd_buffer_size	정렬 후에 레코드를 읽을 때 사용하는 영역의 크기
sort_buffer_size	ORDER BY나 GROUP BY에 의한 정렬 시에 사용하는 영역의 크기

메모리 사용량을 작게 하기 위해서는 단지 메모리의 할당을 줄이는 것만이 아니라 SQL 튜닝을 통해 효율적인 처리를 하여 빠른 응답을 실현하고, 불필요한 데이터를 DB에 보관하지 않는 것이 매우 중요하다.

MySQL의 디스크 I/O 사용률 낮추기

MySQL의 디스크 I/O 사용률을 낮추려면 데이터량을 줄이도록 하자. 'DELETE' 문으로 데이터를 삭제한 후 'OPTIMIZE TABLE'로 테이블을 최적화하여 데이터 파일 자체의 크기를 줄일 수 있다. 그리고 개선의 여지가 없는데 계속해서 슬로우 쿼리 로그를 출력하고 있는 것 같다면 중지하도록 하자.

MySQL의 디스크 I/O 사용률을 낮추기 위해 디스크 쓰기를 효율화하는 방법도 있다. 디스크 쓰기를 고속화하는 방법으로 주로 사용하는 것은 로그 및 데이터에 쓰는 빈도 및 방법을 변경하는 것이다.

애플리케이션이나 시스템의 사양이 장애 발생 시 데이터 손실을 어느 정도 허용할 수 있다면 아래의 설정을 변경함으로써 디스크 I/O의 빈도를 낮추고 응답을 빠르게 할 수 있다.

버퍼 항목	설정 내용
Innodb_flush_log_at_trx_commit	InnoDB가 로그와 데이터에 입력할 타이밍을 설정한다.

설정값과 의미는 아래와 같다.

값	로그 파일에 쓰기	디스크와의 동기
0	1초에 1회	1초에 1회
1	commit마다	commit마다
2	commit마다	1초에 1회

기본값은 1이며, 이 설정이 가장 안전하고 데이터 손실에 대한 걱정이 없다. '0'이나 '2'로 설정하면 I/O를 1초에 한 번씩 모아 실행하기 때문에 I/O 빈도가 낮아져

부하가 감소한다. MySQL 5.6.6 이후에서는 'innodb_flush_log_at_timeout'을 수정하여 1초에 1회에서 N초에 1회로 변경할 수 있다.

다만 'innodb_flush_log_at_timeout'을 크게 하면 할수록 데이터 손실의 가능성이 높아지며 손실되는 양이 많아지고, 로그 파일이나 디스크에 쓰는 타이밍에 부하가 커지기 때문에 너무 크게 하지 않는 것이 좋다.

디스크 I/O 사용률을 낮추는 또 다른 방법으로는 압축 테이블을 사용하는 것이다. MyISAM의 압축 테이블은 읽기 전용이지만 InnoDB의 압축 테이블은 쓰기가 가능하다.

압축 테이블을 사용하기 위해서는 아래와 같이 'innodb_file_format'을 'Barracuda'로 설정한 다음 'innodb_file_per_table'을 유효화해야 한다.

```
innodb_file_format = Barracuda
innodb_file_per_table = 1
```

압축 테이블을 사용하기 전 상태는 아래와 같다. 데이터 파일이 209MB이다.

```
[root@web ~]# du -smc /var/lib/mysql/blog/posts.*
1       /var/lib/mysql/blog/posts.frm
209     /var/lib/mysql/blog/posts.ibd
```

통계 정보의 'Data_length'는 197MB이다.

```
mysql> show table status \G
*************************** 1. row ***************************
           Name: posts
         Engine: InnoDB
        Version: 10
     Row_format: Compact
           Rows: 80613
 Avg_row_length: 2570
    Data_length: 207208448    ——— 단위는 byte
Max_data_length: 0
   Index_length: 475136
      Data_free: 4194304
```

```
     Auto_increment: 41547
         Create_time: 2014-09-26 23:11:05
         Update_time: NULL
          Check_time: NULL
           Collation: utf8_general_ci
            Checksum: NULL
      Create_options:
             Comment:
```

'ALTER TABLE'로 변환한다. 'KEY_BLOCK_SIZE'는 어느 정도 압축을 할 것인지
에 대한 옵션으로, 여기에서는 원래의 block size인 16KB를 8KB로 지정하였다.

```
ALTER TABLE posts ENGINE=InnoDB ROW_FORMAT=COMPRESSED KEY_BLOCK_
SIZE=8
```

실행 후의 데이터 파일은 93MB가 되었다.

```
[root@web ~]# du -smc /var/lib/mysql/blog/posts.*
1       /var/lib/mysql/blog/posts.frm
93      /var/lib/mysql/blog/posts.ibd
```

통계 정보의 'Data_length'는 75MB가 되었다.

```
mysql> show table status \G
*************************** 1. row ***************************
              Name: posts
            Engine: InnoDB
           Version: 10
        Row_format: Compressed
              Rows: 57759
    Avg_row_length: 1366
       Data_length: 78954496
   Max_data_length: 0
      Index_length: 212992
         Data_free: 2097152
    Auto_increment: 41547
       Create_time: 2014-10-03 04:38:02
       Update_time: NULL
        Check_time: NULL
```

```
        Collation: utf8_general_ci
         Checksum: NULL
  Create_options: row_format=COMPRESSED KEY_BLOCK_SIZE=8
          Comment:
```

16KB에서 8KB로 지정한 대로 약 절반이 되었다. 평상시에 별로 갱신도 하지 않고 참조도 하지 않지만 보존해야만 하는 데이터가 있는 경우에는 압축 테이블을 이용하는 것이 좋다.

임시 테이블을 이용하면 MySQL의 디스크 I/O 사용률이 높아진다. SQL 튜닝으로 대처할 수 있다면 좋겠지만 어떻게 해도 대처가 되지 않는 경우에는 임시 테이블에서 사용하는 디스크를 별도로 준비하는 방법이 있다.

설정 항목	설정 내용
tmpdir	임시 테이블 등 임시 데이터의 경로를 설정한다.

예를 들면, 데이터 저장용과는 별도로 SSD를 준비해 임시 테이블의 경로를 SSD쪽으로 설정하면 데이터 영역을 포함하는 디스크의 I/O 사용률을 낮출 수 있다.

이외에도 디스크 I/O에 대한 MySQL의 공식 참조문서가 있으니 꼭 읽어보기 바란다.

MySQL :: MySQL 5.7 Reference Manual :: 8.5.7 Optimizing InnoDB Disk I/O

http://dev.mysql.com/doc/refman/5.7/en/optimizing-innodb-diskio.html

MySQL의 네트워크 사용률 낮추기

MySQL의 네트워크 사용률을 낮추기 위해서는 MySQL에서 취득하는 데이터를 줄일 필요가 있다.

구체적인 대응 방법의 예는 다음과 같다.

- SQL로 데이터를 취득할 때 사용할 데이터만 제대로 추려낸다(데이터를 많이 취득한 후 애플리케이션에서 추려내게 하지 않는다).
- 'SELECT *'이 아니라 필요한 행(row)만 취득한다. 특히 text 형태의 컬럼column은 다루는 데이터의 양이 많기 때문에 최대한 취득하지 않도록 한다.
- 이미지와 같이 큰 데이터는 BLOB 형식으로 MySQL에 저장하는 것이 아니라, 별도의 파일로 관리한다(이 경우 MySQL에는 데이터의 저장 장소만을 저장하게 된다).

SSL 통신을 고속화하기

SSL 통신을 고속화하는 방법은 여러 가지가 있다. 그중에서 가장 좋은 방법은 **SSL Session Cache**이다.

SSL은 통신할 때마다 SSL Handshake라는 일련의 절차를 수행한다. 구체적으로는 서버 인증서를 받고 키를 교환하여 안전하게 접속하기 위한 준비이다. 이 절차에 시간이 소요되기 때문에 일단 안전하게 접속한 다음에는 그 정보를 재사용하여 시간을 단축하는 방법을 사용한다. 이 방법을 'SSL Session Resumption'SSL 세션 재사용'이라고 한다. 'SSL Session Resumption'을 구현하는 방법이 'SSL Session Cache'이다.

Apache의 경우 설정 방법은 아래와 같다. 이 예에서는 캐시 영역의 크기를 64MB, 유지기간을 60분으로 지정하였으며, 1MB로 4000 세션을 유지할 수 있다.

```
SSLSessionCache shm:/dev/shm/SSL(67108863)
SSLSessionCacheTimeout 3600
```

nginx의 경우 설정 방법은 아래와 같다. 이 예에서는 캐시 영역의 크기를 64MB, 유지기간을 60분으로 지정하였으며, 1MB로 4000 세션을 유지할 수 있다.

```
ssl_session_cache shared:SSL:64m;
ssl_session_timeout 60m;
```

'SSL Session Cache'를 이용할 때의 주의점은 'SSL Session Cache'의 공유 범위

가 서버 내에 한정되기 때문에 부하분산 구성에서 SSL을 해제하는 서버가 여러 개인 경우 이 구조는 제대로 기능을 하지 못한다는 것이다. 하지만 접속 소스가 동일하면 로드밸런서에서 일정시간 동안 동일한 서버로 분산하도록 설정함으로써 제 기능을 할 수 있게 된다.

Apache2.4에는 'SSL Session Cache'를 memcached에 저장하는 기능이 있기 때문에 이것을 이용할 수도 있다. 그러나 'SSL Session Cache'를 memcached로 공유하면 그때그때 memcached에서 데이터를 취득해야 하므로 그 나름대로의 시간이 소모된다. 현실적으로 효과가 있는지는 실제 환경에서 잘 확인하기 바란다.

편법으로는 암호화 방식을 약하게 하고 키의 길이를 짧게 하는 등의 방법이 있지만, 이것은 암호화의 강도를 약하게 하여 암호화 통신을 하는 의미가 사라져버리기 때문에 사용하지 않는 것이 좋다.

8.2
SQL 튜닝에서의 고속화

최적의 SQL은 그때그때의 데이터 상태에 따라 달라지기 때문에 한 번 튜닝했다고 해서 끝이 아니라 수시로 조정하고 확인해야 한다.

MySQL은 데이터의 양과 값의 분산 상태 등을 바탕으로 어떤 인덱스를 사용하는지 판단한다. 이것을 SQL 실행 계획이라고 한다. 우선은 SQL 튜닝을 위한 두 가지 툴을 소개한다.

SQL 튜닝을 위한 툴

'EXPLAIN'과 'PROFILING'을 사용한다. MySQL은 데이터의 양과 값의 분산 상태 등을 바탕으로 실행 계획을 세우기 때문에 반드시 실제 운영 데이터로 시험해야 한다. 이번에는 아래의 SQL에 대하여 조사해 보도록 하자.

```
SELECT * FROM posts WHERE user=123 ORDER BY updated_at DESC;
```

SQL의 앞 부분에 'EXPLAIN'을 붙이면 SQL의 실행 계획을 확인할 수 있다.

```
mysql> EXPLAIN SELECT * FROM posts WHERE user=123 ORDER BY updated_at DE
+----+-------------+-------+------+---------------+------+---------+-------
| id | select_type | table | type | possible_keys | key  | key_len | ref
+----+-------------+-------+------+---------------+------+---------+-------
|  1 | SIMPLE      | posts | ALL  | NULL          | NULL | NULL    | NULL
+----+-------------+-------+------+---------------+------+---------+-------
1 row in set (0.00 sec)
```

```
ted_at DESC;
-----+-------+-------+----------------------------+
len | ref   | rows  | Extra                      |
-----+-------+-------+----------------------------+
    | NULL  | 85956 | Using where; Using filesort |
-----+-------+-------+----------------------------+
```

우선 확인할 부분은 아래와 같다.

'possible_keys' 항목으로 인덱스가 있는지, 'key' 항목으로 인덱스가 사용되고 있는지 확인

- 인덱스를 사용하고 있으면 인덱스 이름이 들어가고, 인덱스를 사용하고 있지 않으면 'NULL'이 된다. 인덱스를 활용하면 SQL의 응답 시간을 극적으로 낮출 수 있다.

'rows' 항목으로 어느 정도의 행 수를 검사하고 있는지 확인

- 이 값이 크면 클수록 한 번의 SQL 실행으로 읽어 들이는 데이터의 양이 많아지기 때문에 가능한 한 작게 유지하는 것이 좋다.

'Extra' 항목으로 'Using filesort'가 없는 것을 확인

- 'Using filesort'는 데이터를 디스크에 기록하여 빠른 정렬을 하고 있는 것을 나타낸다. 디스크 I/O에 부하가 걸리는 느린 처리 방법이기 때문에 'Using filesort'가 없도록 한다.

'EXPLAIN'의 출력에 대해 더욱 상세하게 알고 싶다면 MySQL의 공식 문서를 참조하기 바란다.

MySQL :: MySQL 5.7 Reference Manual :: 8.8.2 EXPLAIN Output Format
http://dev.mysql.com/doc/refman/5.7/en/explain-output.html

실행 계획은 각 테이블의 정확한 데이터의 양과 값의 분산 상태가 아니라 통계 정보를 바탕으로 검토된다. 만약 통계 정보가 실제와 크게 다른 경우에는 'ANALYZE TABLE'을 이용하여 통계 정보를 재생성할 수 있으므로 시험해 보기 바란다.

'PROFILING'에서는 SQL의 처리 단계마다의 소요 시간을 확인할 수 있다. 이용 방법은 다음과 같다.

① 'PROFILING' 변수를 사용해 기능을 유효하게 한다.

② 조사 대상 SQL을 실행한다.

③ 'SHOW PROFILES'로 실행한 SQL의 'Query_ID'를 확인한다.

④ 'SHOW PROFILE FOR QUERY'로 실행한 SQL의 PROFILE을 확인한다.

실행 예는 다음과 같다.

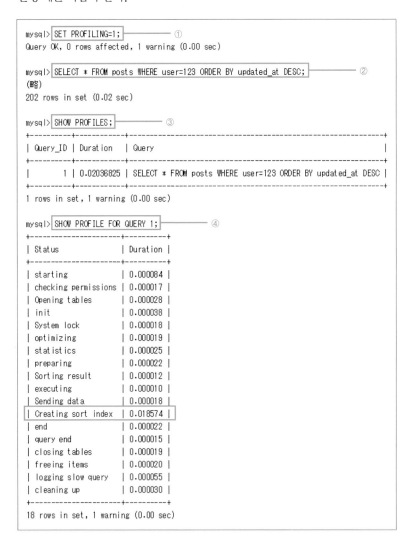

```
mysql> SET PROFILING=1;                              ①
Query OK, 0 rows affected, 1 warning (0.00 sec)

mysql> SELECT * FROM posts WHERE user=123 ORDER BY updated_at DESC;          ②
(略)
202 rows in set (0.02 sec)

mysql> SHOW PROFILES;          ③
+----------+------------+-------------------------------------------------------------------+
| Query_ID | Duration   | Query                                                             |
+----------+------------+-------------------------------------------------------------------+
|        1 | 0.02036825 | SELECT * FROM posts WHERE user=123 ORDER BY updated_at DESC        |
+----------+------------+-------------------------------------------------------------------+
1 rows in set, 1 warning (0.00 sec)

mysql> SHOW PROFILE FOR QUERY 1;          ④
+----------------------+----------+
| Status               | Duration |
+----------------------+----------+
| starting             | 0.000084 |
| checking permissions | 0.000017 |
| Opening tables       | 0.000028 |
| init                 | 0.000038 |
| System lock          | 0.000018 |
| optimizing           | 0.000019 |
| statistics           | 0.000025 |
| preparing            | 0.000022 |
| Sorting result       | 0.000012 |
| executing            | 0.000010 |
| Sending data         | 0.000018 |
| Creating sort index  | 0.018574 |
| end                  | 0.000022 |
| query end            | 0.000015 |
| closing tables       | 0.000019 |
| freeing items        | 0.000020 |
| logging slow query   | 0.000055 |
| cleaning up          | 0.000030 |
+----------------------+----------+
18 rows in set, 1 warning (0.00 sec)
```

위의 결과를 보면 'Creating sort index'에 압도적으로 많은 시간이 걸리고 있는 것을 알 수 있다. 'SHOW PROFILE FOR QUERY'의 보다 자세한 내용은 공식 문서를 참조하기 바란다.

MySQL :: MySQL 5.7 Reference Manual :: 13.7.5.31 SHOW PROFILE Syntax
http://dev.mysql.com/doc/refman/5.7/en/show-profiles.html

SQL 튜닝의 흐름

기본적으로는 **MySQL에서 보틀넥을 찾는 방법**에서 설명한 방법과 같이 슬로우 쿼리 로그에서 대응해야 하는 SQL을 확인한다. 대응해야 할 SQL이 확인되었다면 SQL을 튜닝하자. 기본적으로는 'EXPLAIN'과 'PROFILING'을 이용한 확인과 개선을 반복하여 실시한다.

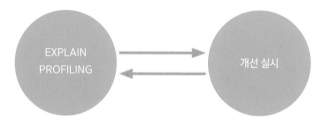

여기에서는 아래의 테이블에 대하여

```
CREATE TABLE posts (
      id int(11) NOT NULL AUTO_INCREMENT,
      userid int(11) NOT NULL,
      title varchar(300) DEFAULT NULL,
      content text,
      created_at datetime NOT NULL,
      updated_at timestamp NOT NULL DEFAULT CURRENT_TIMESTAMP ON
UPDATE CURRENT_TIMESTAMP,
      PRIMARY KEY (id)
      )
```

'mysqldumpslow'에서 다음의 SQL을 튜닝해야 한다고 판단하였다는 가정으로 설명한다.

```
SELECT * FROM posts WHERE user=N ORDER BY updated_at DESC
```

우선은 슬로우 쿼리 로그를 보고 실제로 발행된 SQL을 확인한다. 확인 결과 몇 가지 패턴이 있는 경우에는 그중에서 시간이 걸리고 있는 것으로 보이는 것을 적당히 선택하자.

엄밀하게 하자면 'mysqldumpslow −a'로 영향이 큰 SQL을 확인하기 바란다.

```
SELECT * FROM posts WHERE user=123 ORDER BY updated_at DESC
```

우선 'EXPLAIN'과 'PROFILING'으로 상태를 확인한다.

EXPLAIN

```
mysql> EXPLAIN SELECT * FROM posts WHERE user=123 ORDER BY updated_at DE
+----+-------------+-------+------+---------------+------+---------+-----
| id | select_type | table | type | possible_keys | key  | key_len | ref
+----+-------------+-------+------+---------------+------+---------+-----
|  1 | SIMPLE      | posts | ALL  | NULL          | NULL | NULL    | NULL
+----+-------------+-------+------+---------------+------+---------+-----
1 row in set (0.00 sec)
```

```
_at DESC;
--+------+-------+------------------------------+
  | ref  | rows  | Extra                        |
--+------+-------+------------------------------+
  | NULL | 85956 | Using where; Using filesort  |
--+------+-------+------------------------------+
```

PROFILING

```
mysql> SHOW PROFILE FOR QUERY 1;
+----------------------+----------+
| Status               | Duration |
```

```
+---------------------+----------+
¦ starting            ¦ 0.000084 ¦
¦ checking permissions ¦ 0.000017 ¦
¦ Opening tables      ¦ 0.000028 ¦
¦ init                ¦ 0.000038 ¦
¦ System lock         ¦ 0.000018 ¦
¦ optimizing          ¦ 0.000019 ¦
¦ statistics          ¦ 0.000025 ¦
¦ preparing           ¦ 0.000022 ¦
¦ Sorting result      ¦ 0.000012 ¦
¦ executing           ¦ 0.000010 ¦
¦ Sending data        ¦ 0.000018 ¦
¦ Creating sort index ¦ 0.018574 ¦
¦ end                 ¦ 0.000022 ¦
¦ query end           ¦ 0.000015 ¦
¦ closing tables      ¦ 0.000019 ¦
¦ freeing items       ¦ 0.000020 ¦
¦ logging slow query  ¦ 0.000055 ¦
¦ cleaning up         ¦ 0.000030 ¦
+---------------------+----------+
18 rows in set, 1 warning (0.00 sec)
```

'Creating sort index'의 영향이 큰 것으로 보이므로 인덱스를 부여하여 효과를 확인하자. 한 번의 SQL로 한 개의 인덱스만 사용할 수 있기 때문에 여러 컬럼을 사용하는 SQL에 최적의 인덱스를 만들기 위해서는 복합 인덱스를 사용한다.

여기에서는 'user'로 범위를 줄이고, 'updated_at'으로 정렬하고 있기 때문에 이 2개의 컬럼에 인덱스를 부여한다.

```
ALTER TABLE posts ADD INDEX (user, updated_at);
```

실행해보면 아래와 같이 인덱스가 부여되어 있는 것을 확인할 수 있다.

```
mysql> ALTER TABLE posts ADD INDEX (user, updated_at);
Query OK, 0 rows affected (0.09 sec)
Records: 0  Duplicates: 0  Warnings: 0

mysql> SHOW INDEXES FROM posts;
+-------+-----------+----------+--------------+-------------+-----------+------
| Table | Non_unique | Key_name | Seq_in_index | Column_name | Collation | Card
+-------+-----------+----------+--------------+-------------+-----------+------
| posts |         0 | PRIMARY  |            1 | id          | A         |
| posts |         1 | user     |            1 | user        | A         |
| posts |         1 | user     |            2 | updated_at  | A         |
+-------+-----------+----------+--------------+-------------+-----------+------
3 rows in set (0.00 sec)
```

```
+-------------+----------+--------+------+------------+---------+---------------+
| Cardinality | Sub_part | Packed | Null | Index_type | Comment | Index_comment |
+-------------+----------+--------+------+------------+---------+---------------+
|       85956 |     NULL | NULL   |      | BTREE      |         |               |
|         803 |     NULL | NULL   |      | BTREE      |         |               |
|        1534 |     NULL | NULL   |      | BTREE      |         |               |
+-------------+----------+--------+------+------------+---------+---------------+
```

이 상태에서 다시 'EXPLAIN'과 'PROFILING'으로 상태를 확인한다.

EXPLAIN

```
mysql> EXPLAIN SELECT * FROM posts WHERE user=123 ORDER BY updated_at DE
+----+-------------+-------+------+---------------+------+---------+-----
| id | select_type | table | type | possible_keys | key  | key_len | ref
+----+-------------+-------+------+---------------+------+---------+-----
|  1 | SIMPLE      | posts | ref  | user          | user | 4       | con
+----+-------------+-------+------+---------------+------+---------+-----
1 row in set (0.00 sec)
```

294

```
_at DESC;
+-------+------+------------+
| ref   | rows | Extra      |
+-------+------+------------+
| const | 201  | Using where |
+-------+------+------------+
```

PROFILING

```
mysql> SHOW PROFILE FOR QUERY 20;
+---------------------+----------+
| Status              | Duration |
+---------------------+----------+
| starting            | 0.000081 |
| checking permissions | 0.000017 |
| Opening tables      | 0.000029 |
| init                | 0.000038 |
| System lock         | 0.000018 |
| optimizing          | 0.000018 |
| statistics          | 0.000070 |
| preparing           | 0.000027 |
| Sorting result      | 0.000012 |
| executing           | 0.000011 |
| Sending data        | 0.001673 |
| end                 | 0.000013 |
| query end           | 0.000016 |
| closing tables      | 0.000017 |
| freeing items       | 0.000026 |
| logging slow query  | 0.000056 |
| cleaning up         | 0.000029 |
+---------------------+----------+
17 rows in set, 1 warning (0.00 sec)
```

'Creating sort index'가 없어지고 전체적으로 수치가 작아졌다. 이번 예의 경우, 다음으로 문제가 되는 것은 'Sending data'이다. 'Sending data'의 실체는 데이터 로딩과 클라이언트로의 송신이므로 처리하는 데이터의 양을 줄임으로써 개선할 수 있다.

예에서는 'SELECT *'로 데이터를 취득하고 있지만, 이것을 필요한 컬럼만 뽑아냄으로써 처리하는 데이터를 줄일 수 있는지 검토해보자.

애플리케이션을 확인하여 불필요한 데이터를 취득하고 있는지 점검한다. 이번 예에서는 애플리케이션을 확인해보니 'id', 'title', 'updated_at'의 3가지 요소만 이용하고 있다는 것을 알 수 있었다. 이 3가지로 좁혀보자. 특히 text 형태의 컬럼은 데이터의 양이 많으니 적극적으로 제외하도록 하자.

```
SELECT id, titleline, updated_at FROM posts WHERE user=123 ORDER BY
updated_at DESC;
```

다시 'EXPLAIN'과 'PROFILING'으로 상태를 확인한다.

EXPLAIN

```
mysql> EXPLAIN SELECT id, titleline, updated_at FROM posts WHERE user=123
+----+-------------+-------+------+---------------+------+--------+--------
| id | select_type | table | type | possible_keys | key  | key_len|  ref
+----+-------------+-------+------+---------------+------+--------+--------
|  1 | SIMPLE      | posts | ref  | user          | user | 4      |  const
+----+-------------+-------+------+---------------+------+--------+--------
1 row in set (0.00 sec)
```

```
RE user=123 ORDER BY updated_at DESC;
----+--------+------+-------------+
len | ref    | rows | Extra       |
----+--------+------+-------------+
    | const  | 201  | Using where |
----+--------+------+-------------+
```

조금 전에 부여한 인덱스를 사용하기 때문에 실행 계획은 계속해서 문제가 없을 것이다.

PROFILING

```
mysql> SHOW PROFILE FOR QUERY 22;
+----------------------+----------+
```

```
| Status              | Duration |
+---------------------+----------+
| starting            | 0.000093 |
| checking permissions | 0.000017 |
| Opening tables      | 0.000028 |
| init                | 0.000034 |
| System lock         | 0.000018 |
| optimizing          | 0.000019 |
| statistics          | 0.000071 |
| preparing           | 0.000027 |
| Sorting result      | 0.000012 |
| executing           | 0.000010 |
| Sending data        | 0.000519 |
| end                 | 0.000014 |
| query end           | 0.000014 |
| closing tables      | 0.000016 |
| freeing items       | 0.000031 |
| logging slow query  | 0.000062 |
| cleaning up         | 0.000033 |
+---------------------+----------+
17 rows in set, 1 warning (0.00 sec)
```

'sending data'가 0.001673에서 0.000519로 1/3이 되었다.

이번의 SQL 튜닝에 의해 0.019026초 걸리던 SQL이 0.001018초만에 종료되었다. 결과적으로 1/20 정도의 시간에 완료되었다. 이와 같이 SQL 튜닝은 극적인 효과를 나타낼 가능성을 가지고 있다. 따라서 적절한 SQL 튜닝으로 성능의 향상을 추구하기 바란다.

어떤 인덱스를 사용할 것인지 또는 사용하지 않을 것인지는 MySQL이 통계 정보를 바탕으로 판단한다. 이것을 실행 계획이라고 한다.

MySQL의 인덱스는 BTree 방식이기 때문에 데이터의 차이가 큰(cardinality가 높은) 경우에 효과적으로 동작한다. 반대로 데이터의 차이가 작은 경우에는 그다지 큰 효과를 기대하기 어렵다.

예를 들어, ON/OFF만 있는 플래그 등 값이 2종류만 있는 컬럼의 경우, 인덱스를 사용하지 않고 테이블을 전체 검색해도 별로 차이가 없다고 판단할 수도 있다. 인덱스를 부여할 때에는 어떻게 데이터의 범위를 줄이는 것이 좋을지 고려하여 부여하도록 하자.

MySQL(InnoDB)이 실행 계획을 정할 때는 통계 정보를 바탕으로 판단한다. 통계 정보는 자동적으로 갱신되지만, 행 하나가 변경될 때마다 반드시 갱신되는 것은 아니기 때문에 대량의 데이터 추가 및 삭제 등이 발생하여 데이터의 경향이 바뀐 경우에는 일시적으로 비효율적인 실행 계획이 될 수도 있다. 이런 경우에는 'ANALYZE TABLE'을 이용함으로써 통계 정보를 갱신할 수 있다.

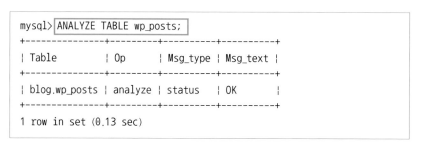

```
mysql> ANALYZE TABLE wp_posts;
+---------------+---------+----------+----------+
| Table         | Op      | Msg_type | Msg_text |
+---------------+---------+----------+----------+
| blog.wp_posts | analyze | status   | OK       |
+---------------+---------+----------+----------+
1 row in set (0.13 sec)
```

8.3
시스템 구성의 변경 시 보틀넥 대책의 기초

시스템 구성을 변경할 때의 보틀넥 대책 방법을 소개한다. 다양한 패턴이 있으니 좋은 점과 나쁜 점을 이해하고 적절히 조합하여 이용할 수 있도록 하자.

여기에서는 3장에서 소개한 시스템 구성 변경의 패턴 중에서 처리 능력을 향상시키기 위한 목적의 기능 분할, 스케일 업, 스케일 아웃에 대하여 설명한다.

기능 분할

기능 분할은 기능(역할)별로 이용하는 서버를 분류함으로써 각 서버를 각각의 역할에 집중시키고, 기능별 처리 능력을 향상시킨다. 구체적으로는 한 대로 [Web]과 [DB]를 모두 담당하는 서버가 있는 경우, Web 서버와 DB 서버로 나누는 것을 말한다.

스케일 아웃을 하기 전에 기능 분할과 스케일 업을 적절하게 조합하는 것이 중요하다.

> [ ]로 묶은 [Web], [DB], [File]은 3장에서 설명한 역할의 의미로 사용한다.

스케일 업

스케일 업은 **서버의 처리 성능 자체를 향상**시킨다.

각 부분	스케일 업 적용의 예
CPU 성능	클럭 수를 높임, CPU의 수를 늘림, 코어 수를 늘림, 최신 CPU로 변경

메모리	용량을 늘림, 클럭 수를 높임
네트워크	속도를 높임, 네트워크 배치를 변경
디스크	용량을 늘림, 속도를 높임, 고속 장치로 변경

스케일 업은 어느 정도의 스펙까지는 비용대비 효과가 높으므로 예산의 범위 내에서 가능한 한 스케일 업을 하도록 하자.

물리적인 서버를 사용하는 경우, 디스크와 관련된 변경은 어려울 때가 많기 때문에 CPU를 바꾸거나 메모리를 늘리는 것이 보다 현실적인 선택이 되는 경우가 많다. 클라우드 환경인 경우에는 CPU 성능이나 메모리 용량 그리고 네트워크 속도뿐 아니라 디스크 용량이나 디스크 I/O 성능도 변경할 수 있는 경우가 많으니 잘 활용하도록 하자. 스케일 업에 비용을 투자함으로써 근본적인 대책까지의 시간을 벌 수도 있다.

이 책을 쓰고 있는 2014년 가을 무렵의 체감상으로는 아무리 작은 시스템이라도 클라우드 환경이라면 적어도 4 CPU · 8GB 메모리, 가능하면 8 CPU · 16GB 메모리 정도까지, 그리고 물리적인 서버의 경우라면 CPU 12코어(24스레드) · 64GB 메모리 정도까지는 스케일 업을 하는 것이 비용대비 성능이 조금 더 좋다.

스케일 업을 할 때의 주의점은 별로 많지 않다. 다만 서버의 정지를 수반하는 경우가 많기 때문에 정지해도 괜찮은 타이밍이나 정지해 있는 시간 등을 잘 파악하여 대응하도록 하자. 또한, 스케일 업 후에 튜닝하는 것을 잊지 않도록 하자. 메모리 용량은 늘렸지만 미들웨어의 설정을 변경하는 것을 잊어 여유 메모리가 늘어났음에도 늘어난 메모리를 활용할 수 없는 경우가 간혹 있다.

스케일 아웃

스케일 아웃은 **서버를 여러 대 준비함으로써 처리를 분산**시키고 시스템 전체의 처리 능력을 향상시킨다. 즉, 여러 대의 서버를 이용하여 CPU 성능, 메모리, 네트워크, 디스크의 처리 등을 분산시킨다.

최근 몇 년 동안은 스케일 아웃의 전성기였다. 스케일 아웃을 잘 적용하여 기능 분할이나 스케일 업만으로는 할 수 없는 성능을 낼 수 있게 되었다. 특히 클라우드 환경과 조합하면 원활한 확장이 가능하기 때문에 매우 편리하게 사용할 수 있다.

하지만 클라우드 환경에서도 서버의 실행을 판단한 후 부팅에서 준비 완료까지 15분부터 반나절 정도 걸리는 서비스도 있다. 그 시간 동안은 성능이 부족한 상태가 되기 때문에 반응형 스케일 아웃에 의존하지 않도록 하자.

스케일 아웃으로 부하에 대응하는 경우에도 어느 정도까지는 스케일 업을 해 두고 스케일 아웃의 수를 억제하는 것이 처리 효율이 높기 때문에 스케일 아웃에만 의존하지 말고 적절한 방법을 조합하도록 하자.

스케일 아웃이 가능하도록 구성하는 경우에는 주의할 점이 매우 많다. 다음에 설명할 주의점을 잊지 말고 잘 관리하기 바란다.

[Web]을 스케일 아웃 할 때의 주의점

[Web]에 부하 분산을 도입하는 경우, **사용자 한 명의 연속된 액세스가 다수의 서버로 분산**될 수도 있으니 주의하도록 하자.

예를 들어, '이미지 업로드' 기능이 입력, 확인, 완료의 세 가지 화면으로 나뉘어져 있을 때 입력 화면의 업로드 버튼 요청과 확인 화면의 확인 버튼 요청은 각각 다른 서버에서 처리될 가능성이 있다.

따라서 아래와 같은 검토가 필요하다.

- 세션 정보(PHP에서 말하는 session_start( )로 시작하는 것)를 공유한다.
- 다수의 요청을 초과하는 임시 파일을 작성하지 않는다. 또는 서버 간에 공유한다.

세션 정보를 공유하면 분산 목적지 서버가 바뀔 때마다 로그아웃되거나 입력 내용이 지워지는 등의 문제를 피할 수 있다. 또한, 임시 파일을 작성하지 않거나 서버 간에 공유를 하면 업로드 처리를 할 수 없는 경우가 생기는 문제를 피할 수 있다.

세션 정보 공유의 실행 방법은 'memcached'와 같은 KVS로 실시간 공유하는 것이 일반적이다. NFS로 세션 파일을 공유하고 RDBMS(MySQL 등)로 실시간 공유하는 방법도 가능하지만, NFS나 RDBMS를 이용하면 성능 관리가 어려워지기 때문에 별로 이용하지 않는다. KVS는 동작이 빠르고 이용이나 관리도 간단해서 기본적으로 KVS를 이용한다.

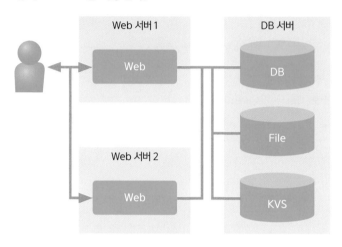

PHP로 세션을 memcached에 보관하는 경우의 설정 방법은 아래와 같다. CentOS6으로 설명한다. 우선 PHP의 memcache 모듈을 설치한다. memcached 모듈이 아니라 memcache 모듈인 것에 주의하기 바란다.

```
[root@web ~] yum install php-pecl-memcache
```

다음으로 'php.ini' 파일에서 'session.save_handler'와 'session.save_path'를 설정한다. 이번에는 192.168.0.3으로 memcached를 실행했다는 가정으로 설정하였다.

```
session.save_handler = memcache
session.save_path = "tcp://192.168.0.3:11211"
```

이렇게 설정하면 다음은 Apache를 재실행하는 것만으로 세션 정보가 192.168.0.3의 memcached에 저장된다. 또한, 'session.save_path'에는 다수의 memcached를 동시에 등록할 수 있다. 이렇게 함으로써 데이터를 2대에 분산하여 보관할 수 있고, 그중 1대가 다운되어도 다른 1대를 사용해 세션 공유를 계속 할 수 있다.

그러나 다운된 쪽의 데이터는 지워지기 때문에 어느 쪽이 다운되더라도 사용자에게는 영향을 미치는 것이니 주의하기 바란다. 즉, 전체 손실을 피하는 대신 사용자에게 영향을 주는 고장이 발생할 확률이 높아진다.

```
session.save_path = "tcp://192.168.0.3:11211,tcp://192.168.0.4:11211"
```

만약 Active-Active 다중화를 하고 싶다면 memcached 대신에 repcached 등을 이용하는 것이 좋다.

repcached http://repcached.lab.klab.org/

임시 파일을 공유하려면 NFS로 공유한다. 실시간성을 요구할 필요가 없다면 Amazon S3와 같은 클라우드 스토리지를 이용하는 방법도 있다.

Amazon S3 http://aws.amazon.com/ko/s3/

참고로, 이와 같은 사항들을 고려하지 않기 위해 로드밸런서에 따라서는 한 번 액세스한 서버에 일정 기간 동안 지속적으로 액세스하도록 구현할 수도 있다. 동일한 접속 소스로부터의 액세스는 일정 기간 같은 서버에 분산시키고, cookie에 분산 목적지 서버의 정보를 저장애 두어 그 정보를 바탕으로 분산하는 등의 구현 방법이 있다. 이것을 세션 퍼시스턴스라고 한다.

그러나 이 방법은 부하가 균등하게 분산되지 않고, 서버 1대의 장애가 반드시 사용자에게 영향을 끼치며, 서버를 1대씩 분리하여 유지 및 보수를 할 수 없는 등 좋지 않은 점이 무척 많기 때문에 어쩔 수 없는 경우를 제외하고는 사용하지 않도록 한다.

또한, 웹 서버를 여러 대로 하는 경우에는 각 서버에 정적 파일을 배포할 필요가 있다. NFS 등의 파일 공유를 사용하면 그 부분이 보틀넥이 되어버리기 때문에 반드시 각각의 서버에 배포하도록 하기 바란다. 애플리케이션 릴리스 타이밍에 'Capistrano'나 'Fabric'으로 각각의 서버에 배포하거나, 'rsync'로 배포하는 것이 일반적이며, 'Lsyncd'를 이용하여 반 실시간으로 배포할 수도 있다.

Capistrano http://capistranorb.com/

Fabric http://www.fabfile.org/

Lsyncd https://code.google.com/p/lsyncd/

'Capistrano'나 'Fabric'을 사용해 각각의 서버에 배포하는 예는 아래와 같다.

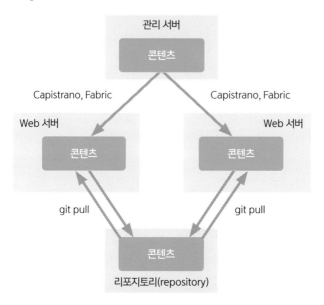

'rsync'로 배포하는 예는 아래와 같다. 'Lsyncd'를 이용한 경우에도 구성은 동일하
지만, 명시적으로 'rsync'를 실행하지 않아도 'Lsyncd'가 파일 갱신을 감지하여 각
각의 서버에 콘텐츠를 배포한다.

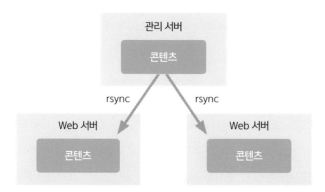

다수의 웹 서버에 액세스를 분산시키는 방법은 앞에서 설명한 것처럼 **로드밸런서**나 **DNS 라운드로빈**이 있다. 로드밸런서나 Proxy로서 nginx를 이용한 경우, 백엔드가 에러 응답일 때 즉시 사용자에게 에러 응답을 하지 않고 다음의 백엔드로 요청을 돌리는 기능이 있어 매우 편리하다.

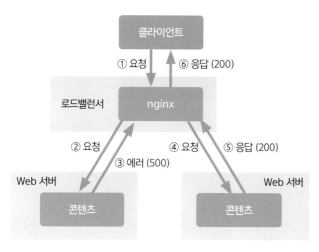

[DB]를 스케일 아웃 할 때의 주의점

[DB]를 스케일 아웃 할 경우, 하나의 Master DB에 대해 다수(최저 2대)의 Slave DB를 준비하는 것이 정석이다.

MySQL이나 PostgreSQL의 경우 RDBMS가 가진 리플리케이션 기능을 이용한다. 여기에서는 MySQL을 예로 설명한다.

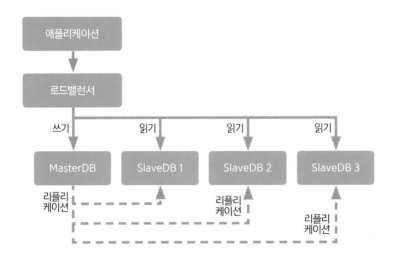

[DB]를 스케일 아웃하고 여러 대로 구성하는 경우의 주의점은 아래의 두 가지이다.

- Master DB에만 쓴다.
- Slave DB로의 데이터 반영에는 지연이 발생한다.

데이터의 흐름이 Master DB에서 Slave DB로의 흐름뿐이므로 무심코 Slave DB 에 쓰더라도 Master DB나 다른 Slave DB에 정보가 전달되지 않아 알기 쉽다. 또 한 데이터 반영에 지연이 있어, 예를 들어 전자상거래 사이트의 화면 표시에서 재 고 수량을 수정할 때 재고 수량을 Slave DB에서 읽어오고 Master DB에서 수정 한다면 처리 요구가 병행될 때 재고 수량이 잘못 반영될 가능성이 있다.

데이터 갱신을 위해 무심코 'SELECT FOR UPDATE'를 실행한다면 Master에 대 해서 실행하도록 한다. 다만 'SELECT FOR UPDATE'도 Master에 대해서만 효 과가 있기 때문에 효과는 한정적이라고 인식해 두는 것이 좋다.

위의 전자상거래 사이트의 예에서는 마지막의 재고 수량 수정만 Master를 사용하 여 수량을 확인하고 갱신하였기 때문에 다른 타이밍에서의 재고 수량 표시는 잘못 되었을 가능성이 있다는 것이다. 이는 곧, 사용자 입장에서는 '재고 있음'의 표시였 기 때문에 장바구니에 넣었으나 실제로는 결재 타이밍에 재고가 없어 구입할 수 없 는 경우가 발생할 수도 있다는 것이다.

리플리케이션 방식에 따라서 사용하면 안 되는 SQL이나 함수가 있으므로 구현할 때 주의가 필요하다. 이에 대해서는 뒷부분에서 자세히 설명한다.

즉, 갱신 처리는 결국 모든 서버에서 실행되기 때문에 기본적으로 Slave는 2대 이상이 되어야만 성능 향상에 효과가 있다. 그러나 갱신을 위한 참조에 의해 CPU나 메모리의 소비가 심한 경우 등 특별한 경우에는 Slave가 1대라도 성능 향상의 효과가 있을 수 있다.

[File]을 스케일 아웃 할 때의 주의점

[File]은 스케일 아웃을 하기 어려우니 'Amazon S3' 등의 스토리지 서비스를 사용하자.

NFS와 같은 파일 공유는 성능 향상을 위해 데이터 반영을 비동기로 하는 경우가 있으니 동기적 처리가 필요할 때에는 반드시 NFS의 설정에서 확인하도록 하자.

[File]을 스케일 아웃하는 방법으로 분산 파일 시스템이라는 것이 있다. 대표적인 것은 RedHat사가 개발하고 있는 GlusterFS이다.

GlusterFS http://www.gluster.org/

8.4
[DB] 스케일 아웃 구현의 예

앞에서 설명한 [DB]의 스케일 아웃에 대한 구현의 예를 소개한다.

갱신 SQL의 스케일 아웃

갱신 SQL은 스케일 아웃을 할 수 없다. 그 대신 수평분할이라는 방법이 있다. 이는 데이터를 규칙에 따라 컬럼으로 분할하여 데이터의 양과 트랜잭션의 양을 줄이는 방법이다.

예를 들면, 사용자 마스터 테이블을 ID의 끝자리별로 분할(예 : 끝자리 0~4는 클러스터 A, 끝자리 5~9는 클러스터 B), 데이터의 종류별로 분할(플래티넘 회원은 클러스터 A, 일반 회원은 클러스터 B)과 같은 방법이 있다.

수평분할을 수행한 경우에는 데이터 조작에 많은 제약이 생긴다. 예를 들면, 분할 이전의 상태에서는 아래처럼 특별한 고민 없이 데이터베이스에 질의를 한다.

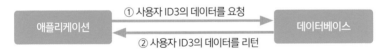

수평분할 이후에는 어느 데이터베이스에 질의해야 하는지를 판단하는 과정이 추가된다.

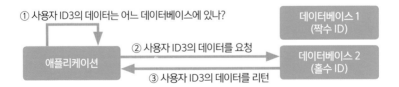

데이터 추출뿐 아니라 데이터 집계도 해당 데이터가 있는 모든 클러스터에 각각 질의한 다음 결과 데이터를 병합해야 한다. 사용자 마스터를 분할한 경우, 전체 사용자 수를 취득하기 위해서는 모든 클러스터의 사용자 수를 합산할 필요가 있다. 클러스터를 넘나드는 'JOIN'은 사용할 수 없으므로 데이터 추출이나 집계하는 방법이 크게 달라진다.

수평분할을 할 때는 데이터 조작이 최대한 여러 클러스터를 넘나들지 않도록 하는 것이 좋다.

예를 들어, 부동산 정보일 경우 데이터베이스를 지리적인 조건으로 분할하면 비교적 잘 될 것 같지만 사용자의 경향에 따라 가격대로 분할하는 것이 더 좋을 수도 있다. 데이터와 이용 경향에 맞추어 잘 분할하도록 하자.

참조 SQL의 스케일 아웃

참조 SQL은 스케일 아웃을 할 수 있다. 우선은 앞에서 설명한 **[DB]를 스케일 아웃 할 때의 주의점**을 잘 확인해 두기 바란다. DB 서버를 갱신과 참조로 나누기 위해서는 애플리케이션 쪽에서 신경을 많이 써서 SQL을 발행할 필요가 있다.

또한, 대부분의 언어의 MySQL 바인딩에는 분산 기능이 없기 때문에 참조 SQL의 분산을 위해 별도의 로드밸런서 기능을 가진 미들웨어를 이용한다. 주로 아래의 미들웨어를 이용한다.

- Keepalived(LVS)
- HAProxy

DB 서버를 갱신과 참조로 나눈 후의 구성은 다음과 같다. 이번 예에서는 웹 서버 내에 HAProxy를 설정하도록 하고 있지만 웹 서버가 여러 대일 때는 별도의 서버로 분할하는 경우가 많다.

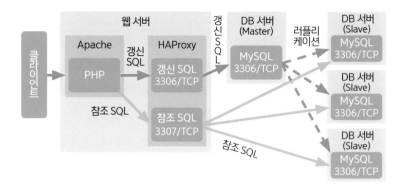

CentOS6의 경우, HAProxy는 yum으로 다음과 같이 설치할 수 있다.

```
yum install haproxy
```

또한, HAProxy의 설정 파일인 '/etc/haproxy/haproxy.cfg'에 아래와 같이 입력하면 3307 포트에서 액세스를 대기하고, 액세스가 오면 3대의 DB에 순서대로 배분한다. 그리고 MySQL에 로그인할 수 없는 상태가 되면 그 서버를 분리하도록 설정할 수 있다.

이 설정의 포인트는 'mysql-check'를 사용하는 것이다. 'mysql-check'가 아니라 일반적인 체크를 사용하면 MySQL이 'max_error_count'에 도달해 접속을 거부당하는 경우가 발생할 수도 있다.

MySQL에 로그인하여 'FLUSH HOSTS'를 실행하면 카운터를 리셋할 수 있으므로 'mysql-check'의 설정이 완료되면 'FLUSH HOSTS'를 실행하여 이용을 시작하도록 하자.

```
listen mysql-select
    bind *:3307
    mode tcp
    option mysql-check user checkuser
    balance roundrobin
    server dbs1 192.168.0.3:3306 check
    server dbs2 192.168.0.4:3306 check
    server dbs3 192.168.0.5:3306 check
```

동작 확인 시, 서버 자신에게 액세스할 때 호스트명을 'localhost'라고 지정하면 소켓 접속을 하여 포트 지정이 유효화되지 않기 때문에 반드시 127.0.0.1로 지정하자.

X

```
mysql -u checkuser -h localhost -P 3307
```

O

```
mysql -u checkuser -h 127.0.0.1 -P 3307
```

리플리케이션과 데이터 반영의 지연

여기서는 리플리케이션의 구조를 바탕으로 왜 데이터의 반영에 지연이 발생하는지 설명한다.

리플리케이션 방법	내용
비동기(async)	Slave의 릴레이 로그에 기록이 비동기적으로 실행됨 (그림에서 ③까지 완료되면 ①의 응답이 반환됨)
준동기(semisync)	Slave의 릴레이 로그에 기록이 동기적으로 실행됨 (그림에서 ④까지 완료되면 ①의 응답이 반환됨)

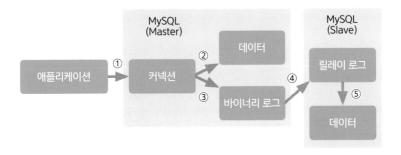

준동기 방식을 이용하면 ④번 Slave의 릴레이 로그에 동기적으로 기록이 되어 Master가 갑자기 고장 난 경우에도 데이터 손실이 일어나지 않는다.

주의해야 하는 것은 준동기 방식이라도 데이터로의 반영은 동기적이 아니라는 점이다. 즉, SQL을 실행하면 데이터를 확인하고 응답하기 때문에 릴레이 로그에는 반영되었지만 데이터에는 반영되지 않은 상태가 존재한다.

또한, ③번의 바이너리 로그에도 다음과 같이 3종류의 출력 포맷이 있다.

포맷	설정값	내용
Row base	ROW	실제 데이터를 기록 및 전송한다.
Statement base	STATEMENT	발행된 SQL을 기록 및 전송한다.
Mixed base	MIXED	위의 2 종류를 혼합

MySQL 5.6의 기본값은 'STATEMENT'이다. 이 경우 리플리케이션할 수 없는 SQL은 사용하지 않도록 해야 한다. 구체적으로 이에 해당하는 패턴은 아래와 같다.

- 'ORDER BY'가 없는데 'LIMIT'가 있는 'UPDATE'나 'DELETE' SQL
- 'LOAD_FILE( )', 'SYSDATE( )', 'RAND( )' 등의 함수

Row base인 경우, 1행의 SQL로 많은 행을 갱신할 때 전송 효율이 매우 나빠지는 문제가 있다.

자세한 내용은 MySQL의 공식 문서를 참조하기 바란다.

http://dev.mysql.com/doc/refman/5.7/en/show-profiles.html

8.5
기능 분할 구현의 예

여기에서는 **8.3 시스템 구성의 변경 시 보틀넥 대책의 기초**에서 설명한 기능 분할에 대해 구체적인 구현의 예를 소개한다.

현재 1대의 서버로 시스템을 구성하고 있다면 우선은 기능 분할을 하자. 전형적인 패턴은 아래와 같다.

① 웹 서버와 DB 서버를 나눈다.
② 웹 서버와 AP 서버를 나눈다.
③ 웹 서버와 Proxy 서버를 나눈다.

현재 아래와 같은 구성의 서버 1대로 운용하고 있다는 가정으로 설명한다.

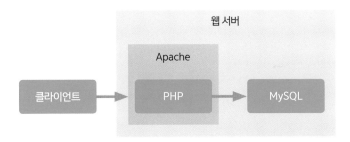

Web 서버와 DB 서버 분할하기

우선은 웹 서버와 DB 서버를 나누는 것이 전형적인 패턴이다.

- 웹 서버는 애플리케이션에서 CPU를 사용하고, 콘텐츠 로딩으로 메모리와 디스크 I/O를 사용한다.
- DB 서버는 'WHERE', 'JOIN', 'ORDER BY' 등의 처리에서 CPU를 사용하고, 데이터 저장에 메모리와 디스크 I/O를 사용한다.

이러한 리소스 경합을 해소할 수 있다는 것이 장점이다.

이렇게 서버를 나눈 후의 구성은 아래와 같다. 분할된 2대의 성능 합계가 이전의 서버 성능보다 좋도록 구성하기 바란다.

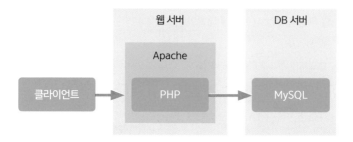

구성 변경을 위해 다음과 같은 작업이 필요하다.

애플리케이션에 정의되어 있는 DB 접속 대상을 변경

- 원래 소켓으로 접속하고 있는 경우, TCP/IP 접속으로 변경한다.
- 접속 대상이 localhost 등인 경우, DB 서버의 IP 주소로 변경한다.

MySQL에서 사용자 인증 설정을 변경

- MySQL 사용자를 생성하고 권한을 설정할 때 접속 대상을 지정하는 경우, 새로 접속 권한을 부여할 필요가 있다.

```
mysql> GRANT ALL on *.* to websystem@'192.168.0.1' identified by
'mypassword';
```

- 웹 서버를 접속 대상으로 지정하는 대신 '%'로 와일드카드 지정을 할 수도 있다.

```
mysql> GRANT ALL on *.* to websystem@'%' identified by 'mypassword';
```

Web 서버와 AP 서버 분할하기

다음으로 웹 서버와 애플리케이션[AP] 서버를 나누는 것이 전형적인 패턴이다. 이미 지나 CSS, JavaScript 등의 정적인 콘텐츠 제공은 웹 서버에 맡기고, 비즈니스 로직을 처리하는 전용 서버로 AP 서버를 구축한다.

AP 서버나 DB 서버의 CPU 처리량은 어쩔 수 없이 많아지기 때문에 앞에서 그 이
외의 처리를 떠맡아 AP 서버와 DB 서버가 비즈니스 로직에 집중할 수 있도록 한다.

애플리케이션 프로그램 외에 사용자가 업로드한 이미지 등 동적으로 변경되는 것
과 표시할 때마다 인증 확인이 필요한 데이터는 AP 서버가 맡게 된다.

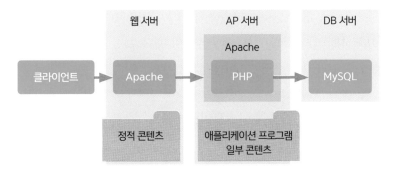

이러한 구성으로 진행하면 AP 서버는 병렬 수가 줄어 처리에 집중할 수 있다. 웹
서버에서는 **Apache의 CPU 사용률 낮추기**에서 설명한 것처럼 클라이언트에 특화된
KeepAlive와 MPM 튜닝을 하도록 하자.

웹 서버의 Apache에 아래와 같이 설정을 하면 '/js/*', '/css/*', '/img/*'와 '/
favicon.ico'에 대한 요청은 도큐먼트 루트에서, 그 외의 URL에 대한 요청은 백엔
드 서버(이번에는 192.168.0.2:80으로 하였다)에서 처리하게 된다.

```
ProxyPass /js/ !
ProxyPass /css/ !
ProxyPass /img/ !
ProxyPass /favicon.ico !
ProxyPass / http://192.168.0.2:80/
```

최근에는 웹 서버로 Apache가 아니라 nginx를 이용하는 경우가 많아지고 있다.
처리 성능이 높고 설정도 간단하니 꼭 검토해보기 바란다.

Web 서버와 Proxy 서버 분할하기

추가로 웹 서버와 Proxy 서버를 나누면 처리와 데이터 배치를 효율화할 수 있다. 특히 큰 데이터의 정적 콘텐츠 중에 활성화된 것이 그다지 많지 않은 경우에 효과적이다.

특히 Proxy 서버에 활성 데이터를 캐시함으로써 리소스를 효율적으로 사용할 수 있다. 캐시의 구체적인 구현에 대해서는 다음에 설명한다.

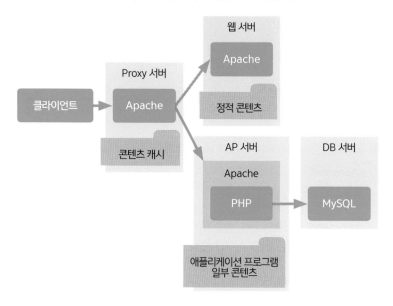

8.6
캐시 적용에서의 고속화

캐시를 효율적으로 사용하는 것도 고속화에는 큰 효과가 있다. 캐시의 종류와 특징, 사용상의 주의점을 정리해보자.

고속화 중에서 가장 효과적인 것은 처리를 하지 않는 것이다. 그러기 위해서는 처리 결과를 재사용하는 캐시가 효과적이다. 다양한 단계에서의 캐시가 있기 때문에 각각의 특징과 설정 방법 그리고 함정을 파악해두자.

콘텐츠를 브라우저에서 캐시하기

콘텐츠는 브라우저에서 캐시하는 것이 가장 빠르다. 사이트의 각 페이지에서 함께 사용하는 이미지와 CSS, JavaScript 파일 등을 브라우저에서 캐시해 두면 화면 전환이나 다음 방문 시의 화면 표시가 매우 빨라진다.

브라우저에서 캐시하고 그것을 일정 시간 동안 사용하고 싶은 경우, 서버에서 아래와 같은 헤더를 추가하여 응답하면 브라우저에서 캐시하게 된다.

```
Cache-Control: private, max-age=<유효기간(초)>
```

GET/images/logo.png

Cache-Control: private, max-age=<유효기간(초)>

클라이언트

서버

유효기간 이내라면 서버에 요청하지 않는다.

캐시를 하지만 매번 확인하고 싶은 경우에는 아래와 같이 한다.

```
Expires: 과거의 일시
Last-Modified: 과거의 일시
```

이렇게 하면 'if-Modified-Since' 헤더가 붙은 요청이 온다. 'if-Modified-Since'가 붙은 요청이 오면 서버 쪽에서는 그 이후 갱신이 되었는지를 확인하여 적절하게 응답할 수 있다. 만약 갱신이 된 경우에는 새로운 콘텐츠를, 갱신이 되지 않은 경우에는 '304 Not Modified'를 반환한다.

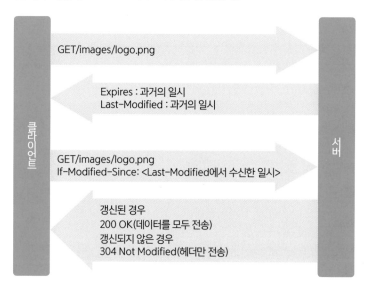

무심코 'Cache-Control'에서 굉장히 긴 시간을 지정해 버리면 서버 측에서 이미지를 변경하더라도 브라우저 측에 반영되지 않으므로 주의하기 바란다. 잊지 말고 적절한 헤더를 설정하도록 하자.

또한, 콘텐츠의 동일성을 확인하기 위해 서버 측에서 'ETag'라는 헤더를 생성하고 부여한다. 브라우저에서 'If-None-Match' 헤더로 직전에 취득한 값을 보내기 때문에 일치한다면 캐시를 사용하기 위하여 '304 Not Modified'를 반환할 수 있다. 'ETag'는 Apache의 경우 'FileETag'로 생성 방법을 지정할 수 있다.

INode(i-node 번호), MTime(갱신 일시), Size(크기) 중에서 하나 이상을 선택할 수 있지만, 웹 서버가 여러 대인 경우에는 MTime 또는 Size를 지정하도록 하자. INode는 서버마다 바뀌기 때문에 서버가 여러 대인 경우에는 이용할 수 없다.

서버 간에 MTime이 동일할 것으로 예상되면 MTime을 사용하자. 그리고 콘텐츠의 배포 방법에 따라서 서버마다 MTime이 다른 값이 될 수도 있으니 그러한 경우에는 Size를 지정하자. 하지만, Size도 우연히 같을 수가 있기 때문에 Size로 하는 경우에는 이전과 같은 크기가 되지 않도록 의도적으로 조정하기 바란다.

콘텐츠를 Proxy에서 캐시하기

Proxy 서버에서는 콘텐츠를 캐시할 수 없다. 캐시를 이용할 때는 아래의 2가지가 매우 중요하다.

- 무엇을 캐시할 것인가(캐시하지 않을 것인가)
- 무엇을 키로 하여 캐시를 이용해도 좋다고 판단할 것인가

위의 2가지를 제대로 설계하고 설정하지 않으면 사용자 A에게만 보여져야 할 정보가 사용자 B에게도 보여지거나, PC와 스마트폰에서 별도의 파일을 표시해야 하는데 같은 파일을 표시하거나 하는 등 큰 사고로 이어질 수 있다. 따라서, 도입할 때는 확실하게 설계하고 설정함과 동시에 접속 대상, 브라우저, 사용자와 같은 다양한 사용 환경을 제대로 검증하기 바란다.

캐시의 가능성 여부 및 고려사항의 예는 아래와 같다.

- PC 사이트, 스마트폰 사이트를 동일한 URL, 동일한 소스에서 제공하고, 서버 측에서 User-Agent 등의 판별을 하지 않는 경우
  → 캐시 가능
- PC 사이트, 스마트폰 사이트를 동일한 URL, 동일한 소스에서 제공하고, 서버 측에서 User-Agent에 따라 콘텐츠를 나누고 있는 경우
  → 캐시는 가능하지만 키에 User-Agent를 추가할 필요가 있음.
- 로그인 기능이 있고, 모든 사용자가 '/mypage/profile'에 액세스하면 각자 자신의 프로필 이미지를 얻을 수 있는 경우

→ 이 URL은 캐시하지 않는 편이 좋다. 사용자를 식별하는 ID로 Cookie에 저장하는 로그인 세션의 세션 ID를 사용하는 경우, 세션의 중단과 캐시의 삭제를 정확히 연동시킬 수 있다면 URL과 세션 ID를 키로 하여 캐시 가능. 그러나 세션 ID가 제대로 삭제되지 않은 상태에서 세션 ID가 재사용된 경우에는 다른 사람의 프로필 이미지가 보여지게 될 위험이 있다.

■ 로그인 기능이 있고, 모든 사용자가 '/announce'에 액세스하면 전체 사용자 대상의 공지를 표시할 수 있는 경우

→ 이 URL은 캐시 가능. 무심코 다른 URL까지 캐시하지 않도록 적절하게 설정할 필요가 있음. Cookie나 Authorization 헤더가 있으면 캐시하지 않는 경우가 있으니 명시적으로 캐시하도록 설정한다.

→ PC 사이트와 스마트폰 사이트의 디자인이 다르고, 서버 측의 동일한 URL에서 구분하고 있는 경우에는 키로 User-Agent를 추가할 필요가 있다.

Apache에서는 'mod_cache'를 사용하여 캐시를 구현한다.

캐시하는 조건은 아래와 같다.

① URL에 대해 'CacheEnable'로 캐시가 유효화되어 있다.
② URL에 대해 'CacheDisable'로 캐시가 무효화되어 있지 않다.
③ 백엔드로부터의 응답이 상태코드 200, 203, 300, 301, 410 중 하나이다.
④ 클라이언트로부터의 요청이 'GET'이다.
⑤ 클라이언트로부터의 요청이 'Athorization' 헤더를 포함하지 않는다.
⑥ 백엔드로부터의 응답에 'Athorization' 헤더가 포함된 경우, 응답의 'Cache-Control' 헤더에 'maxage', 'must-revalidate', 'public'을 포함한다.
⑦ 클라이언트로부터의 요청 URL이 쿼리 문자열을 포함하는 경우, HTTP 헤더에서 'Expires'나 'Cache-Control: max-age', 'Cache-Control: s-maxage'로 유효 기간을 설정하고 있지 않는 한 캐시하지 않는다.
⑧ 백엔드로부터의 응답이 상태코드 200인 경우, HTTP 헤더가 'ETag', 'Last-Modified', 'Expires', 'Cache-Control: max-age', 'Cache-Control: s-maxage'를 포함하면 캐시한다. 그러나 설정 파일에서 'CacheIgnoreNoLastMod'를 유효화하면 무조건 캐시한다.
⑨ 백엔드로부터의 응답이 'Cache-Control: private'를 설정하고 있으면 캐시하지 않는다. 그러나 설정 파일에서 'CacheStorePrivate'가 유효하면 캐시한다.
⑩ 백엔드로부터의 응답이 'Cache-Control: no-store'를 설정하고 있으면 캐시하지 않는다. 그러나 설정 파일에서 'CacheStoreNoStore'가 유효하면 캐시한다.
⑪ 'Vary' 헤더에 '*'가 설정되어 있으면 캐시하지 않는다.

더 자세한 내용은 공식 문서를 참조하기 바란다.

Version2.2 https://httpd.apache.org/docs/2.2/caching.html

Version2.4 https://httpd.apache.org/docs/2.4/caching.html

Apache에서 캐시의 키는 기본적으로 URL이지만, 'Vary'에 지정되어 있는 헤더가 있다면 이를 합쳐 캐시의 키로 하며 캐시를 개별적으로 유지한다. 즉, 'Vary: User-Agent'라고 설정되어 있으면 URL과 User-Agent를 합한 것이 캐시의 키가 되고, 동일한 요청이 오면 URL과 User-Agent가 캐시를 사용하게 된다.

'Vary'가 없는 경우 No.1~3은 동일하게 취급하고 No.4만 별개로 취급한다.

NO.	요청 URL	User-Agent	캐시 키
1	/images/logo.png	Mozilla	/images/logo.png
2	/images/logo.png	Android	/images/logo.png
3	/images/logo.png	iPhone	/images/logo.png
4	/images/logo.gif	Mozilla	/images/logo.gif

'Vary: User-Agent'의 경우, No.1~3과 No.4 모두 별개로 취급한다.

No.	요청 URL	User-Agent	캐시 키
1	/images/logo.png	Mozilla	/images/logo.png+Mozilla
2	/images/logo.png	Android	/images/logo.png+Android
3	/images/logo.png	iPhone	/images/logo.png+iPhone
4	/images/logo.gif	Mozilla	/images/logo.gif+Mozilla

참고로, nginx의 경우는 캐시 키를 설정 파일에서 유연하게 설정할 수 있기 때문에 스마트폰과 PC의 2종류만으로 구분하는 등의 조정이 가능하다. 특히 User-Agent는 문자열 내에 OS버전 등도 포함되어 있기 때문에 다양성이 높고, 캐시 효율이 떨어지기 쉽지만 어느 정도 정리하면 효율이 높아진다.

```
set $sp 0;
if ($http_user_agent ~ Android) {
    set $sp 1;
}
if ($http_user_agent ~ iPhone) {
    set $sp 1;
}
if ($http_user_agent ~ iPod) {
    set $sp 1;
}

proxy_cache_key $sp$scheme$host$uri$is_args$args;
```

위와 같은 설정인 경우는 아래처럼 된다. No.2와 No.3을 동일하게 취급한다.

No.	요청 URL	User-Agent	캐시 키
1	/images/logo.png	Mozilla	0/images/logo.png
2	/images/logo.png	Android	1/images/logo.png
3	/images/logo.png	iPhone	1/images/logo.png
4	/images/logo.gif	Mozilla	0/images/logo.gif

캐시의 효율이 높아지면 Proxy에서의 데이터 유지량이 감소하고, 메모리나 디스크 등 서버 리소스의 사용 효율이 높아진다. 디자인에서 서버 인프라까지 모두 아우르는 이야기이므로 모두 협력하여 사이트의 속도 향상을 위해 노력하자.

쿼리 캐시로 MySQL의 부하 낮추기

쿼리 캐시를 잘 적용하면 처리 효율이 매우 좋아진다. 데이터 업데이트 시 Lock의 영향이 커서 사용하기 어렵지만, CGM^{Computer Graphics Metafile}이 아닌 사이트라면 업데이트는 별로 많지 않고 참조가 많아지므로 효과적이다.

여기에서는 **쿼리 캐시를 적용할 수 있는 SQL**에 대하여 설명한다.

MySQL의 쿼리 캐시는 SQL에 대한 결과를 캐시해 두고 데이터가 변하지 않은 동안에 똑같은 SQL 요청이 오면 결과를 재사용하는 기능이다. 쿼리 캐시를 이용할 수 있는 조건은 아래와 같다.

- SQL이 완전히 일치한다.
- 캐시할 수 없는 함수를 이용하지 않는다.
- Prepared Statement를 사용하지 않는다.

SQL에 대하여 대문자, 소문자까지도 완전히 일치해야 한다. 예를 들어 아래의 2가지 SQL은 의미도 결과도 동일하지만 쿼리 캐시는 각각 별도로 기록된다. 캐시 영역이 두 배로 필요하게 되어 데이터 업데이트 시 미치는 영향도 두 배가 된다. 이러한 문제를 방지하기 위해 SQL을 작성할 때는 코딩 규칙을 정하고 규칙을 지키도록 하기 바란다.

```
SELECT * FROM posts;
select * from posts;
```

이 함수를 사용하다 보면 캐시할 수 없는 함수가 나오기도 하니 그러한 함수는 이용하지 않도록 한다. 주요한 함수로는 일시와 관련된 'NOW()', 'SYSDATE()', 'UNIX_TIMESTAMP()', 'CURDATE()', 'CURTIME()'이나 값이 일정하지 않을 것으로 예상되는 'RAND()'가 있으며 이 함수를 사용할 때 캐시를 할 수 없다.

이러한 함수를 사용하지 않기 위해서는 SQL을 발행하는 쪽(웹 서버, AP 서버)에서 결정하여 쿼리화하는 방법이 있다.

예를 들면, 블로그의 지정시간 공개 기능을 구현할 때,

```
SELECT * FROM posts WHERE blog_id=2 AND published_at <= NOW();
```

로 하는 것이 아니라 SQL을 발행하는 쪽에서 일시를 결정하여

```
SELECT * FROM posts WHERE blog_id=2 AND published_at <= '2014-10-04 12:35:22';
```

와 같이 하면 쿼리 캐시가 유효하게 된다. 쿼리 캐시를 활용하기 위해서는 조금 더 SQL을 검토하고 다듬어서 위의 SQL을 초 단위까지 정확하게 하는 것이 아니라, 분 단위나 5분 단위로 하게 되면 캐시 히트율이 보다 높아진다.

```
SELECT * FROM posts WHERE blog_id=2 AND published_at <= '2014-10-04
12:35:00';
```

MySQL의 쿼리 캐시는 Prepared Statement를 사용하면 유효화되지 않는다. 최근에는 프레임워크를 이용하는 경우가 대부분이므로 프레임워크 측에서 Prepared Statement를 이용하고 있는지 파악해 두자.

MySQL :: MySQL 5.7 Reference Manual :: 8.9.3.1 How the Query Cache Operates
http://dev.mysql.com/doc/refman/5.7/en/query-cache-operation.
html

이 책에서는 웹 시스템의 인프라를 중심으로 설계부터 구성, 감시, 튜닝까지 구축 단계와 운용 단계 모두에 대한 정보를 정리하였다.

이 책을 계기로 한 사람이라도 더 많은 분들이 인프라에 흥미를 가지고, 지금보다 더 깊은 지식을 얻을 수 있기를 바란다.

독자 분들은 꼭 'hbstudy(http://heartbeats.jp/hbstudy/)'와 같이 인프라 엔지니어가 많이 모이는 스터디 그룹이나, 'ISUCON(http://isucon.net/)'과 같이 인프라와 애플리케이션을 불문하고 모두 다뤄볼 수 있는 튜닝 대회에 참가해 보기 바란다. 세상이 단번에 넓어질 것이다.

성능이든 기능이든 시스템 이용상에 문제가 발견되었을 때 자신이 아닌 다른 사람의 책임으로 돌리지 않고, 스스로 문제를 파악하여 해결할 수 있게 된다면 세상은 더욱 더 넓어질 것이다.

한 사람의 엔지니어로서 보다 재미있고 보다 멋진 내일의 인터넷을 위해 조금이나마 힘이 될 수 있었으면 좋겠다.

바바 토시아키(馬場 俊彰)

INDEX